Poema del Cante Jondo

—

Romancero gitano

Letras Hispánicas

Federico García Lorca

Poema del Cante Jondo
Romancero gitano

Edición de Allen Josephs y Juan Caballero

DUODÉCIMA EDICIÓN

CÁTEDRA

LETRAS HISPÁNICAS

Ilustración de cubierta: Mauro Cáceres

© Herederos de Federico García Lorca
Ediciones Cátedra, S. A., 1989
Josefa Valcárcel, 27. 28027 Madrid
Depósito legal: M. 30044-1989
ISBN: 84-376-0114-2
Printed in Spain
Impreso en Selecciones Gráficas
Carretera de Irún, km. 11,500 - Madrid

Índice

Poema de la soleá

Poema de la saeta

Gráfico de la petenera

Dos muchachas

Tres romances históricos

APÉNDICE

Introducción

Para Julie y Carmen

Federico García Lorca, por Gregorio Prieto.

Breve panorama de la poesía lorquiana

Federico García Lorca ha llegado a ser indiscutiblemente el poeta español más conocido y más leído en el mundo. Esta fama se debe a muchos factores, entre los cuales destacan su personalidad de juglar moderno, sus temas —sobre todo los de índole popular—, y su asesinato trágico en 1936. A unos cuarenta años de su incomprensible martirio, el recuerdo del poeta se ha convertido en símbolo de autenticidad poética, su figura ha ido cobrando mayores dimensiones y su recuerdo es de una candencia luminosa. Su obra poética —como ya la habían vislumbrado sus coetáneos— es la de un clásico.

Los libros poéticos que mayor fama y difusión han alcanzado son los que presentamos en esta edición, *Poema del Cante Jondo* y *Romancero gitano*. Para situarlos dentro de la obra poética de Lorca, daremos a continuación un breve panorama de su poesía. Nótese la gran discrepancia entre las fechas de composición y las de publicación de sus libros poéticos más importantes:

Nombre	Fecha de composición	Lugar, editorial y fecha de la primera edición
Libro de poemas	1918-1920	Madrid: *Maroto*, 1921
Poema del Cante Jondo	Nov. de 1921	Madrid: *Ulises*, 1931
Primeras canciones	1922	Madrid: *Héroe*, 1935

Nombre	Fecha de composición	Lugar, editorial y fecha de la primera edición
Canciones	1921-1924	Málaga: *Litoral*, 1927
Romancero gitano	1923-1927	Madrid: *Revista de Occidente*, 1928
Poeta en Nueva York	1929-1930	México: *Séneca*, 1940
Llanto por Ignacio Sánchez Mejías	1934	Madrid: *Cruz y Raya*, 1936
Diván del Tamarit	1932-1936	Buenos Aires: *Losada*, 1940.

Por la notable falta de concordancia que existe entre las fechas de composición y las fechas de publicación, conviene hablar —para mantener un orden cronológico— solamente de fechas de composición. De otra manera la desarticulación cronológica podría presentar problemas. Considérese, por ejemplo, la siguiente desarticulación que tendremos que tener en cuenta: *Poema del Cante Jondo* se escribe —menos lo que señalamos en notas a nuestra edición del texto— en 1921, pero no se publica hasta diez años después. *Romancero gitano*, en cambio, fue terminado en 1927 y publicado en abril de 1928.

En líneas generales *Libro de poemas, Poema del Cante Jondo, Primeras canciones, Canciones* y *Romancero gitano* pueden considerarse o clasificarse como poesía temprana, clasificación sobre la que volveremos en breve. *Poeta en Nueva York*, de corte surrealista o por lo menos muy de vanguardia, la consideramos obra de transición. *Llanto por Ignacio Sánchez Mejías* y *Diván del Tamarit* son ya poesías muy maduras y complejas que combinan lo mejor de la poesía temprana con algo del espíritu vanguardista de *Poeta en Nueva York*.

Como es fácil apreciar, la mayoría de la poesía lorquiana cabe bajo la denominación de poesía temprana, hecho que obedece a la evolución artística completa que experimentó ese genio verdaderamente polifacético que fue Lorca, artista dotado de cualidades de poeta, dramaturgo, músico, pintor y actor. Desde la guitarra del pueblo andaluz hasta el piano de Chopin, desde el teatro de títeres hasta la grandeza dramática de *La casa de Bernarda Alba,* desde dibujos a lápiz hasta la escenografía, desde la recitación de poesía popular hasta el desempeño de papeles de teatro del Siglo de Oro, desde poesía infantil hasta aquella elegía que llora la muerte de su amigo torero, parece que no hay arte ni género que no se rinda ante su talento mágico, cortado cuando acababa de cumplir sólo treinta y ocho años. Por eso cuando decimos «poesía temprana» hay que entender que estamos ordenando en términos temporales, no en valores absolutos, puesto que en la poesía lorquiana —toda ella temprana como toda su obra— no es la precocidad, sino la prodigiosidad lo que sobresale.

Nosotros no creemos que Lorca hubiera dejado de escribir poesía; sin embargo, en los años que van desde su vuelta de Nueva York en 1930 hasta su asesinato en 1936, escribió menos poesía y mucho más teatro. Su creación poética señala, más que una trayectoria, un florecimiento de temas, intuiciones y obras cuyos gérmenes estaban ya en su primer libro de poemas[1].

Dentro de este florecimiento notamos dos factores determinantes que caracterizan todas sus obras poéticas. Quizá sería más exacto decir dos presencias, que son: por un lado la presencia de Andalucía, y por otro la constancia de creación que a veces se manifiesta como innovación. Donde más se manifiesta ésta, sería en *Poeta en Nueva York*, un libro desafiantemente moderno e iconoclasta. Donde mejor se ve la presencia de Andalucía sería en los dos libros que presentamos, cuyos temas son andaluces por excelencia. Sin embargo, no se trata de exclusividad: es precisamente una visión andaluza la que observa la gran metrópoli de Nueva York con tanto horror. Cuando Lorca lanza su estremecido grito desde la torre del Chrysler Building es precisa-

---

[1] Francisco García Lorca, *Three Tragedies of Federico García Lorca,* New York, New Directions, 1955, pág. 5.

mente la voz desgarrada de un andaluz: «denuncio porque vengo del campo y creo que lo más importante no es el hombre»[2]. De la misma manera, los temas muy andaluces expresados en el romance tradicional, cobran una calidad inusitada debido precisamente a las invenciones en el lenguaje, como esta imagen escalofriante del «Martirio de Santa Olalla»:

> Por el suelo, ya sin norma,
> brincan sus manos cortadas
> que aún pueden cruzarse en tenue
> oración decapitada.

De las dos presencias, la de Andalucía se manifiesta con más frecuencia en la poesía lorquiana: al mismo tiempo constituye tema y visión artística. Por ser de capital importancia, y por ser muchas veces no muy bien entendida, la discutiremos aparte en el capítulo que sigue. Mientras tanto, debemos referirnos a esa otra vertiente que hemos llamado constancia de creación o innovación.

Este lado de la personalidad artística de Lorca da muchas veces en lo que podríamos llamar su vanguardismo. No puede considerarse únicamente un deseo de renovación; no se puede decir que se limita a lo estético o a lo artístico. Lorca era un formidable vanguardista si miramos su personalidad artística total. El *corpus* que va desde sus poemas en prosa, su guión de cine «Viaje a la luna»,[3] *Poeta en Nueva York* y muchos de

---

[2] Federico García Lorca, *Obras completas*, vol. I, Madrid, Aguilar, decimoctava edición, 1973, pág. 1102. En lo sucesivo indicamos el número del volumen y la página correspondiente dentro de nuestro texto. Imprescindible emplear esta última edición aumentada por Arturo del Hoyo.

[3] No publicado en castellano. La versión en inglés puede verse con el título «Trip to the Moon», A Filmscript. Traducido por Bernice G. Duncan, en *New Directions in Prose and Poetry* 18, Norfolk, Conn., New Directions, 1964, págs. 33-41.

sus dibujos hasta *Así que pasen cinco años* y *El público*, es el comienzo de la obra de un artista que, de haber vivido, ocuparía, al lado de Picasso, uno de los primeros puestos como forjador creativo, como innovador agudo y visionario de nuestro siglo. Si bien Lorca podía hundirse como decía Aleixandre «en el tiempo, en los siglos, en la raíz remotísima de la tierra hispánica» (II, ix), también puede afirmarse sin ningún riesgo que Lorca constituye un caso extraordinario de creador visionario, capaz en sus vaticinios de «ver» hasta su propio fin trágico, como comprueban estos versos espeluznantes de *Poeta en Nueva York*:

> Cuando se hundieron las formas puras
> bajo el cri cri de las margaritas,
> comprendí que me habían asesinado.
> Recorrieron los cafés y los cementerios y las iglesias,
> abrieron los toneles y los armarios,
> destrozaron tres esqueletos para arrancar sus dientes de
> [oro.
>
> Ya no me encontraron.
> ¿No me encontraron?
> No. No me encontraron (I, 451).

Lorca revela, en esta constancia de creación, una habilidad artística tan innovadora, moderna y desarraigada, como arraigado está el *Romancero* en la cultura particular de Andalucía.

Toda la obra de Lorca es inconfundiblemente andaluza y hasta indescifrable sin esta presencia andaluza, pero al mismo tiempo *Poeta en Nueva York* y *El público*, para elegir dos ejemplos sobresalientes, indican el amplio contexto universalista que tiene su obra como conjunto. Sin tener en cuenta este universalismo resulta imposible entender el significado de su andalucismo, pero pensando siempre en ello como fondo, se puede comprender esa difícil y complejísima universalidad andaluza que alcanza sus matices más hondos y sus metas más auténticas cuanto más idiomática y autóctona es su expresión. Lorca es el mejor intérprete de ese fenómeno cuyo legado más bello lo constituyen precisamente *Poema del Cante Jondo* y *Romancero gitano*.

Andalucía: Tema y visión

Es indispensable distinguir aquí entre la Andalucía que Lorca ve, descubre y emplea, y aquella otra pseudo-romántica Andalucía de macetas y elementos «populares». Quizá en esa misma palabra «popular» sea donde resida gran parte del problema de distinguir entre la Andalucía verdadera y la falsa de «pandereta», de la «españolada», de la época de Bizet, esa Andalucía zarzuelera que ha ejercido influencia hasta dentro de Andalucía, y que, fuera de ella y fuera de España, ha creado un estereotipo lamentable. Ortega lo apuntó bien en abril de 1927, en el artículo que todavía hoy se discute, «Teoría de Andalucía», al afirmar: «Lo admirable, lo misterioso, lo profundo de Andalucía está más allá de esa farsa multicolor que sus habitantes ponen ante los ojos de los turistas».[1]

Ortega —hombre del norte, como él mismo dice, y filósofo— enfoca con originalidad este «problema» de identidad andaluza, tan necesitado de aclaración para nuestros fines. Aunque no estamos de acuerdo con la segunda parte del artículo donde enuncia su «ideal vegetativo», sí creemos que en la primera parte

---

[1] *Obras completas*, Madrid, Revista de Occidente, 5.ª ed., 1961, tomo VI, pág. 112. Para toda una teoría sobre el «panderetismo» y su procedencia de Francia en el siglo pasado, véase Anselmo González Climent: *Andalucía en los toros, el cante y la danza,* Madrid, 1953, páginas 23-28.

—la historia— ha acertado al señalar la autoconciencia andaluza y lo que ella puede significar:

> ...se complace en darse como espectáculo... Esta propensión de los andaluces a representarse y ser mimos de sí mismos revela su sorprendente narcisismo colectivo. Sólo puede imitarse a sí mismo el que es capaz de ser espectador de su propia persona... (este narcisismo) demuestra, por otra parte, que es una de las razas que mejor se conocen y saben a sí mismas. Tal vez no haya otra que posea una conciencia tan clara de su propio carácter y estilo. Merced a ello le es fácil mantenerse invariablemente dentro de su perfil milenario, fiel a su destino, cultivando su exclusiva cultura[2].

Siguiendo la lógica de Ortega podemos empezar a entender esa identidad bifurcada de Andalucía que representa por un lado lo que Ortega llama «un magnífico *ballet* anunciado en los carteles con el título *Sevilla*»,[3] y por otro ese «perfil milenario». De esta manera la Andalucía de «pandereta» y la Andalucía milenaria —según nos da a entender Ortega— vienen a ser cara y cruz de la misma moneda. Es más, esa bifurcación es señal de su antigüedad:

> Uno de los datos imprescindibles para entender el alma andaluza es el de su vejez. No se olvide. Es, por ventura, el pueblo más viejo del Mediterráneo, más viejo que griegos y romanos. Indicios que se acumulan nos hacen entrever que antes de soplar el viento de los influjos históricos desde Egipto y, en general, desde el Mediterráneo oriental hacia el occidental, había reinado una sazón de ráfagas opuestas. Una corriente de cultura, la más antigua de la que se tiene noticia, partió de nuestras costas y, resbalando sobre el frontal de Libia, salpicó los senos de Oriente[4].

---

[2] Ortega, págs. 112-113.
[3] *Ibíd.,* pág. 112.
[4] *Ibíd.,* pág. 113.

Entendido así, y teniendo en cuenta la conclusión de Ortega de que Andalucía —una cultura campesina que recibe influencias de todas las culturas violentas del Mediterráneo sin dejar nunca de vencer rápidamente a todos sus vencedores— es «de todas las regiones españolas, la que posee una cultura más radicalmente suya»[5], podemos comprender la Andalucía de «pandereta» como consecuencia histórica del proceso milenario de la formación de la cultura andaluza. Y si bien es posible que Ortega exagere algo la edad de Andalucía —seguramente estaría pensando en el artículo de Schulten sobre Tartessos, publicado en el primer número de la *Revista de Occidente* en 1923, en el que se mencionan las leyes en versos que ya antes de Cristo tenían 6.000 años de antigüedad —parece indiscutible que Tartessos, o Tarshish si se prefiere, ha sido la cultura más antigua de Occidente[6]. Entendida así, la Andalucía de «pandereta», no constituye otra cosa que un fenómeno sociohistórico enojoso que, en el fondo, no solamente no tiene importancia, sino que quizá pueda entenderse como «prueba» de la antigüedad andaluza por ser un fenómeno que repercute en muchos miles de años.

Lo que interesa a nuestro estudio es precisamente esa «otra» Andalucía, esa milenaria y a veces bastante oculta Andalucía que se extiende por lo menos desde tiempos del legendario Gerión *tartéssico* hasta nuestros días, y de la cual Lorca ha llegado a ser nada menos que su mejor intérprete.

Ahora bien, ¿cómo enfocar esa Andalucía milenaria de la que Lorca es intérprete? Se podría hacer —y lo haremos después— a través de su poesía, pero antes debemos examinar una fuente más nítida: la conferencia magistral que prácticamente equivale a su credo artístico, «Teoría y juego del duende».

---

[5] *Ibíd.*
[6] Véase Adolfo Schulten, «Tartessos», *Revista de Occidente*, año I, núm. 1, (julio, 1923), págs. 65-94, reimpreso en edición facsímil en julio de 1973.

Esta conferencia, como veremos a continuación, nos da más teoría que cualquier otro escrito suyo, sobre todo teoría en cuanto a su manantial artístico: plasma como ningún documento la importancia de Andalucía en su obra. Aunque al principio habla de España y no de Andalucía, veremos en seguida que Andalucía —en términos del duende— no es una parte de España sino que España, y hasta todo lo hispánico, es para él una extensión de Andalucía. Por cerrado que esto pueda parecer, es importante tenerlo muy en cuenta: para Lorca como para muchos andaluces, Andalucía es el ombligo de Occidente[7]. Históricamente hablando no cabe duda de que tienen razón: no cuenta sólo el hecho de Tartessos y otras culturas antiguas como la fenicia, la cartaginesa y la griega que se establecieron en Andalucía, sino también la *Baética* romana y el *Al-Andalus* islámico. La colonización posterior por los castellanos no quita en absoluto ese sentido milenario del que hablaba Ortega.

Pero veamos algunos fragmentos extraídos de la bella conferencia para que todo este andalucismo se aclare:

> ...voy a ver si puedo daros una sencilla lección sobre el espíritu oculto de la dolorida España (I, 1067).

Nótese que España se hace Andalucía inmediatamente en los ejemplos que siguen para ilustrar ese espíritu oculto:

> Manuel Torre, gran artista del pueblo andaluz, decía a uno que cantaba: «Tú tienes voz, tú sabes los estilos, pero no triunfarás nunca, porque tú no tienes duende» (I, 1067).

---

[7] Así lo explicaba jocosamente Ortega hablando del XIX: «España entera siente justificada su existencia por el honor de incluir en sus flancos el trozo andaluz del planeta», Ortega, pág. 111.

Siguen como ejemplos el *cantaor*, «El Lebrijano», la bailarina gitana, «La Malena», y el compositor gaditano Falla. Vuelve entonces a Manuel Torre, gitano jerezano —uno de los *cantaores* casi legendarios de los que hablaremos después— para calificarlo como «el hombre de mayor cultura en la sangre que he conocido» (I, 1068). Manuel Torre nos da la primera definición de duende cuando dice esta frase que Lorca cita: «Todo lo que tiene sonidos negros tiene duende» (I, 1068). Y entonces comenta Lorca en su conferencia:

> Estos sonidos negros son el misterio, las raíces que se clavan en el limo que todos conocemos, que todos ignoramos, pero de donde nos llega lo que es sustancial en el arte (I, 1068).

Debe estar muy claro que no es casualidad que la procedencia de todo esto se encuentre en la tierra andaluza. Pero, por si acaso hubiese alguna duda, el conferenciante continúa:

> ...no es cuestión de facultad, sino de verdadero estilo vivo; es decir, de sangre; es decir, de viejísima cultura, de creación en acto. Este «poder misterioso que todos sienten y que ningún filósofo explica» es, en suma, el espíritu de la tierra... (I, 1068).

Es cierto que Lorca no especifica tierra andaluza, pero también es evidente que ejemplifica la mejor emanación del duende, espíritu de la tierra, en ese tipo de artista al que llama «hombre de mayor cultura de sangre» y que es al mismo tiempo definidor de los sonidos negros. Además explica en seguida que el duende «había saltado de los misteriosos griegos a las bailarinas de Cádiz o al dionisíaco grito degollado de la siguiriya de Silverio»[8]

---

[8] No deja de ser interesantísimo el hecho de que Manuel Torre se mudara desde Jerez a Sevilla precisamente por la época de la muerte de Silverio Franconetti en 1893, casi como si quisiera asumir el mando

(I, 1068). Las palabras claves son *Cádiz, misterioso* y *dionisíaco*, que forman una especie de triángulo de alusiones.

Las bailarinas de Cádiz se refieren, sin duda, a las *puellae gaditanae* a las que menciona algunas páginas después:

> En España (como en todos los pueblos de Oriente, donde la danza es expresión religiosa) tiene el duende un campo sin límites sobre los cuerpos de las bailarinas de Cádiz, elogiadas por Marcial, sobre los pechos de los que cantan, elogiados por Juvenal... (I, 1076-77).

Plinio, y Estrabón y Polibio entre otros también elogiaron a estas artistas[9]. Las *puellae gaditanae* —las muchachas del entonces Gadir, de la cultura que había sido la *tartéssica* antes de la teórica conquista por los cartagineses— eran famosas en el mundo antiguo, como explica el historiador de música Hipólito Rossy: «Las bailarinas de Tartessos contratadas en Roma no intervenían sólo en las fiestas privadas o "juergas" de los patricios romanos; también bailaban en las solemnidades públicas»[10]. Obsérvese que estas bailarinas de Cádiz

---

en el mundo del *cante* que abandonaba éste, hecho al que parece aludir Lorca al cotejar los dos *cantaores;* lo que si es evidente es el altísimo valor que Lorca da a la *siguiriya* como vehículo del duende. Sobre Manuel Torre y Silverio en este contexto, véase el estudio del erudito y premiado flamencólogo, D. E. Pohren, *Lives and Legends of Flamenco*, Madrid, Society of Spanish Studies, 1964, págs. 91-97.

[9] Véase Hipólito Rossy, *Teoría del cante jondo,* Barcelona, Credusa, 1966, págs. 58-63, para la historia —con citas— de estas *bailaoras* famosas en el mundo antiguo. También debe verse Arcadio de Larrea Palacín, *La canción andaluza,* Jerez de la Frontera, Centro de Estudios Históricos Jerezanos, 1961, págs. 117-121.

[10] Rossy, pág. 60. —Véase también Fernando Quiñones, *El Flamenco: Vida y Muerte,* Barcelona, Plaza y Janés, 1971, págs. 27-32, sobre el significado de estas bailarinas pre-flamencas, entre ellas «Telethusa, jaleada por poetas latinos...ágil, altanera Argentinita o Carmen Amaya de la romanidad, con sus crótalos o castañuelas de bronce (crusmata) al extremo de unos brazos levantados en «flamen-

son coetáneas de los misterios griegos, es d
mente de los griegos que practicaban lo
misterios, ritos de las religiones mistéricas, d
los más famosos eran los de los cultos e
eleusinos y cabíricos entre las religiones
Pero existía otra rama, los misterios semíticos o sirios,
también extendidos por todo el Mediterráneo, cuya
diosa o Magna Mater era Astarté —tipo de diosa madre
muy celebrada en Andalucía como muestran tanto los
historiadores de las religiones arcaicas, como los ar-
queólogos[11]. Así cuando Lorca afirma que el duende
había saltado desde los misteriosos griegos a las baila-
rinas de Cádiz, no cabe duda que está afirmando —por
oculta que pueda parecer la alusión— no sólo la exis-
tencia de religiones mistéricas en Andalucía sino, lo que
es más, su prolongación *en el tiempo*, su supervivencia
hasta ahora en Andalucía. Es decir, el duende, el es-
píritu de la tierra, de la religión mistérica, de la religión
telúrica, el espíritu que emana de la tierra misma, de la
gran madre tierra de los misterios panteístas de Oriente,
sean de tipo semítico o de tipo helénico, ese duende,
repetimos, había saltado a las bailarinas de Cádiz,

quisimo» desplante, el busto echado atrás, un conato de bata de cola
arremolinándose en torno a los ligeros pies...» (pág. 29). La descripción
que hace de Telethusa no es invención sino descripción de su estatua
en Nápoles. (Esta Telethusa es también muy «flamenca» para Rafael
Alberti: véase su poema «A Telethusa, bailarina de Gades» en *Ora
Marítima*, Buenos Aires, 1953.) También de mucho interés son las
palabras que pone en boca de Menéndez Pidal:

> Hay caracteres de expresión racial perdurables incluso desde
> hace tres milenios —me dijo—, y uno de ellos es ese sentido
> rítmico del pueblo andaluz, el de las *puellae gaditanae*, y fíjese
> que nunca se habló de las *cantica hispalensis*, de Sevilla, o de
> las *puellae tarraconensis* de Tarragona... —agregó (pág. 32).

Véase además J. Caro Baroja, *Los pueblos de españa*, Barcelona,
Editorial Barna, 1946, pág. 134.

[11] Véanse como ejemplos, Ángel Álvarez de Miranda, *Las religiones
mistéricas,* Madrid, Revista de Occidente, 1961 y Juan Maluquer
de Motes, *Tartessos: la ciudad sin historia,* Barcelona, Destino, 1970,
especialmente págs. 121-124.

...vio prototipo de las *bailaoras* o, en nuestra época, ...l grito dionisíaco (palabra completamente *intencional* puesto que completa con su alusión el triángulo) de un *cantaor* de *siguiriyas* de hoy, digamos. No deja de ser interesantísimo la presencia aquí de la palabra *degollado* puesto que en el misterio dionisíaco, el dios y luego su sustituto, a veces un toro, a veces un macho cabrío, era degollado[12].

Estas obvias alusiones, ¿eran producto de la erudición de Lorca? En 1969 se lo preguntamos a su hermano, don Francisco García Lorca, haciendo referencia a *La metáfora y el mito* de Ángel Álvarez de Miranda, que prueba de manera definitiva la coincidencia de muchísimos elementos de las religiones mistéricas con elementos de la obra de Lorca pero que concluye que:

> Lo que llamamos «poesía» de un poeta contemporáneo, García Lorca, ha sido capaz de coincidir en todo lo esencial con los temas, motivos y mitos de antiguas religiones. Esa coincidencia se debe a que ambos fenómenos, el poético y el religioso, brotan de un mismo coherente sistema de intuiciones sobre la sacralidad de la vida orgánica. Por eso el contenido esencial de los «poemas» de Lorca es una recaída *espontánea e inconsciente*, en los mitologuemos característicos de la religiosidad naturalística[13].

Francisco García Lorca dijo que sí, que su hermano sabía algo de todo eso pero que sí había también mucha

---

[12] Entre otros, Benjamín Hunningher explica esto en su *The Origin of the Theater*, New York, Hill and Wang, 1961, págs. 1-41. En la famosa tragedia de Eurípides que recuerda todo esto, *Las bacantes*, Penteo, que ha llegado a sustituir el dios-que-muere, sufre lo que los griegos llamaban *sparagmos*, es decir, su despedazamiento para ser comido. De toda esta ceremonia o rito parece haber nacido la tragedia. Cfr. la nota 39.

[13] Ángel Álvarez de Miranda, *La metáfora y el mito*, Madrid, Taurus, 1963, pág. 12. Subrayado nuestro.

intuición por medio. Indudablemente, los dos factores intervienen, pero creemos que Lorca sabía mucho más de lo que en general se cree. Es decir, que no creemos que esa coincidencia fuera «espontánea e inconsciente». Es imposible trazar el proceso que Lorca empleó para llegar a su «estética», pero no es imposible señalar elementos que en conjunto apuntan a un conocimiento que es espontáneo e inconsciente quizá en un principio, pero que después únicamente puede considerarse consciente y hasta muy elaborado, como prueba en parte su genial ensayo sobre el duende.

Bien, pero ¿cómo probar que Lorca en su ensayo sobre el duende está postulando un duende de tipo andaluz, en cierto modo seguidor de los misterios arcaicos? Recordemos el triángulo que apuntamos: griegos misteriosos, *puellae gaditanae* y *cantaor* moderno de la *siguiriya*, triángulo que nos da precisamente el duende.

Tenemos, pues, que seguir analizando ese ensayo para ver hasta qué punto Andalucía es fuente y sustancia de la obra del poeta. Veámoslo otra vez:

> Sonidos negros dijo el hombre popular de España (Manuel Torre) y coincidió con Goethe, que hace la definición del duende al hablar de Paganini, diciendo: «poder misterioso que todos sienten y que ningún filósofo explica».
>
> . . . .
>
> Este «poder misterioso que todos sienten y que ningún filósofo explica» es, en suma, el espíritu de la tierra, el mismo duende que abrazó el corazón de Nietzche, que lo buscaba en sus formas exteriores sobre el puente Rialto o en la música de Bizet, *sin encontrarlo y sin saber que el duende que él perseguía había saltado* de los misteriosos griegos a las bailarinas de Cádiz o al dionisíaco grito degollado de la siguiriya de Silverio (I, 1068 subrayado nuestro).

La ilustre hispanista francesa, Marie Laffranque, ha dicho lo siguiente respecto de esta alusión: «*cette définition est celle que donne Goethe du génie qui semble habiter Paganini. Lorca rapproche aussi le «duende» de l'esprit de la terre dont parle Nietzsche. Sans l'avoir voulu, il marque ainsi la lointaine origine romantique et germanique de sa conception.»* [14] A nosotros no nos parece un concepto de origen romántico lejano ni cercano sino un concepto netamente autóctono.

Es evidente que Lorca leyó a Nietzsche, máxime cuando recordamos que Fernando de los Ríos, el tutor de Lorca había visitado a la hermana del filósofo [15]. Además, al ver cómo divide duende de ángel y musa, y cómo emplea el término *dionisíaco*, diríamos que es obvio que se había enterado bien de lo que escribió Nietzsche sobre el origen de la tragedia. Pero entre afirmar que Lorca estuvo consciente de una cosa que se empleaba como una alusión, precisamente por bien conocida, y afirmar que su teoría del duende tiene un origen germánico, media un abismo. Lorca emplea a Nietzsche para que el oyente o lector tenga una alusión o un paralelo que se base en una dialéctica parecida, y, al mismo tiempo para que comprenda que ese duende que Nietzsche buscó, no lo encontró: «sin encontrarlo y sin saber...», dice. Lorca y Nietzsche buscan al mismo duende. Lorca lo ha encontrado pero Nietzsche no. ¿Por qué? Porque el duende había abandonado a Grecia cuando los griegos abandonaron sus propios misterios y había saltado a las bailarinas *tartéssicas* que todavía entonces y todavía hoy conservan ese poder misterioso inexplicable para los filósofos que es «verdadero estilo vivo; es decir, de sangre; es decir, de viejísima cultura, de creación en acto», que es «el espíritu de la tierra», que es «el dionisíaco grito degollado», que es, pues, el duende

---

[14] *Les Idées esthétiques de Federico García Lorca,* París, Centre de Recherches Hispaniques, 1967, pág. 253.

[15] Véase el trozo de *Religión y Estado en la España del Siglo XVI,* (Nueva York, 1927) publicado en la *Revista de Occidente,* XLII, núms. 125 y 126, agosto-septiembre, 1933, pág. 327.

tal como lo había descrito Lorca. Nietzsche, dice, lo buscó «en sus formas exteriores» y también «en la música de Bizet». Evidente error: Lorca especifica exactamente dónde se encuentra: «al duende hay que despertarlo en las últimas habitaciones de la sangre» (I, 1069). Y estas últimas habitaciones de la sangre no tienen su origen en el romanticismo alemán. Cierto es que existe un paralelismo entre el rechazo nietzschiano de lo apolíneo y su aceptación de lo dionisíaco con el rechazo lorquiano de ángel y musa y su aceptación de lo también dionisíaco en el duende, pero lejos de constituir así el origen de la teoría, viene a ser un paralelo con el proceso creativo de Nietzsche, que además Lorca considera fracasado, pues no encuentra, ni sabe dónde buscar, al duende que es un fenómeno, para él, netamente andaluz.

Aunque en el resto del ensayo, Lorca da muchos ejemplos de artistas enduendados no andaluces —Goya sobre todos ellos, máxime artista entre los no andaluces— la gran mayoría de artistas y de ejemplos de duendes son netamente y a veces casi podríamos decir exclusivamente andaluces. Su enumeración como ejemplos ilustrativos dentro de este virtual credo artístico constituye el mayor elogio que Lorca formuló de su tierra. Veamos los ejemplos y comentarios más importantes:

> Los grandes artistas *del sur de España*, gitanos o flamencos, ya canten, ya bailen, ya toquen, saben que no es posible ninguna emoción sin la llegada del duende (I, 1070, subrayado nuestro).
> . . . .
> Una vez, la «cantaora» andaluza Pastora Pavón, *La Niña de los Peines*, sombrío genio hispánico, equivalente en capacidad de fantasía a Goya o a Rafael el *Gallo* cantaba en una tabernilla de Cádiz (I, 1070).

Nótese cómo la gitana es comparada con Goya, no andaluz, y con Rafael «El Gallo», andaluz, gitano y torero. Y la llama Lorca «sombrío genio hispánico».

La yuxtaposición es reveladora y sugerente. ¿Quería decir que la mayoría de los artistas que pueden inclurise en esta categoría de «genio hispánico» son gitanos andaluces y que únicamente un Goya cabría allí también? A continuación explica quiénes estaban presentes cuando cantó Pastora Pavón:

> Allí estaba Ignacio Espeleta, hermoso como una tortuga romana, a quien preguntaron una vez: «¿Cómo no trabajas?»; y él, con una sonrisa digna de Argantonio, respondió: «¿Cómo voy a trabajar, si soy de Cádiz?» Allí estaba Eloisa, la caliente aristócrata, ramera de Sevilla, descendiente directa de Soledad Vargas, que en el treinta no se quiso casar con un Rothschild porque no la igualaba en sangre. Allí estaban los Florida que la gente cree carniceros, pero que en realidad son sacerdotes milenarios que siguen sacrificando toros a Gerión, y en un ángulo, el imponente ganadero Don Pablo Murube, con aire de máscara cretense (I, 1070)[16].

¿Qué gente extraña es ésa? Precisamente están reunidos en esta «tabernilla de Cádiz» un grupo de *cabales*, aficionados al cante jondo que saben escuchar y apreciar. Como tantas veces ocurre, los *cabales* tienen que ver también con el mundo taurino. En esta «tabernilla de Cádiz», junto a aquellos aficionados, Lorca introduce un grupo de alusiones atávicas muy poderosas, sobre todo porque sugieren todos los círculos concéntricos históricos y culturales que existen alrededor de la actividad

---

[16] Parece ser que la versión definitiva de esta conferencia fue escrita en Buenos Aires, en 1933. En una entrevista que le hizo el periodista gallego Lence para *Correo de Galicia*, se informa que Lorca había terminado de redactar las cuartillas de la conferencia que habría de dar esa noche en Amigos del Arte y que un mecanógrafo allí presente las mecanografiaba. (II, 934-937).

Como nota curiosa referimos al lector a Arcadio Larrea que cita una tonadilla de 1830 que tiene por tema la imposibilidad de una boda entre un francés y una gitana «por la total oposición familiar y del vecindario (de Cádiz) que la considera degradante». (*El flamenco en su raíz*, Madrid, Editora Nacional, 1973, págs. 71-73.)

de estos individuos, que es, nada menos —y nada más— que la búsqueda del duende, búsqueda de ahora con ecos y resonancias ilimitadas hacia una remota, obscura antiguedad andaluza.

Esta es justamente la anécdota central y la más elaborada del credo artístico de Lorca. ¿Quiénes son esos señores? Pastora Pavón «sombrío genio hispánico» es, como la califica Caballero Bonald en su excelente libro *Luces y sombras del flamenco*, una de las «máximas figuras históricas» y además «la más dinámica y completa *cantaora* de todos los tiempos»[17]. Es, además, la única mujer que Lorca incluye en el grupo de los maestros de la siguiriya en su conferencia «Arquitectura del cante jondo». Se puede afirmar sin riesgo alguno que su figura iguala a la de Manuel Torre en nuestro siglo.

Ignacio Espeleta, gitano, *cantaor*, y amigo de Lorca se retrata así en las palabras de Fernando Quiñones en su *De Cádiz y sus cantes*: «el más célebre representante de una familia gaditana y gitana, pródiga en artistas flamencos... decir Ignacio Espeleta es decir fuerza y alegría vital, gracia, ingenio y duende a carradas... el espíritu mismo del flamenco»[18].

Los demás también tienen su historia que no hace falta contar aquí: los Florida que al parecer se encargaron de esta juerga[19], don Pablo Murube, «imponente ganadero» cuya familia criaba los famosos toros de la antigua casta andaluza de Vistahermosa[20]; pero de más impor-

---

[17] J. M. Caballero Bonald, *Luces y sombras del flamenco*, Barcelona, Lumen, 1975, pág. 128.

[18] Fernando Quiñones, *De Cádiz y sus cantes*, Madrid, Ediciones del Centro, 1974, pág. 208. Véase también para unas anécdotas graciosas, aunque quizá un tanto hiperbólicas, sobre Ignacio Espeleta, el libro de Pericón de Cádiz (Juan Martínez Vílchez) y José Luis Ortiz Nuevo, *Las mil y una historias de Pericón de Cádiz*, Madrid, Demófilo, 1975, págs. 121-133.

[19] Quiñones, *De Cádiz y sus cantes*, pág. 89.

[20] Los toros de raza andaluza de más fama proceden de dos castas, la de Vistahermosa y la vazqueña. Parte de la famosa casta del conde

tancia aún son lo que hemos llamado alusiones atávicas porque éstas proporcionan una dimensión hacia un pasado remoto evocado muy a propósito por el poeta.

Estas alusiones muestran la inmutabilidad de la visión lorquiana del arte andaluz; lo mismo el presente evoca el remoto pasado, como puede verse el presente como continuación inconfundible del pasado. No importa si se ve desde el presente o desde el pasado: para Lorca y los «grandes artistas del sur de España» lo que importa es la llegada del duende, y el duende —ya lo hemos visto— lo mismo acude a las *puellae gaditanae* que a la «Niña de los Peines». Para fijar ese aspecto inmutable —inconfundiblemente atemporal— del duende, Lorca hace aquí, en el meollo de su ensayo, referencias a lo milenario en la forma más nítida: Espeleta es «hermoso como una tortuga romana» y tiene «una sonrisa digna de Argantonio»[21]; los Florida solamente *parecen* ser carniceros, pero «en realidad son sacerdotes milenarios que siguen sacrificando toros a Gerión»; don Pablo Murube tiene «aire de máscara cretense».

Argantonio, Gerión, sacerdotes milenarios, sacrificio milenario de toros, máscara cretense, ¿quién puede creer que Lorca mezclara estas alusiones atávicas con aquellos *cabales* de una manera inconsciente o espontánea? La crítica ha sido tímida donde Lorca anduvo

---

de Vistahermosa, cuya procedencia es del año 1790, pasó a doña Dolores Monge y de allí a sus hijos don Faustino y don Joaquín Murube en 1889. Pasando por la viuda de J. Murube y doña Carmen de Federico, llegaron a lidiarse en tiempos modernos bajo el nombre de Urquijo de Federico. Toda esta historia la traza don José María de Cossío en su admirable obra *Los Toros*, Madrid, Espasa-Calpe, 1960, tomo I, páginas 251, 271, y en el árbol genealógico de la casta de Vistahermosa entre las págs. 312-313. Para una lista de unos veinte toros célebres lidiados bajo el nombre de Murube véase pág. 404.

[21] Debe tenerse en cuenta aquí también el hecho de que los Espeleta son descendientes directos de «El Planeta», *cantaor* legendario nacido en el siglo XVIII y mencionado en «Un baile en Triana» de Estébanez Calderón, una de las primeras noticias que tenemos del flamenco.

con pies firmes. Pero lo sabía perfectamente Aleixandre cuando dijo:

> El poeta es el ser que acaso carece de límites corporales. Su silencio repentino y largo tenía algo de silencio de río, y en la alta hora, oscuro como un río ancho, se le sentía fluir, fluir, pasándole por su cuerpo y su alma sangres, remembranzas, dolor, latidos de otros corazones y otros seres que eran él mismo en aquel instante, como el río es todas las aguas que le dan cuerpo, pero no límite (II, x-xi).

Eso es una descripción exacta del asombroso poder asimilativo del poeta. Con pies firmes, dijimos y Aleixandre dice:

> ...sus pies se hundían en el tiempo, en los siglos, en la raíz remotísima de la tierra hispánica, hasta no sé donde, en busca de esa sabiduría profunda que llameaba en sus ojos, que quemaba en sus labios, que encandecía su ceño de inspirado. No, no era un niño entonces. ¡Qué viejo, qué viejo, qué «antiguo», qué fabuloso y mítico! Que no parezca irreverencia, sólo algún viejo «cantaor» de flamenco, sólo alguna vieja «bailaora», hechos ya estatuas de piedra, podrían serle comparados. Sólo una remota montaña andaluza sin edad, entrevista en un fondo nocturno, podría entonces hermanársele (II, ix).

Esto completa a nuestro juicio una definición exacta y realista de un ser nada común. Ciertas palabras forman imprescindiblemente un núcleo de esa definición: *raíz remotísima de la tierra hispánica, sabiduría profunda, inspirado*. Teniéndolo en cuenta, ahora contestemos. Argantonio (Espeleta) es el rey longevo y famoso, histórico y no legendario, del apogeo de Tartessos[22].

---

[22] Véase el capítulo llamado «La monarquía tartesia» en el citado y muy útil libro de Maluquer, págs. 37-58, y especialmente la pág. 46, donde Maluquer discute las fechas de ese monarca.

Gerión, (a quien los Florida siguen sacrificando toros) es un monarca anterior cuyo mito presenta un ser fantástico, poseedor de un ganado fabuloso cuyo robo por Hércules es famoso en la mitología griega[23]. Esa máscara cretense de ganadero de reses bravas (Murube) señala por alusión directa a los reconocidos mitos, prácticas y ceremonias de los antiguos cretenses en su *tauromakia* que según Cossío —quien a su vez se basa en los trabajos del seguidor de Schliemann, sir Arthur Evans— son de indudable carácter religioso:

> De su carácter religioso no puede dudarse, pues en relieves y entalles donde aparecen semejantes escenas figura el templete de la divinidad, y sin duda femenina, pues a su culto parecen consagradas mujeres que intervienen en tales ritos y que nos dan la imagen, y bien lisonjera, de las primeras *toreadoras* de que tenemos noticia. Así mismo, no tiene duda que tales ejercicios se celebran en recintos cerrados, y algunos frescos nos han conservado la panorámica del concurso, femenino y dispuesto en graderías como las de los tendidos de nuestras plazas[24].

Del hecho de que Lorca empleaba todas estas alusiones atávicas a propósito no nos puede caber la menor duda. Creta y Tartessos y la Andalucía de hoy; ritos táuricos

---

[23] *Ibíd.*, esp. págs. 37-43. Maluquer basa su interpretación en los trabajos de Julio Caro Baroja. Véase también Cossío, IV, págs. 773-775. No solamente explica Cossío el sentido táurico del mito sino que también cita unos versos de Rafael Alberti, el poeta de Menesteos, muy amigo de Lorca, conocedor y compartidor del bello tema mítico hispanogreco; por otra parte, es interesante notar que Maluquer cree que «Este mito de Geryón, pese a su ropaje poético, enmascara una realidad innegable. La existencia muy antigua en el segundo milenio de una monarquía tartésica» (pág. 39).

[24] Cossío, IV, págs. 777-778. Debe consultarse este interesantísimo capítulo de Cossío, también muy amigo de Lorca —se puede leer la correspondencia sobre su colaboración, (II, 1181-1184)—, y gran conocedor del tema. Son de especial interés los frescos que se reproducen en el texto: véase «Toros en Creta», IV, págs. 776-783.

de la antigüedad y la fiesta nacional; las antiguas religiones pre-cristianas y el duende, ¿quién puede dudar que Lorca los relacionaba aquí, en el centro mismo de su ensayo?

Los relacionaba, además, de una manera consciente y muy elaborada, hasta tal punto que la anécdota ha llegado a cobrar entre los aficionados mucha fama. La prueba está en casi todos los libros de los flamencólogos, que no pueden hablar del duende sin aducir el nombre de Lorca[25]. En efecto, la descripción del duende que Lorca da, ha llegado a ser una de sus mejores definiciones. La anécdota que hemos analizado forma su tuétano.

¿De dónde sacaría Lorca sus ideas al respecto? Todos sus biógrafos discuten el casi increíble poder asimilativo del poeta, al que ya hemos aludido. Además muchos hablan de lo poco que Lorca leía, criterio éste que, como hemos sugerido anteriormente, creemos algo exagerado. Es posible que no fuese un lector voraz, pero también debemos recordar que se jactaba en esta misma conferencia de haber escuchado en la Residencia de Estudiantes, desde el año 1918 hasta el año 1928, «cerca de mil conferencias» (I, 1067), cifra sin duda algo hiperbólica y, sin embargo, representativa de lo que podríamos llamar cultura «hablada» que tanto abundaba en esa época y de la que tuvo que haber absorbido una gran cantidad de aquello que «estaba en el aire».

Entre lo que sí habría leído, figura *La Revista de Occidente*, y en el primer número —julio de 1923— aparece el ya citado artículo de Schulten, «Tartessos, la más antigua ciudad de Occidente», que viene a ser como un resumen de su libro sobre el mismo fenómeno,

---

[25] Los ejemplos abundan. Algunos ejemplos de autores ya citados: Caballero Bonald, págs. 66-67; Fernando Quiñones, *El flamenco: vida y muerte*, pág. 65; Pohren en *El Arte del flamenco*, Morón de la Frontera (Sevilla), Sociedad de Estudios Españoles, edición española, 1970, *passim*, y especialmente págs. 22-23.

Tartessos. Contribución a la historia antigua de Occidente.
Es lógico pensar que, si no hubiese leído el libro, por
lo menos habría discutido el artículo del primer número
de la revista que publicaría, menos de cinco años después,
su *Primer Romancero gitano.*

Ahora bien, teniendo en cuenta lo que ya vimos
de la conferencia de Lorca, veamos unos comentarios
previos de Schulten:

> Es cierto que en España no se han descubierto todavía
> objetos manufacturados procedentes de Creta. Pero
> otros indicios, en cambio, parecen aludir a esta isla:
> el culto de los toros, algunos signos gráficos cretenses
> que reaparecen en el alfabeto ibérico, etc. ...Por otra
> parte, se han encontrado en Creta hojas de puñales
> hispánicos[26].

Aún se conserva el nombre del rey tartesio que pre-
senció esta derrota (por los tirios). Se llamaba Gerón.
Este nombre fue durante mucho tiempo el de una for-

---

[26] Schulten, pág. 70. El que mejor ha estudiado el culto de los toros
es Ángel Álvarez de Miranda, *Ritos y juegos del toro,* Madrid, Taurus,
1962. Cossío, por su parte, cree que la alusión mítica a Hércules y los
toros de Gerión señala una posible relación con los antiguos cultos
táuricos, IV, 775. Álvarez de Miranda en el trabajo que acabamos
de mencionar afirma lo siguiente: «Es opinión corriente, repetida hasta
la saciedad por los historiadores y arqueólogos, que en Iberia existía
un antiquísimo culto del toro» (pág. 21); también que «En el sur de
España también, y más concretamente en la llanura del Guadalquivir,
se han encontrado figuras de toros de arcilla, que tradicionalmente se
relacionan con la cultura turdetana y tartésica, en las que predominaba
el carácter agrícola y ganadero. Sabemos por Estrabón que la región
abundaba en toros; esta abundancia explica las especulaciones griegas
sobre los toros de Geryón...» (págs. 23-24); y finalmente «La afirma-
ción de Diodoro, según la cual los toros *son considerados como sa-
grados entre los iberos hasta nuestros días...*» (pág. 24, subrayado suyo).
En su estudio sobre Tratessos, Maluquer, posterior y hasta cierto punto
seguidor de Schulten, ha podido afirmar que en los mercados *tartéssicos*
confluyeron fenicios, chipriotas, cretenses y griegos (pág. 65). El mismo
Schulten, más adelante como tendremos ocasión de ver, tiene más que
decir sobre la conexión entre Tartessos y Creta. Cuando Lorca dice
que el «imponente ganadero» tiene «máscara cretense» no es, pues,
una alusión frívola.

taleza situada en la isla Salmedina, frente a la desembocadura del Guadalquivir. Figura también en la mitología griega en la forma del gigante Geryón, a quien Hércules dio muerte para robarle sus bueyes[27].

Reinaba, entonces, en Tartessos el rey Arganthonius, «el hombre de la plata»[28].

...es tal la coincidencia entre Tartessos, y la Atlántida, que no puede deberse a la casualidad. La Atlántida, como Tartessos, es una isla cerca de Gades, rica en metales —rasgo que a ningún otro país conviene como a Tartessos—, y entre los metales, en estaño...[29]

Los tartesios adoraban la Luna[30].

No queda, en verdad más que una hipótesis plausible: la de que Tartessos fuese una colonia de navegantes orientales antecesores de los tirios. Cabe pensar en los cretenses. Efectivamente, en el año 1500 florecía la cultura y la potencia marítima de Creta, y en esa época existía ya Tartessos. Industria, comercio, navegación, constituyen el aspecto vital tanto de Tartessos como de Creta.

. . . .

A Creta, por último, alude el culto de los toros y la religión de los astros[31].

---

[27] Schulten, págs. 72-73.

[28] *Ibíd.*, pág. 74. Para un posible retrato de Argantonio en la llamada máscara de Tharsis —pueblo minero de Huelva (y con ese nombre cabe preguntar ¿desde cuándo?)— estudiado por Juan de Mata Carriazo, véase su *Tartesos y el Carambolo*, Madrid, Patronato Nacional de Museos, ASTYGI, 1973, págs. 21-31.

[29] Schulten, pág. 81. No nos interesa la exactitud o la falta de exactitud del hecho histórico en cuanto a la mención de la Atlántida, pero debemos recordar que Lorca y Falla eran muy amigos y que ya para el año 1926, poco después del artículo de Schulten, el compositor gaditano parece haber concebido su última gran obra, *La Atlántida*. Tartessos, Gadir-Cádiz, *La Atlántida*, todo eso tiene que haber sido tópico de gran frecuencia entre los andaluces de la época. Para la concepción de la obra de Falla, véase Suzanne Demarquez, *Manuel de Falla*, Philadelphia, Chilton Book Co., 1968 (original francés de 1963), páginas 173-175.

[30] Schulten, pág. 87.

[31] *Ibíd.*, pág. 89.

¿Quién puede creer que Lorca «inventa» en su ensayo elementos que aquí aparecen no solamente indicados, sino también íntimamente relacionados? Es decir, que nos parece imposible aceptar que Lorca únicamente estuviese «poetizando» para decirlo así, lo que Schulten ya había documentado científicamente. Como expone Maluquer, «Los trabajos de Schulten en busca de Tartessos hicieron época y despertaron de nuevo el interés hacia el problema tartésico. Su prestigio de gran investigador, pues ha sido el mejor conocedor de nuestra historia antigua, marcan el comienzo de una nueva etapa en la historiografía española que renovó por completo»[32]. No nos resulta aceptable su desconocimiento por parte de Lorca: leyese o no leyese el artículo, supo captar exactamente las relaciones de toda aquella cuestión: captarlas, relacionarlas y emplearlas para describir en términos inmejorables, por sus hondísimos ecos atávicos, precisamente *no* inventados, la esencia del arte andaluz.

Una vez que se entiende que esas alusiones no son en absoluto quimeras poéticas sino que constituyen toda una teoría de arte o credo artístico que insiste en relacionar el cante jondo y los toros con el protohistórico mundo *tartéssico;* una vez que nos damos cuenta perfectamente de cómo Lorca elaboraba conscientemente este atemporalismo andaluz para dar el mejor ejemplo del misterioso duende, del espíritu de la tierra, dentro de estos círculos concéntricos que se hunden —para emplear el término de Aleixandre— «en el tiempo y en la raíz remotísima de la tierra hispánica»; una vez que vemos todo este complejo antropológico-histórico montado, entonces podemos empezar a entrever cómo Lorca consideraba Andalucía el centro del sentido histórico del arte. Entenderlo es entender la genialidad del pueblo andaluz en términos de su mejor intérprete al mismo tiempo que apreciamos la suma dificultad o complejidad que encierra. El resto del ensayo nos da otras claves

---

[32] Maluquer, pág. 17.

importantes que tendremos que ver más en breve, pero su esencia, sobre todo su esencia atávica —clave de la visión lorquiana— se encuentra en la anécdota sobre la «Niña de los Peines» que, cantando entre un grupo de *cabales*, logró «matar todo el andamiaje de la canción para dejar paso a un duende furioso y abrasador, amigo de vientos cargados de arena, que hacía que los oyentes se rasgaran los trajes», y logró «que su duende viniera y se dignara luchar a brazo partido. ¡Y cómo cantó! Su voz ya no jugaba, su voz era un chorro de sangre...» (I, 1071)[33].

Ahora bien, veamos fragmentos de la conferencia que explican con una profundidad difícil de sondear —la mejor indicación de la enorme cultura que poseyó Lorca— esta teoría de arte que emana de la tierra andaluza:

> La llegada del duende presupone siempre un cambio radical en todas las formas sobre planos viejos, de sensaciones de frescura totalmente inéditas, con una calidad de rosa recién creada, de milagro, que llega a producir un entusiasmo casi religioso.
>
> En toda la música árabe, danza, canción o elegía, la llegada del duende es saludada con enérgicos «¡Alá, Alá!», «¡Dios, Dios!», tan cerca del «¡Olé!» de los toros, que quién sabe si será lo mismo; y en todos los cantos del sur de España la aparición del duende es seguida por sinceros gritos de «¡Viva Dios!», profundo, humano, tierno grito de una comunicación con Dios por medio de los cinco sentidos, gracias al duende que agita la voz y el cuerpo de la bailarina, evasión real y poética de este mundo... (I, 1072)[34].

---

[33] Lorca describe el efecto del duende como «un chorro de sangre». La *cantaora* gitana, Tía Anica «la Piriñaca», heredera del duende de Pastora Pavón, ha expresado que sólo canta cuando la boca «le sabe a sangre» (citado por Julio Vélez, en su *Flamenco: Una aproximación crítica*, Madrid, Akal, 1976, pág. 11).

[34] Quiñones en *El flamenco: vida y muerte*, discute el duende árabe, llamado *tarab*, págs. 57-74. Recoge la historia de Maqqari, recogida

¿Qué quiere decir Lorca con «un entusiasmo casi religioso»? No nos puede caber duda de que Lorca relaciona de alguna forma el duende y cierto sentido religioso: «tierno grito de una comunicación con Dios». ¿Atrevimiento poético o relación religiosa? Ahondemos más.

Antes de contar la anécdota sobre Pastora Pavón, Lorca —comparando duende con ángel y musa— afirma lo siguiente para evitar posibles confusiones:

> En cambio, al duende hay que despertarlo en las últimas habitaciones de la sangre.
> Y rechazar al ángel y dar un puntapié a la musa...
> Se saben los caminos para buscar a Dios, desde el modo bárbaro del eremita al modo sutil del místico. Con una torre como Santa Teresa, y con tres caminos como San Juan de la Cruz. Y aunque tengamos que clamar con voz de Isaías: «Verdaderamente tú eres Dios escondido», al fin y al cabo Dios manda al que lo busca sus primeras espinas de fuego (I, 1069-1070).

Y Lorca continúa:

> Para buscar al duende no hay mapa ni ejercicio. Sólo se sabe que quema la sangre como un tópico de vidrios, que agota, que rechaza toda la dulce geometría aprendida... (I, 1070).

---

a su vez por Emilio García Gómez, famoso arabista granadino —y muy amigo de Lorca—, historia que cuenta el efecto de una tal Achfa «famosa esclava cantaora recién llegada a Sevilla desde Oriente» cuyo canto —o cante— produce una especie de enajenación o enloquecimiento de momento, en el que efectivamente los oyentes se rasgan la ropa y hacen otros «disparates». Esto lo compara con una juerga en Cádiz en 1948, cuando Manolo Caracol, «pierde la cabeza. Llorando, como si se asfixiara, se echa mano al cuello de la camisa y se la desgarra a jirones concienzudamente, hasta la cintura, para ofrecérselos en homenaje al otro cantaor: una operación del *tarab*, habitual en los viejos ambientes flamencos» (pág. 63).

Véase también Ricardo Molina, *Misterios del arte flamenco: ensayo de una interpretación antropológica*, Barcelona, Sagitario, 1967, *passim.*, y especialmente págs. 96-102.

Si seguimos la lógica interna del ensayo, por la comparación entendemos que Lorca está afirmando a su modo que la búsqueda de Dios y la búsqueda del duende, aunque no se parecen, son en cierta manera comparables. Repitamos sus palabras:

> ...calidad... de milagro... un entusiasmo casi religioso. ...profundo, humano, tierno grito de una comunicación con Dios por medio de los cinco sentidos, gracias al duende... (I, 1072).

No se trata de un milagro, sino de *calidad* de milagro; no de un entusiasmo religioso, sino casi religioso; ni tampoco de una comunicación con Dios, sino una comunicación con Dios *por medio de los cinco sentidos*, además *gracias* al duende. Cuando tenemos en cuenta lo que *entusiasmo* significa etimológicamente[35], resulta difícil no admitir que Lorca esté proponiendo, aunque veladamente o cuidadosamente o aún tentativamente si se quiere, una teoría de inspiración dionisíaca del arte por medio del duende[36].

En el flamenco es donde más nítidamente se encuentra este duende que describe Lorca y por eso mismo los mejores ejemplos vienen directamente de anécdotas relacionadas con el cante jondo. Este tema ha sido muy discutido por los flamencólogos; uno de los que mejor

---

[35] De origen griego, significa estar poseído por los dioses.

[36] Lo que sí resulta muy difícil es averiguar hasta qué punto lo propone literalmente o si viene a ser únicamente un contexto literario en la forma de un tópico mitopoético. He aquí precisamente la mayor dificultad de la crítica literaria respecto de la obra loquiana. Entre los críticos que más han sondeado este difícil y complejísimo tema, debemos mencionar a los siguientes: Carlos Ramos-Gil, *Claves líricas de García Lorca*, Madrid, Aguilar, 1967; Gustavo Correa, *La poesía mítica de Federico García Lorca*, Madrid, Gredos, 1970. Para entrar en este campo también es imprescindible la lectura de trabajos de historiadores de religión y de psicología. Entre ellos, Frazer, Jung, Neumann, Eliade, Cumont, Álvarez de Miranda, S. Langer, J. Campbell, G. Murray, B. Hunninger.

han expresado, después del propio Lorca, la profundidad del concepto de duende, es Caballero Bonald:

> Quien escucha de verdad flamenco espera encontrarse a través de la presunta llegada a esa «situación límite» a que antes aludíamos, con algo que, incluso sin corresponderse con su propia vida, lo lastime y excite por dentro. La verdad expresada por el intérprete es la verdad intuida por los más predispuestos testigos. No se trata de una «fiesta» en el más usual sentido del término, sino de la biológica sublimación de una angustiosa intimidad, aun cuando se utilice el vehículo de los llamados cantes y bailes «festeros». El *cantaor*, el *bailaor*, representa en cierto modo a un pueblo y es a ese pueblo a quien narra un fragmento de su azarosa vida, con el inconsciente propósito de liberarse de una determinada desazón haciendo que los demás se identifiquen con ella. Por medio de un drama personal transplantado al lamento furioso de la voz o a los símbolos plásticos de la danza, el que oye y ve puede sentirse arrastrado a las más esotéricas zonas de la exaltación. Es inevitable relacionar el sentido último de este proceso espiritual con el de los antiguos ritos dionisíacos o, en todo caso, con el de las ceremonias sagradas de ciertos pueblos primitivos. La vecindad del éxtasis y las apariencias de delirio pueden obedecer, y obedecen de hecho, a razones psicológicas o religiosas muy parecidas. El intérprete penetra de improviso en el territorio de una clarividencia, o de una capacidad de plenitud, que no reside ni en la significación del tema ni en los artísticos alardes de la música o la plástica —ni mucho menos en los virtuosismos de la voz o del gesto—, sino en ese trasfondo expresivo —el «duende»— de donde mana el imprevisible chorro de la revelación flamenca[37].

---

[37] Que lo dionisíaco y duende se relacionan, es indudable. Duende (probablemente del latín *domitus)* únicamente tiene ese sentido en Andalucía. Es curioso notar que la palabra *duquende* en *caló* significa, según Borrow, *duende, a spirit, a ghost,* y que viene del dialecto gitano ruso, *Dook,* a *spirit.* En *caló duquendio* significa, según Borrow, «maestro, hombre principal entre los gitanos», *The Zincali: An Account of the Gypsies of Spain*, Londres, John Murray, 1914 (novena edición de-

Por otra parte, el flamencólogo que mejor relaciona desde fuera, digamos, en vez de desde dentro como lo hace Caballero Bonald, es González Climent:

> García Lorca *chanelador* también (y tanto), reobró, en cambio, sobre el cante; hizo una especial operación fenomenológica, por así expresarlo, y encontró la clave de su trascendentalización. Llegó a la «forma íntima» de lo flamenco, como diría Dámaso Alonso. Y es porque miró dentro y fuera del cante, y nada le pareció inútil para ahondar sus sugestiones y enriquecer sus asociaciones con lo que no es cante. Lorca fue, más que al cante por el cante, a la más escondida galería de lo flamenco, hurgando su razón existencial. Por eso todo lo empleó (cultura, sensibilidad, condición lírica) para bucear en lo negro e intentar sorprender al duende[38].

Pero el cante, aunque quizá el mejor sitio para encontrar al duende, no constituye el único campo adecuado para su mejor expresión. Lo que hizo con el tema del cante, lo hace con el toreo:

> ...y en toda la liturgia de los toros, auténtico drama religioso donde, de la misma manera que en la misa, se adora y se sacrifica a un Dios (I, 1077).

---

finitiva), pág. 383. Según R.. Campuzano, *Orijen, usos y costumbres de los jitanos*, Madrid, 1851, pág. 75, *duquende* significa «maestro, el que enseña ciencia o arte». Otros estudiosos como Augusto Jiménez, F. M. Pabanó y Francisco de Sales Mayo, dan la forma *Duquendio* o *Duquendio* como maestro. Entre *duquendio, duquende* y *duende*, parece que hay un contagio innegable, sobre todo en Andalucía donde maestría gitana equivaldría a maestro en arte flamenco.

Por otra parte, no deja de ser muy interesante el hecho de que Walter Starkie, gran gitanólogo e hispanista, en su *Raggle-Taggle*, Londres, John Murray, 1957, pág. 199, afirma que el *Dukh* (obviamente el mismo fenómeno que citó Borrow) de los gitanos de Rusia es un espíritu dionisíaco que produce un «raro frenesí orgiástico» que los «posee de tal manera que llegan a ser como las Bacantes de Eurípides» en sus «fiestas» musicales.

[38] Anselmo González Climent, *Antología de Poesía Flamenca*, Madrid, Escelicer, 1961, pág. 43.

El toreo se relaciona íntimamente con el cante precisamente porque la fuerza del duende —el sentido dionisíaco— puede hallarse tanto en los toros como en el flamenco. Lorca ha intuido y ha entendido exactamente dónde se corresponden estas dos artes: en el tuétano de cada uno, subiendo, como había dicho, de la tierra: «desde la planta de los pies» (I, 1068), con aquel poder *misterioso* que ningún filósofo explica, dentro de la sangre, desde «las últimas habitaciones» de esa sangre, en «verdadero estilo vivo» y desde esa «viejísima cultura», allí en el fondo fenomenológico y antropológico del toreo y del flamenco, se encuentra el mismo duende, el mismo impulso dionisíaco[39].

Lorca vio, entendió y obró elaborada y conscientemente sobre la semejanza que existe entre ciertos elementos en el flamenco y en el toreo y las antiguas religiones mistéricas entre las cuales la dionisíaca sería la más asequible, la más conocida y la más cercana, filosóficamente hablando, por el entronque que el mundo occidental guarda con el antiguo mundo griego. Además, sospechamos que Lorca estudiaba, sobre todo en función de dramaturgo, ese mundo antiguo cuyas religiones

---

[39] Entender el sentido dionisíaco del toreo no es difícil cuando recordamos que Dionysos se representaba muchas veces en la forma de un toro que se sacrificaba mediante ese *sparagmos* a que aludíamos antes (cfr. nota 12) y cuya carne se comía en esa celebración llamada *omophagia*. El entronque con el antiguo mundo griego misterioso no es casual ni accidental. Lorca sabe perfectamente que existe una relación entre la misa —celebración simbólica en la que el vino y el pan representan la sangre y el cuerpo— y lo que los antiguos misterios encerraban. El misterio mitraico —el más cercano en el tiempo al Cristianismo— consistía precisamente en sacrificar un toro cuya sangre da el vino y cuyos testículos dan los cereales. El día de su celebración era el 25 de diciembre y su sede en Roma fue el lugar ocupado hoy por el Vaticano. Además, en todos los misterios el vino o algún brebaje alcohólico que «enajena», o «inspira» —igual que en el cante flamenco— se considera sagrado. Dionisos —que es Pan y Baccho también en otras representaciones— es precisamente el dios del vino. El mejor estudio sucinto de todo este fenómeno misterioso que puede consultarse es el de Álvarez de Miranda, *Las religiones mistéricas*.

fueron precisamente la base de la tragedia y cuya super-
vivencia más clara y más perfecta es la fiesta de los toros
que guarda estrechísima relación con el origen de la
tragedia. En ese sentido resulta fácil y no muy arriesgado
afirmar que el toreo es la actividad artística que más
cercanía tiene a los umbrales del arte. Y el cante jondo,
como ya hemos visto por la cita de Caballero Bonald,
también se sitúa allá por los albores de la expresión
artística: son artes primarios[40].

Primario es el cante jondo y primario es el toreo,
cuando se dan en su pureza. El florecimiento arcaizante,
anacrónico, de ellos en todo su prístino sentido telúrico
en aquel rincón de Andalucía, es lo que Lorca emplea
con todo rigor para explicar su teoría de arte. El cante
jondo y el toreo vienen a ser las artes andaluzas por
excelencia, y por extensión, las artes españolas o his-
pánicas.

Lorca es completamente consciente de todo ello,
del extraordinario poder y unicidad que encierra el
arte andaluz. Por eso afirma en relación al toreo:

> Parece como si todo el duende del mundo clásico se
> agolpara en esta fiesta perfecta, exponente de la cultura
> y de la gran sensibilidad de un pueblo que descubre en
> el hombre sus mejores iras, sus mejores bilis y su mejor
> llanto. Ni en el baile español ni en los toros se divierte
> nadie; el duende se encarga de hacer sufrir por medio
> del drama, sobre formas vivas, y prepara las escaleras
> para una evasión de la realidad que circunda (I, 1077).

También en una de sus últimas entrevistas había
afirmado:

---

[40] Existe una fuerte tendencia a llamar «primitivismo» el fenó-
meno que acabamos de describir. Preferimos calificarlo como arte
primario por la connotación peyorativa que se le ha dado al término
«primitivismo».

...el toreo es probablemente la riqueza poética y vital mayor de España... Creo que los toros es la fiesta más culta que hay hoy en el mundo; es el drama puro... Es el único sitio adonde se va con la seguridad de ver la más deslumbradora belleza (II, 1023-1024).

Y cuando estuvo en Nueva York, en una presentación pública de su amigo Ignacio Sánchez Mejías:

...la única cosa seria que queda en el mundo es el toreo, único espectáculo vivo del mundo antiguo en donde se encuentran todas las esencias clásicas de los pueblos más artistas del mundo.

. . . .

Toreo, sagrado ritmo de la matemática más pura, toreo, disciplina y perfección. En él todo está medido hasta la angustia y la misma muerte.

Torero. Héroe. Reloj. Héroe dentro de un tiempo medido, tiempo casi de compás musical. Héroe dentro de una estrecha regla de arte y de otra regla más estrecha aún de perdonar[41].

Y finalmente recogemos este testimonio del ensayo sobre el duende:

En los toros adquiere sus acentos más impresionantes, porque tiene que luchar, por un lado con la muerte, que puede destruirlo, y por otro, con la geometría, con la medida, base fundamental de la fiesta.

. . . .

España es el único país donde la muerte es el espectáculo nacional, donde la muerte toca largos clarines a la llegada de las primaveras, y su arte está siempre regido por un duende agudo que le ha dado su diferencia y su calidad de invención (I, 1077-1078).

---

[41] Agradecemos a nuestro colega Daniel Eisenberg esta cita hasta ahora sin publicar. El texto completo aparecerá en Daniel Eisenberg, «Un texto lorquiano descubierto en Nueva York (la presentación de Sánchez Mejías)», *Actas del V Congreso Internacional de Hispanistas,* Burdeos, en prensa.

Su «diferencia y su calidad de invención»; es decir, que el duende es lo que distingue y hace arte del toreo. El duende, creemos que ahora podrá verse muy en claro, es para Lorca no solamente el espíritu de la tierra, sino el espíritu de *su* tierra, del suelo andaluz que aún hoy conserva una relación con el mundo antiguo mediterráneo sobre todo en cuanto a su conjunto de arte[42]. Además, los textos mismos que aluden constantemente y de manera inerrable a un conocimiento agudísimo de «todo esto», forman una sinergia que constituye la mejor prueba no solamente de su existencia y de su importancia para el arte de Lorca sino de la conciencia artística nada espontánea con la que elaboraba toda su teoría.

Una vez que hemos establecido la importancia de Andalucía en su obra, podemos enfocar cómo otros poetas también han llegado a escribir sobre los mismos temas. Como bien ha visto José Monleón hay una «ciencia ignorada» que «obsesiona a una serie de artistas contemporáneos, convencidos de que el racionalismo, tal como hoy suele entenderse, implica una relación parcial y mutilada entre el hombre y el mundo»[43]. Los poetas de lengua inglesa, por ejemplo, a través de la gran obra de Frazer, *La rama dorada*, y seguidores suyos, han desarrollado toda una teoría de *mitopoesis* en la que emplean los mitos y los elementos clásicos y de las religiones antiguas —las que desde un punto de vista ortodoxo solemos mentar como «mitologías»— para hacer un nuevo tipo de poesía. Pero esa poesía,

---

[42] Este fenómeno se puede generalizar: «Todas las artes, y aún los países, tienen capacidad de duende, de ángel y de musa....» (I, 1073). Pero todos los mejores ejemplos de artistas con duende —Manuel Torre, Pastora Pavón, «Lagartijo con su duende romano, Josclito con su duende judío, Belmonte con su duende barroco y Cagancho con su duende gitano» (I, 1078)— vienen de Andalucía (además y es de notar para después, Torre, Pavón, Joselito y Cagancho son gitanos).

[43] José Monleón, *García Lorca: Vida y obra de un poeta,* Barcelona, Aymá, 1973, pág. 84.

a veces, peca de muy intelectual: el caso de un Robert Graves con su «Diosa Blanca» representa ya un caso extremo, producto de una gran investigación[44]. ¿Cómo enfocar a un Lorca al lado de un Yeats, un Auden, un Pound, un Eliot o un Graves?

El problema no carece de dificultades, pero creemos que en Lorca existe un mayor grado de autenticidad, precisamente porque Lorca no tiene que «inventar» nada: su quehacer es interpretar lo que el suelo andaluz ya le brinda de rasgos culturales tan inmemoriales como pervivientes, que si son intuidos, lo son porque existe algo que intuir. Citemos otra vez a Monleón que lo ha expresado bien:

> ...por más oscuros que puedan ser los mitos que van encarnando la tierra y la sociedad andaluzas, siempre sentimos que todo ese material forma parte de un conocimiento de la realidad. Lo que Lorca dice de Nueva York o los gitanos no nos conduce a ninguna «evasión», a ningún mundo inventado por las «leyes poéticas»; por el contrario, los versos de Federico García Lorca nos descubren nuevas e ignoradas perspectivas de esa realidad[45].

No podemos afirmar que la poesía de Graves nos afecta así, y menos la de Eliot, que resulta muy pensada mientras la de Lorca siempre nos ha parecido «orgánica». Continúa Monleón:

> ...Lorca siente su existencia en el mundo, su relación con las plantas, con los ríos, con los astros, con la muerte,

---

[44] Véase Douglas Day, *Swifter Than Reason: The Poetry and Criticism of Robert Graves*, Chapel Hill, N. C. (U. S. A.) U. N. C. Press, 1963, páginas 151-217, para una excelente discusión de todo este tópico. La «Diosa blanca» es la encarnación exacta, calcada, de la *Magna Mater*, o de ellas, desde la Kali hindú hasta la Bride irlandesa, pero sobre todo la triple diosa de las estaciones, la diosa lunar y la musa poética.

[45] Monleón, pág. 80.

con la luz, con el silencio, como un hecho vivo, como una interrogación a la que es preciso dar una respuesta poética[46].

Lo que sugiere Monleón es un claro sentido panteísta en la obra lorquiana. Rafael Martínez Nadal coincide con ese juicio al señalar:

> ...el amor en la obra de Lorca... principal ángulo de enfoque del poeta, centro y eje de su personalidad humana y artística, evidente no sólo en los personajes que ha creado para moverse en escena o vivir en el poema, sino en la hermandad con que trata a los animales que pueblan el gran bestiario de su obra, amor que extiende a árbol, planta, yerba, o mero elemento. Hasta las cosas inanimadas —raíles del tren, guantes, gafas— están tratadas con un amor...[47]

Y a continuación insiste en un «verdadero sentido panteísta» que mueve al poeta[48]. Lorca, por su parte, afirma poéticamente algo muy parecido al final de su conferencia sobre el duende al aludir al sentido panteísta del mismo concepto de duende:

> Cada arte tiene, como es natural, un duende de modo y forma distinta, pero todos unen raíces en un punto de donde manan los sonidos negros de Manuel Torre, materia última y fondo común incontrolable y estreme-cido de leño, son, tela y vocablo.
> Sonidos negros detrás de los cuales están ya en tierna intimidad los volcanes, las hormigas, los céfiros y la gran noche apretándose la cintura con la Vía Láctea (I, 1079).

Ese «verdadero sentido panteísta», mencionado por Martínez Nadal y aludido por el poeta como «materia última y fondo común», es el principio unificador en

---

[46] *Ibíd.*, pág. 81.
[47] Rafael Martínez Nadal, *El público. Amor, teatro y caballos en la obra de Federico García Lorca*, Oxford, The Dolphin Book Co., Ltd. 1970, pág. 133.
[48] *Ibíd.*, págs. 133-134.

la obra lorquiana y da la clave para entender estos dos libros. La importancia de Andalucía, la tierra, los toros, el cante jondo, todo el ambiente atávico que intuyó y luego elaboró conscientemente, la insistencia en la luna, las alusiones a religiones arcaicas, los antiguos misterios, todos esos factores también tienen un «sentido panteísta». El conjunto forma un engranaje armónico y unido. Y de esa armonía, de esa unidad, procede la autenticidad de Lorca como artista también. No constituye simplemente otro «caso» de poeta que practica la *mitopoesis* desde su aséptico laboratorio.

Cuando hay elementos míticos en la poesía de Lorca, no es porque faltan en el ambiente suyo y los ha tenido que buscar en otra tierra o aun inventarlos, sino expresamente porque están allí con todo su poder latente para un ser especialmente dotado de un sentido telúrico del arte, en ese «sentido panteísta», cuya posesión le proporciona la habilidad de rondar poéticamente por una Andalucía mítica, onírica y misteriosa que remonta hasta la fabulosa ganadería de Geryón, una Andalucía emblemática, prístina, autóctona en el sentido etimológico de la palabra, la esencia de la España eterna sin romanticismo, de esa España que vendrá a constituir justamente el contenido de los libros poéticos que presentamos a continuación.

Esa Andalucía existe para que Lorca la interprete y Lorca la interpreta para que exista. Lo que al principio tiene que haber intuido por falta de conocimiento, lo iba intuyendo con una precocidad poco común aun entre poetas. Pero a la vez que iba intuyendo iba aprendiendo con asombrosa rapidez. Lo intuitivo origina lo aprendido y lo aprendido da cuerpo a lo intuido. Es un proceso mutuo de sinergia en el que los componentes sumados no alcanzan nunca la cifra del conjunto. Junto a una inteligencia amplísima existe una insondable intuición poética. Por eso desde muy joven escribe poesía de intuición «panteísta». Luego entiende y escribe posteriormente la teoría de lo que ha hecho.

Pero Lorca no «inventa»: escucha, aprende, trabaja, potencia y matiza para interpretar lo que tiene alrededor, esa mágica realidad panteísta que describió así en su conferencia sobre Góngora:

Va el poeta a una cacería. Delicados aires enfrían el cristal de sus ojos. La luna, redonda como una cuerna de blanco metal, suena en el silencio de las ramas últimas. Ciervos blancos aparecen en los claros de los troncos. La noche entera se recoge bajo una pantalla de rumor. Aguas profundas y quietas cabrillean entre los juncos... Hay que salir. Y este es el momento peligroso para el poeta. El poeta debe llevar un plano de los sitios que va a recorrer y debe estar seguro frente a las mil bellezas y las mil fealdades disfrazadas de belleza que han de pasar delante de sus ojos. Debe tapar sus oídos como Ulises frente a las sirenas y debe lanzar sus flechas sobre las metáforas vivas, y no figuradas o falsas, que le van acompañando. Momento peligroso si el poeta se entrega, porque, como lo haga, no podrá nunca levantar su obra. El poeta debe ir a su cacería limpio y sereno, hasta disfrazado. Se mantendrá firme contra los espejismos y acechará cuatelosamente las carnes palpitantes y reales que armonicen con el plano del poema que lleva entrevisto. Hay a veces, que dar grandes gritos en la soledad poética para ahuyentar los malos espíritus fáciles que quieren llevarnos a los halagos populares sin sentido estético y sin orden ni belleza (1, 1014).

Bosque mágico, encantado, lleno de espejismos y de peligros, de ciervos blancos y cantos de sirenas, cacería nocturna con luna de metal, ¿cómo resistir ese psíquico bosque antiquísimo y aterrador con sus mil esplendores y sus mil horrores, y cómo no entender esa escena como un cuadro exquisito del alma mortal del mismo cazador? Bosque enduendado, está lleno de la presencia de la muerte, esencia del duende español:

España está en todos tiempos movida por el duende, como país de música y danza milenarias donde el duende exprime limones de madrugada, y como país de muerte, como país abierto a la muerte.

En todos los países la muerte es un fin. Llega y se corren las cortinas. En España, no (I, 1073).

Porque España es «un país donde lo más importante de todo tiene un último valor metálico de muerte» (I, 1074), país donde «los innumerables ritos del Viernes Santo... con la cultísima fiesta de los toros forman el triunfo popular de la muerte española» (I, 1075).

Tanto la teoría como la práctica corresponde a lo que Robert Bly, poeta norteamericano, crítico y traductor de Lorca, califica de *leaping poetry*, esto es, poesía que salta de lo consciente a lo inconsciente y de lo inconsciente a lo consciente. No se trata de poesía de vanguardia ni freudismo en absoluto, sino de poesía más temprana, poesía atávica o primaria del «tiempo de inspiración» cuando el poeta «voló de un mundo a otro, montado en un dragón», poesía que tiene en su centro «un largo salto flotante». De paso, afirma Bly, todo el arte clásico inspirado en los misterios de la Gran Madre puede lograr este salto instantáneamente para así llegar al centro mismo de la obra. Para Bly la mente occidental intelectual ha perdido esta capacidad fundamental en el arte, esa habilidad de llegar al inconsciente, a lo que Bly llama «el lado negro de la inteligencia»; ha perdido su habilidad psíquica de volar. No deja de ser interesantísima la teoría de Bly y su juicio de que Lorca, en sus mejores poemas, no sólo introduce este salto, sino que, a veces, sus poemas «son modelos del cerebro humano»[49]. De más interés todavía es el hecho de que cita precisamente el ensayo de Lorca sobre el duende como una de sus fuentes. Resumiéndolo hace una definición corta del duende como «el sentido de la

---

[49] Robert Bly, *Leaping Poetry,* Boston, Beacon Press, 1975, *passim.,* y especialmente págs. 1-6, 14-19, 28-30, 48-49, y 72.

presencia de la muerte» y cita lo siguiente de la conferencia:

> ...la inteligencia es muchas veces la enemiga de la poesia, porque imita demasiado, porque eleva al poeta en un trance de agudas aristas y le hace olvidar que de pronto se lo pueden comer las hormigas o le puede caer en la cabeza una gran langosta de arsénico...[50]

Ese sentido de la presencia de la muerte corresponde exactamente a lo que Salinas ha discutido en su ensayo cabal «García Lorca y la cultura de la muerte» donde dice:

> Pero Lorca, aunque expresa con originalidad y acento personal evidentes el...sentir de la muerte, *no ha tenido que buscarlo*... Se lo encuentra en torno suyo, en el aire natal donde alienta, en los cantares de las servidoras de casa..., se lo encuentra en todo lo que su persona individual tiene de pueblo, de herencia secular. Nace Lorca en un país que lleva siglos viviendo un especial tipo de cultura, el que llamo *cultura de la muerte*[51].

En la versión inglesa del mismo ensayo[52], Salinas relaciona esa cultura de la muerte precisamente con la celebración de la muerte que tiene lugar cada primavera en la Semana Santa y la Feria sevillanas. Salinas lo relaciona a todo el país, pero centra su ejemplo en Sevilla, haciendo eco de lo que relacionaba tan estrechamente Lorca al juntar los «ritos del Viernes Santo» y «la cultísima fiesta de los toros», máximas expresiones artísticas de la muerte en Andalucía. Su máximo intérprete en las letras es el mismo Lorca, y sus expresiones más finas son el *Romancero gitano* y su diácono, el *Poema del*

---

50 *Ibíd.*, pág. 29.
51 Pedro Salinas, *Ensayos de literatura hispánica*, Madrid, Aguilar, 1961, pág. 395.
52 «Lorca and the Poetry of Death», *The Hopkins Review*, V, núm. 1, página 12.

Cante Jondo. Andalucía, pues, no constituye un tema inventado por Lorca sino empleado con una resonancia difícil de concebir. El poeta ha convertido su propia tierra en fuente y sustancia de la mayoría de su obra y, en especial, los libros que ahora estudiamos. Y repetimos, Lorca no inventa esa Andalucía: tiene la suerte de nacer hijo de esa tierra al mismo tiempo que posee el fatídico sino de ser víctima en ella. Mientras vive es auténtico intérprete de esa tierra famosa y privilegiada desde los umbrales de la civilización de Occidente, tan nombrada en las más remotas fuentes de antiguedad. Su muerte en ella —*scapegoat* incomprensible, sacrificado vate— funde su obra y su tierra, indescifrables la una sin la otra.

Poema del Cante Jondo

Ahora al comprender la importancia que el artista maduro proporcionó al fenómeno del cante jondo, el enfoque del tema en el joven artista —el que escribió esa serie de poemas que tardarían diez años en publicarse— nos resulta más factible. Además podemos ver a través de la conferencia sobre el duende que es un tema basilar en toda su producción artística. El cante jondo para Lorca no puede considerarse nunca un tema «regionalista» o «ligero»; conviene tener en cuenta siempre que «los sonidos negros» representan una preocupación artística constante en la obra de Lorca mientras que la metáfora de Góngora o los «ismos» de vanguardia pueden expresarse como etapas o influencias en distintos períodos de su corta vida. El encanto que siente Lorca —y toda la generación poética suya— hacia Góngora se disipa y se ve, en el caso de Lorca, reemplazado por el imán de Quevedo. En su conferencia sobre Góngora en el año del tricentenario afirma que «más que a Cervantes, se puede llamar al poeta padre de nuestro idioma» (I, 1017), y al final le aplica el epíteto cervantino de mayor elogio:

> Es aquel agradable, aquel bienquisto, aquel agudo,
> aquel sonoro y grave sobre cuantos poetas Febo ha visto.

A Quevedo había calificado de «irritado y envidioso» y de él afirmó, «Si Quevedo viera el gran elogio que hace de su enemigo, se retiraría con su espesa y ardiente melancolía a los desiertos castellanos de la Torre de Juan Abad» (I, 1017). En cambio, en 1936 asegura en una entrevista que se ha cometido una gran injusticia con Quevedo: «Es el poeta más interesante de España» (II, 1017). Termina hablando de la conferencia sobre Quevedo que dará en Méjico: «Hablaré en Méjico de Quevedo, porque Quevedo es España» (II, 1018). El cambio de actitudes es evidente.

Respecto del cante no existen titubeos o cambios de opinión. En su bien estudiada y bella conferencia temprana (de 1922) «El cante jondo: primitivo canto andaluz» expresa las siguientes opiniones que caracterizan el cante jondo de manera inconfundiblemente lorquiana:

> ...las canciones más emocionantes y profundas de nuestra *misteriosa alma...* la parte más diamantina de nuestro canto... (I, 973, 974).

> Es el grito de las generaciones muertas, la aguda elegía de los siglos desaparecidos, es la patética evocación del amor bajo otras lunas y otros vientos (I, 976).

> Vean ustedes, señores, la *trascendencia* que tiene el cante jondo y qué acierto tan grande el que tuvo nuestro pueblo al llamarlo así. Es hondo, verdaderamente hondo, más que todos los pozos y todos los mares que rodean el mundo, mucho más hondo que el corazón actual que lo crea y la voz que lo canta, porque es casi infinito. Viene de razas lejanas, atravesando el cementerio de los años y las frondas de los vientos marchitos. Viene del primer llanto y el primer beso (I, 982).

> No hay nada, absolutamente nada, igual en toda España, ni en estilización, ni en ambiente, ni en justeza emocional (I, 983).

> ...un fondo común: el Amor y la Muerte..., pero un amor y una muerte vistos a través de la Sibila, ese personaje tan oriental, verdadera esfinge de Andalucía (I, 983).

Todos los poemas del cante jondo son de un *magnífico panteísmo*, consulta al aire, a la tierra, al mar, a la luna, a cosas tan sencillas como el romero, la violeta y el pájaro (I, 987).

El andaluz, con profundo *sentido espiritual*, entrega a la *Naturaleza* todo su tesoro íntimo con la completa seguridad de que será escuchado (I, 987).

Es, pues, señores, el cante jondo tanto por la melodía como por los poemas una de las creaciones artísticas populares más fuertes del mundo... (I, 993).

El «cantaor», cuando canta, *celebra* un solemne *rito*, saca las viejas esencias dormidas y las lanza al viento envueltas en su voz..., tiene un *profundo sentimiento religioso* del canto (I, 993).

Quiero recordar a Romerillo, al *espiritual* Loco Mateo, a Antonia la de San Roque, a Anita la de Ronda, a Dolores la Parrala y a Juan Breva, que cantaron como nadie las soleares y *evocaron a la virgen Pena* en los limonares de Málaga o bajo las noches marinas del Puerto (I, 993).

...Las apreciables joyas vivas de la raza, el inmenso *tesoro milenario* que cubre la superficie *espiritual* de Andalucía... (I, 994, todos los subrayados son nuestros).

Aunque todavía joven —tenía veintitrés años cuando pronunciaba la conferencia— Lorca se muestra profundo conocedor del tema, convencido ya del gran valor espiritual y artístico del cante jondo.

Existe otra versión de la misma conferencia, más elaborada en la parte que tenemos de ella. Vale la pena examinar algunos de los cambios y variantes porque muestran cómo Lorca va ahondando en el mismo terreno. Han pasado unos diez años, esa misma década de los años veinte que separa la redacción de la mayoría de los poemas y su publicación en 1931. Mientras tanto Lorca se ha hecho famoso y ha viajado por Francia,

Inglaterra, Estados Unidos y Cuba. Pero su opinión del cante no ha hecho más que ahondar, ganar en referencias elaboradas y poetizarse aún más:

> Es, pues, un rarísimo ejemplar de canto primitivo, el más viejo de toda Europa, donde la ruina histórica, el fragmento lírico comido por la arena, aparecen vivos como en la primera mañana de su vida (I, 996).

> Se trata de un canto netamente andaluz que existía en germen antes que los gitanos llegaran, como existía el arco de herradura antes que los árabes lo utilizaran como forma característica de su arquitectura. Un canto que ya estaba levantado en Andalucía, *desde Tartesos...* amasado con la sangre del África del Norte y probablemente con vetas profundas de los desgarrados ritmos judíos... (I, 997 subrayado nuestro).

Es muy de notar ahora la inclusión de Tartessos como manantial «en germen» del cante jondo, o quizá debíamos decir que debe notarse el hecho de que Tartessos falta en la conferencia anterior. La sustancia —en parte estudiada y en parte intuida, mezcla del Falla musicólogo y del Lorca poeta— es exactamente la misma en las dos conferencias. Pero la segunda, con el artículo, el libro, el tema de Schulten de la ciudad más vieja de Occidente por medio, va ganando en seguridad, en técnica alusiva, en resonancias histórico-míticas[1].

Teniendo aquella referencia a «cultura de sangre» en el caso de Manuel Torre y otros gitanos en cuenta, veamos otro fragmento de la conferencia:

> He hablado de la «voz de su buena sangre» porque lo primero que se necesita para el canto y el toque es esa capacidad de transformación y depuración de melodía y ritmo que posee el andaluz, especialmente el gitano.

---

[1] No sabemos la fecha exacta de la elaboración de esta conferencia, pero Arturo del Hoyo da la fecha de «anterior a 1931» y cuenta la historia de su posterior reconstrucción (II, 1299).

> Una sagacidad para eliminar lo nuevo y accesorio, para que resalte lo esencial; un poder mágico para saber dibujar o medir una siguiriya con acento absolutamente milenario (I, 999).

Y nueva también en esta conferencia es una pequeña tesis sobre la importancia de la guitarra:

> Lo que no cabe duda es que la guitarra ha construido el cante jondo. Ha labrado, profundizado, la oscura musa oriental judía y árabe antiquísima, pero por eso balbuciente. La guitarra ha occidentalizado el cante, y ha hecho belleza sin par, y belleza positiva del drama andaluz, Oriente y Occidente en pugna, que hacen de Bética una isla de cultura (I, 999).

Juntando todas estas citas veremos que en esta conferencia o conferencias Lorca ha elaborado toda una teoría de flamencología, una teoría que coincide perfectamente con su visión estética mayor, expresada en la conferencia sobre el duende. El «cantaor», reitera ahora:

> Tiene un profundo sentido religioso del canto. Se canta en los momentos más dramáticos, y nunca jamás para divertirse, como en las grandes faenas de los toros, sino para volar, para evadirse, para sufrir, para traer a lo cotidiano una atmósfera estética suprema (I, 1000).

A los hombres cultivadores de la *siguiriya* los llama «mártires de la pasión irresistible del cante» (I, 1000). Una vez más vemos la reiterada teoría de que el arte andaluz —cante y toros, siempre en el fondo unidos— es un arte que produce una catarsis *sui géneris*, es decir, que se entronca en su efecto directamente con el efecto supuesto de la tragedia griega, tragedia que a su vez surgió de las antiguas religiones mediterráneas. Que todo el fenómeno lo tenía muy estudiado se muestra perfectamente al cotejar estos textos en prosa.

Además, Lorca no cambia nunca al respecto. En su última entrevista, pocos días antes de marcharse a Granada en julio de 1936, afirma haber trabajado en «una comedia andaluza, de la Vega granadina, con —cantaores— ¡cuidado!, no una comedia flamenca al uso...» (II, 1027). Y en un artículo del mismo año de *El Heraldo de Aragón*, reproducido por Antonina Rodrigo en su valioso libro, *García Lorca en Cataluña*, leemos lo siguiente:

> ...Federico García Lorca conversaba con Carmen Díaz y le leía algunos episodios de la obra que escribe para la ilustre actriz andaluza.
>
> Se trata de un poema evocador de los cafés cantantes de Sevilla. No tiene título aún. Pero por lo que se conoce y por lo que anticipó el poeta y dramaturgo, promete ser algo grande. Desfilarán por la escena los tipos más famosos del café El Burrero, de Sevilla...[2]

Por una entrevista a la que se refiere Antonina Rodrigo, sabemos que la obra se llamaba *El poema del café cantante*, «inspirado en un episodio de la vida de la genial bailaora la Mejorana, madre de Pastora Imperio»[3]. Obviamente Lorca tenía la intención de seguir relacionándose artísticamente con el mundo del cante y del baile andaluces. Ese mundo es, pues, una constante fuente de inspiración en el poeta aún cuando ya se ha hecho dramaturgo famoso.

Es tan así que a la distancia de medio siglo ha llegado a ser prácticamente imposible determinar hasta qué punto el cante ha sido influencia en la obra de Lorca y hasta qué punto Lorca ha sido el que ha dejado su huella en el cante[4]. Han llegado a estar el cante y el nombre de Lorca tan estrechamente asociados que hay hasta

---

[2] Antonina Rodrigo, *García Lorca en Cataluña*, Barcelona, Planeta, 1975, pág. 397.

[3] *Ibíd.*

[4] La letra de Lorca ya está muy difundida entre *cantaores* flamencos, tanto que muchas veces cantan una «letra» sin saber que es de él. Además, hay veces en que hemos de preguntar si Lorca sacó tal letra del cante

quienes se «quejan» de la influencia lorquiana en el flamenco[5]. Lo cierto es que Lorca sin el cante —sin los «sonidos negros» y todo lo que simbolizan esos «sonidos negros»— no se concibe, lo mismo que Andalucía sin el cante tampoco se entiende. El estudioso del cante reconoce hasta qué extremo ha sido el cante fuente e inspiración en Lorca. El mismo poeta lo reconoció y lo señaló en una cena de homenaje en Barcelona:

o si es que el cante ha absorbido la letra de Lorca. Por ejemplo, Luis Torres «Joselero de Morón», uno de los *cantaores* gitanos más puros, canta esta letra en unas bulerías suyas:

> Que la luna de un pozo chico
> que la lunita no vale nada
> que lo que vale son tus ojos
> cuando me miran la cara.

Cuando comparamos con el «Zorongo» de Lorca:

> La luna es un pozo chico,
> las flores no valen nada,
> lo que valen son tus brazos
> cuando de noche me abrazan... (I, 801)

vemos la innegable semejanza. En el disco de «Joselero» leemos esta advertencia: «Autor de todos los títulos: Luis Torres «Joselero». Obviamente hay varias soluciones, pero no queremos solucionar, sino apuntar un fenómeno que en general la crítica no ha estudiado con la debida precisión. *A Diego/Joselero*, Movieplay, serie Gong, S-32.711.

[5] Véase, por ejemplo, Arcadio Larrea. *El flamenco en su raíz*, páginas 255-257. Este tema de la influencia positiva o negativa de Lorca en el cante es muy interesante y debe estudiarse más a fondo aunque no es este el lugar indicado. En términos generales, la influencia de Lorca en el flamenco ha sido de máximo beneficio; sin embargo, el efecto suyo, sobre todo en cuanto al concurso de cante jondo en Granada en 1922, puede haber tenido también sus aspectos no del todo beneficiosos, sobre todo al tratarse del llamado «popularismo». Aunque nos parece que Larrea exagera al decir que «Falla y García Lorca se dejaron atrapar en la añagaza del popularismo flamenco» (pág. 255), nadie puede dudar del impacto lorquiano en este terreno. El flamencólogo cordobés Agustín Gómez ha prometido estudiar el fenómeno del «lorquismo» en el flamenco, estudio que esperamos con vivo interés. Por haber sido un tema considerado quizá demasiado «popular», la crítica literaria ha mostrado una tendencia a evitar el estudio de estos temas, lo que consideramos lamentable, dada la indudable conexión artística evidente en este caso.

...exaltó nada menos que las «criadas», esas criadas de su infancia, «Dolores la Colorina», «Anilla la Juanera», que le enseñaron oralmente los romances, leyendas y canciones que despertaron su alma de poeta:

—¿Qué sería de los niños ricos —dijo— si no fuera por ˙ las sirvientas, que los ponen en contacto con la verdad o la emoción del pueblo? (II, 1011).

También lo mencionó en Buenos Aires al discutir la escenificación de sus canciones populares:

> Durante diez años he penetrado en el folklore, pero con sentido de poeta, no sólo de estudioso. Por eso me jacto de conocer mucho y de ser capaz de lo que no han sido capaces todavía en España: de poner en escena y hacer gustar este cancionero de la misma manera que lo han conseguido los rusos (II, 941).

Todo el cancionero español le fascinaba como músico y como poeta, pero es el canto de su tierra el que más le ha influido, desde el «pagano villancico de Navidad, que denuncia el sentido báquico de la Navidad en Andalucía» (II, 943) hasta «la portentosa siguiriya gitana» que es «como un cauterio que quema el corazón, la garganta y los labios de los que la dicen» (I, 993).

Esa fascinación tan arraigada por el cante le viene de una extraordinaria vinculación con su propia tierra durante su juventud. El arte de Lorca y el arte colectivo del pueblo andaluz tienen la misma procedencia. De ahí que Lorca sea un poeta tan netamente andaluz, tan esencialmente poeta *de* Andalucía, tan nítidamente intérprete o portavoz de su propia tierra. Y de ahí la observación de Dámaso Alonso: «...el alma que allí canta, que allí en el misterio de la creación poética se cela y a la par se descubre, no es el alma del poeta: es el alma de su Andalucía, es el alma de su España»[6].

---

[6] Dámaso Alonso, *Poetas Españoles Contemporáneos*, 3.ª ed., Madrid, Gredos, 1965, pág. 264. Es interesante notar que sus co-

Conviene tener en cuenta algunas aseveraciones lorquianas respecto del vínculo entre su tierra y su concepto de arte. En 1936 Lorca declara: «todas las personas de mis poemas han sido» (II, 1013). En una entrevista hace unas declaraciones sobre su niñez:

> Amo a la tierra. Me siento ligado a ella en todas mis emociones. Mis más lejanos recuerdos de niño tienen sabor de tierra. La tierra, el campo, han hecho grandes cosas en mi vida... Los bichos de la tierra, los animales, las gentes campesinas tienen sugestiones que llegan a muy pocos. Yo las capto ahora con el mismo espíritu de mis años infantiles... Este amor a la tierra me hizo conocer la primera manifestación artística.
> . . . .
> —Ese mi primer asombro artístico está unido a la tierra... Mis primeras emociones están ligadas a la tierra y los trabajos del campo. Por eso hay en mi vida un complejo agrario... (II, 958-959).

En otra ocasión declara que sueña con lo que vivió en su niñez y que «El campo me gusta más que nada. Allí vivo, corro, trajino en faenas campesinas dos horas y escribo cinco. Donde mejor escribo es en el campo» (II, 925). En otra dijo: «Siendo niño viví en pleno ambiente de naturaleza» (II, 957). Y en 1935 reitera:

> Amo en todo la sencillez. Este modo de ser sencillo lo aprendí en mi infancia, allá en el pueblo... Toda mi infancia es pueblo. Pastores, campos, cielo, soledad. Sencillez en suma. Yo me sorprendo mucho cuando

generacionistas Aleixandre, Salinas y Dámaso Alonso son los más agudos críticos a la hora de definir el genio de Lorca. Los tres además definen a Lorca como andaluz primero, español después. Para Aleixandre sólo pueden serle comparados un viejo «cantaor» o una remota montaña andaluza. Para Salinas, Lorca ejemplifica la «cultura de la muerte», una cultura española, por cierto, pero que se centra en la Semana Santa sevillana y los toros. En la cita de Dámaso vemos que representa primero el alma de Andalucía, después de España.

creen que esas cosas que hay en mis obras son atrevi-
mientos míos, audacias de poeta. No. Son detalles
auténticos, que a mucha gente le parecen raros... (II, 977).

En la misma entrevista afirma:

> A mí me interesa más la gente que habita el paisaje
> que el paisaje mismo. Yo puedo estarme contemplando
> una sierra durante un cuarto de hora; pero en seguida
> corro a hablar con el pastor o el leñador de esa sierra.
> Luego, al escribir, recuerda uno estos diálogos y surge
> la expresión popular auténtica. Yo tengo un gran
> archivo en los recuerdos de mi niñez de oír hablar a la
> gente. Es la memoria poética y a ella me atengo (II, 978).

Niñez, campo, gente, la naturaleza, la memoria poética,
los primeros poemas, todo se hace una unidad idílica
y pastoril. A pesar de su «estilización» digamos, no
cabe duda que la obra de Lorca se inspira en ese campo,
en el campo andaluz[7]. Sólo falta un elemento para
terminar el cuadro: el cante de aquellos campesinos
que a Lorca le había evocado, antes de estudiarlo,
«un camino sin fin, un camino sin encrucijadas, que
terminaba en la fuente palpitante de la poesía «niña»,
el camino donde murió el primer pájaro y se llenó de
herrumbre la primera flecha» (I, 976), ese canto hondo
y colectivo que según el poeta «canta como un ruiseñor
sin ojos, canta ciego, y por eso tanto sus textos como sus
melodías antiquísimas tienen su mejor escenario en
la noche..., en la noche azul de nuestro campo» (I, 985).
   Todos los biógrafos del poeta señalan aquel ambiente
de campo en el que creció Lorca: ambiente de coplas,

---

[7] Una lectura del primer libro de poesía de Lorca, *Libro de poemas,*
revela hasta qué punto ese campo de su juventud está allí plasmado.
De especial interés son «Madrigal de verano», «Canción para la luna»,
«Balada de la placeta», «Chopo muerto», «Campo», «Árboles»,
«Invocación al laurel», entre otros. Quizá el más importante en este
sentido de identificación con el campo sea «Manantial».

de supersticiones, de tradiciones locales, de creencias populares, de romerías como la de Moclín, de historias de bandoleros y héroes populares. Monleón por ejemplo, lo enfoca así:

La música debió ser asimismo el camino de aproximación al flamenco y al mundo gitano. El padre de García Lorca era hombre a quien gustaba reunir guitarristas y cantaores tras la jornada del campo. Allí se cantaba y se hablaba del cante. Allí empezaría a oír Federico muchas de las cosas desarrolladas años más tarde en sus famosas conferencias sobre el cante y el duende. Allí conocería las primeras cosas de los futuros gitanos de su *Romancero*, las primeras imágenes de los grandes de su *Poema del cante jondo*. Para el niño Federico García Lorca debió quedar muy claro desde el principio que el cante era una cosa muy seria, una dramaturgia del pueblo gitano-andaluz...[8]

José Luis Cano precisa que Lorca, «sin salir de su casa, podía escuchar todos los cantos del folklore andaluz: peteneras, soleares, granadinas, seguidillas». Añade que habría oído allí también canciones que armonizaría más tarde y que cantaría tantas veces después. Para Federico, escribe Cano:

...aquellas veladas musicales, por muy modestas que fuesen, debieron de ser una fiesta grande que embriagaba sus sentidos, y sobre todo el sentido del oído, tan vivo en él desde la infancia. En aquellas veladas familiares, en que se tocaban y cantaban aires populares, y en su pasión precoz por el teatro, hay que buscar la raíz de su arte de poeta y de dramaturgo, de maravilloso juglar moderno[9].

Doña Clotilde García, prima hermana de Lorca, pudo precisarnos más detalles en una larga conversación que

---

[8] Monleón, pág. 10.
[9] José Luis Cano, *García Lorca: Biografía ilustrada*, Barcelona, Destino, 1962, pág. 17.

tuvimos con ella en su Huerta del Tamarit, término de Faragüit, en las afueras de Granada. Nos aseguró que tanto su padre, don Francisco García, como el hermano de éste, don Federico García (padre del poeta), eran grandes aficionados al cante y que los dos primos de Federico, Baldomero y Aurelia (la misma que la de la obra perdida *Los sueños de mi prima Aurelia*) «cantaban como los ángeles. Contaba mi padre que oía en Cádiz en una taberna hablar de él (Baldomero) y de las "jaberas" que cantaba. Había mucho flamenco, "juergas" o sesiones en cualquier lado y lo empapaba Federico»[10].

«Todas las personas de mis poemas han sido» (II, 1013), había dicho el poeta. Y, «yo tengo un gran archivo en los recuerdos de mi niñez de oír hablar a la gente. Es la memoria poética...» (II, 978). De oír hablar y sin duda de oír cantar también. Pero el campo no es la única fuente de la que bebe el joven. Cuando Lorca principia la segunda enseñanza, su familia se traslada a la capital. El joven estudia música —piano y composición— con don Antonio Segura a cuya memoria dedicaría después su primer libro, *Impresiones y paisajes*. José Mora Guarnido ha referido cómo el joven Lorca era considerado músico «en potencia». Fue el único músico de «El Rinconcillo», aquel grupo compuesto en su mayoría de jóvenes intelectuales que transitaban «por los ásperos senderos de la prosa, con exclusión de los que ya se habían separado por los de la pintura: ni un poeta»[11]. El hecho de que Lorca fuera primero músico y después poeta es de una importancia capital, no siempre bien señalada, al considerar sus conferencias y el *Poema del Cante Jondo*. Fue con su maestro de música, según Mora, con quien Lorca empezó su estudio esquemático y hondo del cancionero español, fenómeno al que se debe «esa impregnación de can-

10 Palabras textuales que transcribimos el 6 de septiembre de 1976.
11 José Mora Guarnido, *Federico García Lorca y su mundo*, Buenos Aires, Losada, 1958, pág. 54.

cionero que se advierte en toda la obra poética y teatral, substancia perenne que lo ha penetrado desde muy tierno y que persiste en él con intensidad que no se advierte en ningún otro poeta español, con excepción acaso de Lope de Vega»[12]. Unido, pues, al gran atractivo del flamenco del campo de la Vega granadina, afición en el padre y afición en el hijo, encontramos también el estudio práctico y teórico de la música. Según Mora, «le teníamos fe y nos habíamos hecho la ilusión de que llegase a ser un Albéniz, un Chopín granadino...»[13]. Antes de comenzar a escribir, Lorca era considerado por sus amigos como músico ya «hecho» que poseía cualidades que invitaban a esperar un futuro brillante. Entonces, cuando Lorca expone teorías sobre el cante jondo, no es meramente un escritor que poetiza o embellece el asunto, sino un técnico acabado. En términos flamencos un «cabal» en todo su sentido: reúne haber nacido con el cante, afición, técnica y vocación artística.

Pero Lorca no se hace músico, sino escritor. Primero escribe su libro de viajes que dedica, como dijimos, a la memoria del maestro de música que acababa de morir. Después escribe los poemas de su *Libro de poemas*, todos fechados entre abril de 1918 y diciembre de 1920. Y llegan los años 1921-1922 tan importantes en la producción literaria y la formación artística de Lorca, sobre todo respecto del *Poema del Cante Jondo*. En la primavera de 1921, Lorca, su hermano Francisco, y el compositor Manuel de Falla, van a Sevilla «con la intención fundamental de ver la Semana Santa»[14]. La fecha en que se inicia la amistad de Lorca y Falla no está bien determinada, pero los biógrafos de ambos coinciden en que eran muy amigos y que les unía el nexo lógico de su pasión mutua por la música, sobre

---

[12] *Ibíd.*, pág. 77.
[13] *Ibíd.*, pág. 87.
[14] Trinidad Durán Medina, *Federico García Lorca y Sevilla*, Sevilla, Diputación Provincial de Sevilla, 1974, pág. 18.

todo la música —el cante jondo— andaluza. En el mes de noviembre del mismo año Lorca escribe casi todos los poemas del *Poema del Cante Jondo*, como ha fijado con exactitud Rafael Martínez Nadal (es importante, como veremos, fijar su fecha de composición antes de celebrarse el famoso «Concurso de cante jondo» del año siguiente):

> Todos los poemas están, pues escritos en noviembre de 1921, con muy pocos días de diferencia y siete meses antes de la celebración de la famosa fiesta. Buen ejemplo de inspiración sostenida alrededor de un tema familiar al poeta desde la cuna.

Y añade en una nota:

> «Antes de hablar Federico, tarareaba ya las canciones populares y se entusiasmaba con la guitarra», me decía un día la madre del poeta[15].

A principios de año —19 de febrero de 1922— Lorca lee la conferencia en versión primitiva sobre el cante jondo, que ya hemos analizado. El último acontecimiento en cuanto al cante jondo es, pues, el famoso concurso.

Antes de la publicación de los *Autógrafos* por Martínez Nadal, la creencia general era que el concurso había sido obra de Falla con ayuda de Lorca y que era posterior la redacción —y seguramente debida a cierta influencia o instancia del compositor gaditano— del libro poético. Ahora gracias a los trabajos de Martínez Nadal, podemos fijar no sólo la fecha exacta de su primera redacción, sino también su definitiva independencia del concurso. El *Poema del Cante Jondo* no puede considerarse en absoluto producto o resultado de aquel concurso celebrado el mismo año. Incluso, existen razones para no atribuir la *idea* del concurso a Falla sino a Lorca.

---

[15] Rafael Martínez Nadal, *Federico García Lorca: Autógrafos*, I, Oxford, Dolphin, 1975, vol. I, pág. xvi.

Que Lorca y Falla tuviesen mucho en común como intérpretes artísticos de Andalucía es indudable: Que los dos viesen de manera análoga el gran tema andaluz parece cierto: Lorca cita a Falla más de una vez en su conferencia sobre el cante jondo. Que tuviesen en común muchas opiniones y que hubiese una especie de influencia mutua parece también innegable. Lo que ya no podemos aceptar del todo es la visión de un Lorca pupilo y un Falla maestro. Las conferencias de Lorca nos podían inducir a preguntar hasta qué extremo se puede hablar del maestro Falla y del estudiante Lorca, pero lo que siempre nos había parecido más probable era que Falla viniese a reforzar o comprobar lo que en el todavía adolescente artista fuese cuestión de ensayos y comienzos. En 1921 y 1922 Lorca es aún poeta novel y ensayista que comienza, pero al mismo tiempo es forzoso admitir que empieza con una seguridad pasmante y que escribe poesía de una manera que todavía ningún otro escritor había logrado. Es principiante, y aunque haya mucho de Darío, de Juan Ramón y de Antonio Machado, entre otros, en su *Libro de poemas*, en su conferencia sobre el cante y en *Poema del Cante Jondo* ya no se oye otra voz que la de Lorca. El tono poético pero hondo de la conferencia tanto como el trazar en el ámbito popular con absoluta seguridad y originalidad en el libro poético, no evidencian grandes influencias de nadie.

Ahora Martínez Nadal ha publicado una parte de la carta de Lorca a su amigo y también músico, Adolfo Salazar, que da la razón, por lo menos en parte, de lo que nosotros ya venimos diciendo. Lo expresa así Martínez Nadal:

Confirman estas líneas lo que ya algunos amigos y lectores de Lorca habíamos sospechado: que el principal inspirador de la fiesta del Cante Jondo fue Lorca y no Falla, que aquél arrastró a éste y no a la inversa. Por otra parte, esta carta de Lorca ratifica también lo que los autógrafos demuestran: la composición de *Poema del Cante Jondo* es anterior y no posterior al famoso concurso de cante jondo[16].

Ahora reproducimos la carta que viene a probar que fue Lorca el guía e inspirador de aquel acontecimiento y que además viene a dar el único comentario que tenemos del poeta en cuanto a su propósito en *Poema del Cante Jondo*. Como ocurre casi siempre cuando se trata de juicios del poeta hechos *después* de la composición, acierta plenamente. Lorca varía y cambia y dice y desdice mucho cuando habla de una obra no terminada, pero si se trata de un libro ya terminado, viene a ser muchas veces su mejor crítico y muestra casi siempre una seguridad crítica en cuanto a su propósito artístico que poseen muy pocos:

> ...Ya sabrás lo del concurso del cante jondo. Es una idea nuestra que me parece admirable por la importancia enorme que tiene dentro del terreno artístico y dentro del popular. ¡Yo estoy entusiasmado! ¿Has firmado el documento? Yo no he querido firmar hasta última hora porque mi firma no tiene ninguna importancia... pero me he tenido que casi poner de rodillas delante de Manuelito (Manuel de Falla) para que lo consiguiera y al fin lo he conseguido. Esto es lo que yo debía hacer, ¿verdad? No sabes qué alegría me da el que ese señor Juan (Jean Cassou) me traduzca algunos poemas y sobre todo cuando sé que tú eres el *inductor*. ¡Si vieras cuanto he trabajado!... Terminé de dar el último repaso a las Suites y ahora pongo los tejadillos de oro al «Poema del Cante Jondo» que publicaré coincidiendo con el concurso. Su ritmo es *estilizadamente popular* y saco a relucir en él a los cantaores viejos y a toda la fauna y flora fantásticas que llena estas sublimes canciones El Silverio, el Juan Breva, el Loco Mateos, la Parrala, el Fillo... y ¡la Muerte! Es un retablo... es... un puzzle americano ¿comprendes? El poema empieza con un crepúsculo inmóvil y por él desfilan *La siguiriya, la*

16 *Ibíd.*, pág. xxi.

soleá, la saeta, y la petenera. El poema está lleno de
gitanos, de velones, de fraguas... tiene hasta alusiones
a Zoroastro. Es la primera cosa de *otra orientación mía*
y no sé todavía qué decirte del... ¡pero novedad sí tiene!
El amigo que lo conoce es Falla y está entusiasmado...
y lo comprenderás muy bien conociendo a *Manué*
y sabiendo la locura que tiene por estas cosas. Los poetas
españoles no han tocado nunca este tema y siquiera
por el atrevimiento merezco una sonrisa que tú me
enviarás enseguidita...[17] .

Es muy interesante el último juicio que hace: «Los poetas
españoles no han tocado nunca este tema». Es, además,
muy cierto como veremos.

La carta indica, pues, que Lorca es el inspirador del
concurso, o por lo menos el más responsable en esa
tarea que él llama «nuestra». Tan es así que parece
más probable que el ímpetu del concurso fuese el re-
sultado del libro de poemas que no el libro producto
del concurso. No nos parece ilógico en absoluto; al
revés, nos parece precisamente lo más lógico y natural.
Ya para el año 1921, Lorca está en pleno desarrollo
de su mundo poético andaluz. Ahora en vez de ver ese
mundo desde la conferencia sobre el duende hacia atrás
en el tiempo, podemos enfocarlo desde 1921-1922 hacia
el futuro. *Poema del Cante Jondo* y la conferencia sobre
el cante constituyen los primeros ejemplos —primeros
pero no por ello menos originales— del mundo artístico
andaluz de Lorca. Son descriptivos en los dos casos
y aunque en la conferencia sobre el cante, encontramos
palabras como *milenario, misterioso, oriental, religioso,
espiritual, panteísmo, rito,* entendemos que asistimos
a una conferencia que describe un hecho, un fenómeno,
un mundo primario, complejo, antiguo, pero sin salir
de los límites de sus propios perímetros.

---

[17] *Ibíd.* (Transcribimos esta carta tal como ha sido publicada por
Martínez Nadal.)

Poema del Cante Jondo es asimismo un libro poético descriptivo que vivifica, que personaliza, que pone en la escena poética el mundo del cante jondo —¿no decía Lorca con genialidad que era un «retablo»?—, pero sin salir, sino por una alusión de vez en cuando, a ese mundo. Por ese retablo desfilará el cante personificado en distintas mujeres —la siguiriya se hace La Siguiriya— «una muchacha morena» a la que el poeta preguntará:

> ¿Adónde vas, siguiriya,
> con un ritmo sin cabeza?

y la petenera gitana se muere y se entierra entre su gente siniestra. Pasan por el retablo *cantaores* y *cantaoras* famosos del siglo pasado —La Parrala, Silverio, Juan Breva— y «toda la fauna y flora fantásticas» del mundo del cante y sobre todo el mundo gitano del cante localizado en el Sacro Monte —pita, chumbera, cueva, encrucijada—, en los cafés cantantes del siglo pasado,

> Lámparas de cristal
> y espejos verdes

y en la Semana Santa de Sevilla, que Lorca acababa de presenciar con Falla, con sus saetas, procesiones y pasos de vírgenes:

> En tu barco de luces
> vas
> por la alta marea
> de la ciudad,
> entre saetas turbias
> y estrellas de cristal.

Allí todo lo que entra, entra en función del cante jondo, y las alusiones clásicas se traerán desde fuera para describir a los seres de este mundo del cante. Por ejemplo, los

> Fantásticos Merlines
> y el Ecce Homo,
> Durandarte encantado.
> Orlando furioso.

vienen desde fuera para describir a los nazarenos del mundo andaluz. Hasta la religión queda afectada:

> Cristo moreno
> pasa
> de lirio de Judea
> a clavel de España.

De repente y en unos cuantos días de noviembre de 1921, Lorca logra lo que él llama esta «otra orientación mía» que «los poetas españoles no han tocado nunca». Logra captar como nadie después las esencias dramáticas y personificadas del mundo del cante jondo —paisajes, ambientes, objetos, cantes, bailes, gentes, augurios, lamentaciones, gritos, supersticiones, ecos, resonancias y, como él mismo dice en su carta, ¡la Muerte!—, esencias que por un lado describen ese mundo y por otro lado nos sugieren todo cuanto tiene ese mundo de poético y sugestivo. Con pinceles muchas veces geométricos nos traza un esbozo poético de todo lo que tiene ese mundo de fatídico, de ominoso, y de mortal. Como dice Martínez Nadal acertadamente: «Pena y viento, amor y muerte, panteísmo y patetismo laten en el librito *Poema del Cante Jondo* como palpitan por toda la obra del poeta.»[18]

Lorca no es el primer poeta que trata de poetizar ese mundo. Unos diez años antes (1912) Manuel Machado había publicado su *Cante hondo*, indudable precursor del libro de Lorca. ¿En qué consiste, pues, la diferencia o la originalidad de lo que hizo Lorca? Como si fuera consciente de la pregunta se refiere a este fenómeno en su conferencia sobre el cante:

> Nuestro pueblo canta coplas de Melchor de Palau, de Salvador Rueda, de Ventura Ruiz Aguilera, de Manuel Machado y de otros, pero ¡qué diferencia tan notable entre los versos de estos poetas y los que el

---

[18] *Ibíd.*, pág. xvii.

pueblo crea! ¡La diferencia que hay entre una rosa de papel y otra natural!

Los poetas que hacen cantares populares enturbian las claras linfas del verdadero corazón; y ¡cómo se nota en las coplas el ritmo seguro y feo del hombre que sabe gramáticas! Se debe tomar del pueblo nada más que sus últimas esencias y algún que otro trino colorista, pero nunca querer imitar fielmente sus modulaciones inefables, porque no hacemos otra cosa que enturbiarlas. Sencillamente por educación (I, 986).

Es una crítica exacta de sus precursores y una elaboración consciente de lo que ha hecho él mismo en *Poema del Cante Jondo*. Un examen de los poemas que Lorca desechó del libro, como afirma Martínez Nadal, porque tenían algo que desentonaba, es la prueba evidente de su autocrítica:

En manos de Lorca la evocación directa desaparece. Lorca exprime las últimas esencias de lo popular. El trino colorista y el patetismo de la copla quedan disueltos en este otro patetismo lorquiano de una dicotomía sin posible sosiego: realidad y sueño, muchacho y muchacha, sol y sombra, amor y muerte[19].

Lorca no era, pues, el primero en tratar de poetizar el tema, pero sí era el primero —y quizá el *único* que lo pudo hacer con esa hondura tan inconfundiblemente suya— que logró identificarse del todo con ese mundo a través de su poesía.

No sería muy arriesgado decir que Lorca empleó el mundo del cante de tal forma que pudo dejar imitadores a chorros pero ningún seguidor. Esto es un fenómeno interesante que aparece en la poesía, en el teatro y en la prosa de Lorca. Donde ahonda, agota y, como dijo

---

[19] *Ibíd.*, págs. xix-xx. El que quiera ahondar más debe consultar los poemas hasta ahora inéditos publicados por Martínez Nadal, gran conocedor de toda la obra lorquiana.

Martínez Nadal, exprime hasta lo último. Ya estamos frente al tema de la autenticidad de la obra de Lorca y es precisamente por ello por lo que siempre nos había parecido algo equivocado pensar que Falla era demasiado responsable del libro o del concurso: Mecenas espiritual o guía en asuntos musicológicos sí, pero inspiración directa, no. Ese sentido de lo auténtico, que es en gran parte lo que atrae a Lorca al tema, tenía que venir desde dentro, porque como bien ha dicho Anselmo González Climent, Lorca (en comparación con Manuel Machado):

> ...reobró, en cambio, sobre el cante; hizo una especial operación fenomenológica, por así expresarlo, y encontró la clave de su trascendentalización. Llegó a la «forma íntima», como diría Dámaso Alonso. Y es porque miró dentro y fuera del cante, y nada le pareció inútil para ahondar sus sugestiones y enriquecer sus asociaciones con lo que no es cante. Lorca fue, más que al cante por el cante, a la más escondida galería de lo flamenco, hurgando su razón existencial. Por eso, todo lo empleó (cultura, sensibilidad, condición lírica) para bucear en lo negro e intentar sorprender al duende[20].

Lorca llega a plasmar estéticamente, poéticamente, ese mundo del cante jondo porque es el poeta que ha llegado a instalarse más adentro del cante. Como músico, como poeta y como andaluz es el que ha sondeado más: ha buscado y ha encontrado a su duende. Quizá cuando escribía *Poema del Cante Jondo* no sabía todo lo que sabría después, cuando se puso a elaborar su teoría del duende, pero no cabe la menor duda de que intuitivamente estaba compenetrado del todo con aquel mundo que tan profundamente llegó a vivir, estudiar, explicar y poetizar. Como dice González Climent: «A cuentas: García Lorca es, sin discusión, el poeta verdaderamente entrañado con el duende andaluz. Integramente flamen-

---

[20] Anselmo González Climent, *Antología de Poesía Flamenca*, página 43. Valga la repetición de la cita.

co...Andalucía le preocupa filosóficamente.»[21] De no ser así Lorca jamás hubiera podido plasmar aquel mundo de tal forma en su libro poético a la corta edad de veintitrés años: asombrosa visión primera y básica de aquel insólito mundo primordial y «tanático» que iba a constituir su universo poético. No cabe duda de que hay en *Poema del Cante Jondo* muestras definitivas y auténticas del poeta-mago que llegaría a ser: Lorca comienza en *Poema del Cante Jondo* donde otros poetas no han podido llegar.

[21] *Ibíd.*, pág. 47.

Romancero gitano

Si en *Poema del Cante Jondo*, Lorca plasma y fija el cerrado, difícil y —para muchos— extraño mundo del cante jondo trayendo desde fuera alusiones clásicas y hasta religiosas para entablarlo y estilizarlo en su forma más entrañable e íntima, con el *Romancero gitano* el procedimiento es inverso. *Poema del Cante Jondo* es un libro a base de pincel, de esbozo, de línea geométrica, de sugerencia, de alusión, de elemento y objeto más que de personajes (los personajes que están suelen ser históricos o simbólicos), de siluetas, de perfiles, de toques diminutivos. Es un libro interior, penetrante —ya lo hemos dicho, íntimo— que busca la esencia oculta y oscura del mundo del cante, que busca el detalle perfecto, el matiz específico, el efecto sugerente pero de plano limitado:

> Y en los espejos verdes,
> largas colas de seda
> se mueven.

El *Romancero*, en cambio, representa la universalización del gitano —o la agitanización del universo—, el llevar a propósito al nivel de mito esa misma sensibilidad gitano-andaluza que emana del cante. Como dijo muy acertadamente Jorge Guillén: «Andalucía lorquiana: cante muy hondo y altísimo canto» (I, lvii). Para verlo en claro, debemos trazar parte de la historia del libro.

En declaraciones y cartas Lorca dejó una larga serie de comentarios en cuánto a su obra más famosa: en cartas a sus amigos Melchor Fernández Almagro y Jorge Guillén, sobre todo, hay una rica fuente de alusiones a poemas específicos y a actitudes del poeta respecto de su obra. Puesto que esta actitud varía mucho, conviene tener en cuenta algunas de ellas para ver si podemos fijar de alguna manera la relación problemática que existió entre el creador y su creación.

La primera mención que tenemos de la idea de un romancero hecho por Lorca se halla en una carta a Fernández Almagro en la primavera de 1923:

> ...pienso construir varios romances con lagunas, romances con montañas, romances con estrellas; una obra misteriosa y clara, que sea como una flor (arbitraria y perfecta como una flor): ¡toda perfume! Quiero sacar de la sombra algunas niñas árabes que jugaran por estos pueblos y perder en mis bosquecillos líricos a las figuras ideales de los romancillos anónimos. Figúrate un romance que en vez de lagunas tenga *cielos*. ¡Hay nada más emocionante! Este verano, si Dios me ayuda con sus palomitas, haré una obra popular y andalucísima. Voy a viajar un poco por estos pueblos maravillosos, cuyos castillos, cuyas personas parece que nunca han existido para los poetas y... ¡¡Basta ya de Castilla!! (II, 1061).

Citamos íntegramente porque la distancia entre esta cita y el *Romancero gitano* acabado nos da una medida espléndida de la elaboración artística que experimentó en la mente del poeta aquello de «construir romances».

Ya para el verano de 1923, Lorca debe de haber cambiado bastante en su propósito, cambio que tal vez pueda atribuirse a su estudio de los mitos clásicos. Escribe a Fernández Almagro:

> He trabajado bastante y estoy terminando una serie de *romances gitanos* que son por completo de mi gusto.

También estoy haciendo interpretaciones modernas de figuras de la mitología griega, cosa nueva en mí y que me distrae muchísimo (II, 1065).

Hagamos aquí un paréntesis. De Lorca se ha dicho una infinidad de veces que leía poco o nada, concepto completamente erróneo a nuestro parecer a pesar de su repetición. Ya hemos aludido a este fenómeno antes, pero ahora nos parece útil traer a colación lo que han dicho dos amigos que lo conocieron a fondo. José Mora Guarnido en su interesante biografía menciona «sus incansables lecturas de los clásicos, su frecuentación especialmente de Garcilaso, Góngora, y Soto de Rojas»[1] y afirma que en Madrid «Federico se pasaba muchas horas leyendo y rebuscando en la Biblioteca del Ateneo, compraba todo libro interesante que caía a su alcance y su mente siempre en acecho recibía y absorbía todas las novedades circulantes en el hervidero de ideas cortesano»[2]. Martínez Nadal, escribiendo en 1939, cuenta que Lorca era «lector incansable» de los clásicos españoles, de los románticos, y de los escritores contemporáneos, «la llamada generación de '98'» y que leyó en traducción «a lo mejor de los clásicos griegos, sobre todo a los escritores de tragedia»[3]. Baste para cerrar este paréntesis recordar que el poeta afirma en la mencionada carta que es lector de la mitología griega. Lo que mejor muestra que Lorca era lector ávido y diverso son las eruditas alusiones que aparecen en su teatro, en su poesía y en sus ensayos y conferencias.

En septiembre de 1923, Lorca escribe a Fernández Almagro:

---

[1] Mora Guarnido, págs. 152-153.
[2] *Ibid.*, pág. 119.
[3] Rafael Martínez Nadal en su introducción a *Poems*, *F. García Lorca*, Londres, The Dolphin Book Co., 1939, pág. viii. Traducción nuestra del inglés.

No sabes lo que me agrada que te hayan gustado mis poemas, sobre todo el *romance gitano*. Si tú me contestas pronto, yo te enviaré un *romance sonámbulo* que he terminado (II, 1069).

Mora Guarnido, por su parte, mantiene que Lorca le dedicó «Romance de la luna luna... en su original primitivo en 1923»[4]. Además afirma que:

En el otoño de 1923, salí de Granada, adonde... no he vuelto, y durante los últimos meses mi contacto con el «rinconcillo» fue casi constante, dándome ello ocasión para oír recitadas reiteradamente por el poeta, las últimas cosas, recién salidas del horno. Yo conocía por lo tanto... el *Romancero gitano*...[5]

Martínez Nadal publica en 1975 su primer tomo de *Autógrafos*, entre los cuales se hallan borradores, completos casi todos ellos, de once de los romances. Algunos llevan fechas indicando por lo menos una fecha de fijación primaria: «Romance de la luna, luna» (sin título pero con un encabezamiento que dice «—Romances gitanos—»), 1924, 29 de julio; «La monja gitana» (también sin título), 20 de agosto de 1925; «—La casada infiel—» (así entre guiones), 27 de enero de 1926; «El romance de la pena negra», 1924 —30 de julio—[6]. Dos del año 1924, uno de 1925, y otro de 1926: «A diferencia de *Poema del Cante Jondo*, el *Romancero gitano* es un libro de formación lenta. Ya lo observó Jorge Guillén y los manuscritos lo comprueban», afirma Martínez Nadal[7]. Y como también muestran estos borradores de incalculable valor para el estudio de Lorca, el *Romancero* es un libro de muchísima elaboración artística.

---

[4] *Ibíd.*, pág. 210.
[5] *Ibíd.*, pág. 182.
[6] Martínez Nadal, *Autógrafos*, págs. 139-155.
[7] *Ibíd.*, pág. xxii.

Al examinar la correspondencia con Guillén y con Fernández Almagro, vemos que los títulos cambian muchas veces entre el momento de concebir el poema y su redacción final para la publicación en su forma definitiva en 1928. Lo que notamos sobre todo es que en las versiones finales los lugares específicos tienden a desaparecer como si el poeta al terminar ya no quisiera de ninguna manera «localizar» el poema. «El romance de la pena negra en Jaén» (II, 1099), mencionado en una carta a Fernández Almagro en 1926, se publicará en 1928 con el título «Romance de la pena negra». En una carta a Guillén a finales de 1926, menciona el «Romance del martirio de la gitana Santa Olalla de Mérida» (II, 1154), que luego se publica bajo el título «Martirio de Santa Olalla». Otros títulos también se cortan: «Romance gitano de la luna luna de los gitanos» (II, 1048), se publica con el título sencillo «Romance de la luna luna»; «El romance de los barandales altos» (II, 1099) llega a ser quizá «Muerto de amor»; «El romance de Adelaida Flores y Antonio Amaya»; desaparece por completo; «Reyerta de mozos» (II, 1148) se convierte en «Reyerta»; «San Miguel Arcángel» llega a ser «San Miguel» (II, 1147).

En su correspondencia Lorca hablaba con frecuencia del *Romancero* que hacía, pero no precisaba mucho en cuanto a su propósito artístico. Unas lecturas que haría después aportarían muchos comentarios valiosos que tendremos ocasión de analizar más tarde[8], pero en su correspondencia una sola vez explica —a Guillén— su propósito. La carta es del año 1926:

> Ahora trabajo mucho. Estoy terminando el *Romancero gitano*. Nuevos temas y viejas sugestiones. La Guardia Civil va y viene por toda la Andalucía. Yo quisiera

---

[8] Esta propensión de hablar en términos vagos antes, pero en términos muy precisos después de acabar es característico en toda la obra de Lorca: de antemano se muestra inseguro, pero *a posteriori* es un crítico excelente de su propia obra.

poderte leer el romance erótico de «La Casada infiel» o «Preciosa y el aire». «Preciosa y el aire» es un romance gitano, que es un *mito* inventado por mí. En esta parte del romancero procuro armonizar lo *mitológico gitano* con lo puramente vulgar de los días presentes, y el resultado es extraño, pero creo que de belleza nueva. Quiero conseguir que las imágenes que hago sobre los tipos sean *entendidas* por estos, sean visiones del mundo que viven, y de esta manera hacer el romance *trabado* y sólido como una piedra.

. . . .

Quedará un libro de romances y se podrá decir que es un libro de Andalucía[9].

«Un *mito* inventado por mí», «lo *mitológico gitano*» y «un libro de Andalucía» son frases que nos conviene tener en cuenta porque vienen a dar una idea exacta de lo que ya llevaba algunos años concretándose en el pensamiento del autor.

Al mismo tiempo que es evidente que Lorca parece entender exactamente lo que quiere hacer, empezamos a notar también una actitud negativa en cuanto al libro. En 1925 desde Cadaqués donde visita al amigo Dalí, escribe a Fernández Almagro: «He trabajado bastante en nuevos y *originales* poemas, pertenecientes, ya una vez terminado el *Romancero gitano*, a otra clase de cosas» (II, 1079). En 1926 al referirse a sus poemas en prosa comenta en otra carta, «Poesía pura. Desnuda. Creo que tienen un gran interés. Son más *universales* que el resto de mi obra... (que, entre paréntesis, no la encuentro nada aceptable)» (II, 1087). En noviembre del mismo año le manda a Guillén un fragmento de su «Romance de la Guardia Civil» con este comentario:

---

[9] Hemos seguido la carta original publicada en *Federico en persona*, de Jorge Guillén, Buenos Aires, Emecé, 1959, págs. 83-84, puesto que este pasaje en las *Obras Completas* de Aguilar tiene una omisión.

«Las escenas del saqueo serán preciosas... Este romance será larguísimo, pero de los mejores. La apoteosis final de la Guardia Civil es emocionante.

Una vez terminado este romance y el *Romance del Martirio de la gitana Santa Olalla de Mérida* daré por terminado el libro. Será bárbaro. Creo que es un buen libro (II, 1154).

Pero entonces afirma: «Después no tocaré *¡jamás!* *¡jamás!*, este tema (II, 1154). En 1927 escribe a Fernández Almagro: «Ha circulado *demasiado* mi tópico de gitanismo... este libro de canciones... me parece de gran poesía... No es un libro *gitanístico*. Estoy contento» (II, 1101). Al final de la carta menciona sarcásticamente «mi *mito* de publicaciones» (II, 1101). A Guillén por la misma época se queja:

...mandaros (a la revista *Verso y Prosa* de Murcia) algo no puedo. Más adelante. Y desde luego no serán romances gitanos. Me va molestando un poco *mi mito* de gitanería. Confunden mi vida y mi carácter. No quiero de ninguna manera. Los gitanos son un tema. Y nada más. Yo podía ser lo mismo poeta de agujas de coser o de paisajes hidráulicos. Además el gitanismo me da un tono de incultura, de falta de educación y de *poeta salvaje* que tú sabes bien no soy. No quiero que me encasillen. Siento que me van echando cadenas. No... (II, 1155)

Para terminar esta serie de comentarios negativos, citaremos lo que escribió a José Bergamín también en 1927: «A ver si este año nos reunimos y dejas de considerarme como un *gitano*; mito que no sabes lo mucho que me perjudica y lo *falso* que es su esencia, aunque no lo parezca en su forma» (II, 1203).

¿Por qué le molesta tanto a Lorca que lo asocien con los gitanos? Es una pregunta de difícil o quizá de imposible contestación; sin embargo tenemos que tratar de enfocarla para poder después entender que no hay que dar demasiada importancia a este *lapsus* por parte del poeta hacia su obra más famosa. Y allí en esta palabra «famosa» reside gran parte del problema. Resulta que, antes de publicarse, el *Romancero* se había hecho famosísimo. Aparte del hecho de que ya había publicado algunos de los poemas en *Litoral* en Málaga, y en *Verso y Prosa* en Murcia, había leído también tantas veces sus poemas que entre los literatos y amigos suyos eran ya famosos. Cuando hace una lectura en el Ateneo de Valladolid en 1926, Guillermo de Torre, que presenta al poeta, hace la siguiente profecía:

> Y andando los años podremos decir: «nosotros previmos en Federico García Lorca al gran poeta glorioso que iba a ser. Nosotros fuimos de los hacedores, no de los enterradores».
> ...Federico García Lorca es un poeta como dos y dos son cuatro. La historia no tendrá más remedio que decir: Amén (I, LIV).

Y en *El Norte de Castilla* escribe el crítico, Francisco de Cossío:

> Esta lectura ha tenido para mí, por tantos motivos, el encanto de una revelación. Federico García Lorca es todavía un desconocido. Aún falta tiempo para que los niños canten en corro sus baladas y las muchachas reciten en secreto sus canciones. Pero llegará ese día, y entonces podré decir: Fui uno de los primeros espectadores y oyentes, y no me equivoqué (I, liv).

Parece ser que los poemas llegaron a cobrar una fama demasiado exagerada. Cuando el famoso grupo hizo su viaje a Sevilla con el torero-dramaturgo Ignacio Sánchez Mejías, la «actuación» del grupo alcanzó un gran éxito, pero como cuenta el mismo Alberti, la lectura de los romances gitanos por Lorca causó un escándalo en el Ateneo, lugar que Alberti compara, en aquel momento, con una plaza de toros:

Pero el delirio rebasó el ruedo cuando el propio Lorca recitó parte de su «Romancero gitano», inédito aún. Se agitaron pañuelos como ante la mejor faena, coronando el final de la lectura el poeta andaluz Adriano del Valle, quien en su desbordado frenesí, puesto de pie sobre su asiento, llegó a arrojarle a Federico la chaqueta, el cuello y la corbata[10].

Es el momento de apogeo —pero un apogeo exagerado para algunos— del grupo andaluz de poetas que dominan la vida literaria de la España de entonces. Los poetas más famosos son Lorca y Alberti pero les sigue un gran número de devotos artistas andaluces.

Cuenta Alberti que también hubo comentarios desfavorables, incomprensión y mala fe. De Lorca afirma que «personajes *más gordos* reaccionaban del mismo modo. Al principio, actrices como la Membrives, la López Heredia and Company se reían a carcajadas del "Romancero gitano" y sus primeras obras teatrales, claro que a espaldas de Lorca, después de haberles concedido el innegable honor de leérselos»[11].

Parte de esta reacción se debe indudablemente a lo que Alberti llama «un andalucismo fácil, frívolo y hasta ramplón (que) amenazaba con invadirlo todo, peligrosa epidemia que podía acabar incluso con nosotros mismos»[12]. Cuenta cómo él mismo declaró en una entrevista «entre bromista y malhumorado: Yo no soy andaluz, soy noruego, por intuición y por simpatía personal a Gustavo Adolfo Bécquer»[13]. Afirma además que:

Góngora nos llegaba muy oportunamente. Su glorificación y las infiltraciones de sus lianas laberínticas en nuestra selva poética nos ayudarían a conjurar el mal. Hasta Federico, inédito aún su «Romancero gitano»,

10 Rafael Alberti, *La arboleda perdida*, Buenos Aires, Fabril, 1959, pág. 264.
11 *Ibíd.*, pág. 233.
12 *Ibíd.*, pág. 240.
13 *Ibíd.*, págs. 240-241.

hace un alto en su andalucismo y lanza la *Oda a Salvador Dalí*, que si no mucho tiene que ver con Góngora, menos tiene con lo «popular»[14].

Aquel Madrid que tan admirablemente describe Guillén, aquel «segundo Siglo de Oro», era así:

> ...una gloriosa España. Aquel Madrid, sí señor, aquel Madrid, con su aire de ociosidad —encanto de Corte—, disimulaba, asordaba un zumbido laborioso.
> ·
> Con una casi escueta nómina, ya elegíaca, Moreno Villa ha sabido conmovernos. Y concluye: «En suma: que Madrid hierve, que mis amigos quieren superarse. Todo, todo un enjambre... ¡Qué maravilla! Durante veinte años he sentido ese ritmo emulativo, y he dicho: Así vale la pena de vivir. Un centenar de personas de primer orden trabajando con la ilusión máxima, a alta presión. ¿Qué más puede pedir un país?»
> Ahí, ahí está —es y está— muy visible en su medio, Federico García Lorca. Su país no puede pedirle más. Como juego y creación se identifican tanto en este poeta, sin cesar trabaja divirtiéndose, sin cesar se divierte creando (I, xxxvi, xxxviii).

Con Lorca en el centro como lo ha descrito tan nítidamente Neruda: «Su persona era mágica y morena, y traía la felicidad»[15]. Pero Lorca no es el único que está en el centro de aquel Madrid y parece ser que la felicidad no la traía a todos. En la Residencia de Estudiantes —núcleo artístico e intelectual de aquel Madrid— están otros artistas, no todos andaluces, y no todos tan favorables en aquel momento a los proyectos de los artistas del sur. También en ese centro se encuentran dos artistas que han llegado a igualar la fama de Lorca en el mundo. Los dos son del norte —Figueras y Calanda

---

[14] *Ibíd.*, pág. 241.
[15] Emilio Prados (editor): *Homenaje al poeta García Lorca. Contra su muerte*, Barcelona, Ediciones españolas, 1973, pág. 46.

(Teruel)—, y los dos, Dalí y Buñuel, habían sido amigos íntimos de Lorca en la Residencia. Ya Dalí ha confesado varias veces sus celos de Lorca[16], pero ahora, en la biografía de Buñuel hecha por J. Francisco Aranda, aparecen nuevos datos que indican una especie de conspiración anti-andalucista por parte de ellos. Todo gira alrededor del filme que hacen en colaboración, *El perro andaluz*.

Dalí y Buñuel, ahora grandes amigos y colaboradores, como lo habían sido antes Lorca y Dalí, se hacen muy vanguardistas y adoptan actitudes de *enfant terrible*. A Juan Ramón Jiménez, por ejemplo, le escriben para decirle que su *Platero y yo* es una obra que:

> nos repugna profundamente por inmoral, por histérica, por arbitraria.
>
> Especialmente: ¡¡MERDE!! para su *Platero y yo*, para su fácil y mal intencionado *Platero y yo*, el burro menos burro, el burro más odioso con que nos hemos tropezado.
>
> Sinceramente, Luis Buñuel. Salvador Dalí[17].

La correspondencia personal de Buñuel de esta época revela que no todo era armonía entre los vanguardistas y los poetas del sur, más tradicionales, encabezados por Lorca y Alberti. En una carta afirma:

> Hay que *combatir* con todo nuestro desprecio e ira toda la poesía tradicional, desde Homero y Goethe, pasando por Góngora —la bestia más inmunda que ha parido madre— hasta llegar a las ruinosas deyecciones de nuestros poetillas de hoy...
>
> Comprenderás la distancia que nos separa a ti, Dalí y yo de todos nuestros amigos poetas. Son dos mundos

---

[16] Por ejemplo, Salvador Dalí, *The Secret Life of Salvador Dali*, Nueva York, Dial Press, 1942, pág. 302.

[17] J. Francisco Aranda, *Luis Buñuel: biografía crítica*, Barcelona, Lumen, 1969, pág. 59.

antagónicos, el polo de la tierra y el sur de Marte, y que todos, sin excepción, se hallan en el cráter de la putrefacción más apestante. Federico quiere hacer cosas surrealistas; pero falsas, hechas con la inteligencia, que es incapaz de hallar lo que halla el instante. ...A pesar de todo, dentro de lo tradicional, Federico es de lo mejor que existe[18].

En otra carta (14 de septiembre de 1928) daría su juicio del *Romancero:*

> A Federico lo vi en Madrid... volviendo a quedarnos íntimos; así mi juicio te parecerá más sincero si te digo que su libro de romances El *Romancero gitano*, me parece... muy malo. Es una poesía que participa de lo fino y *aproximadamente* moderno que debe tener cualquier poesía de hoy para que guste a los Andrendios, a los Baezas y a los Cernudas de Sevilla... Hay dramatismo para los que gustan de esa clase de dramatismo flamenco; hay alma de romance clásico para los que gustan de continuar por los siglos de los siglos los romances clásicos; incluso hay imágenes magníficas y novísimas, pero muy raras mezclas con un argumento que a mí se me hace insoportable... Desde luego lo prefiero a Alberti, que está tocando los límites del absurdo lírico[19].

Aranda opina que estas cartas y otras alusiones prueban que Buñuel, Dalí, «Pepín» Bello y otros amigos del norte «llamaban "perros andaluces" a los béticos de la Residencia, poetas simbolistas insensibles a la poesía revolucionaria de contenido social preconizada por Buñuel, quizá antes que nadie en España (aunque años después Alberti y otros seguirán ese camino)»[20]. Si tenemos en cuenta otras alusiones no nos puede caber mucha duda. Resulta que *El perro andaluz* antes de ser

---

18 *Ibíd.,* pág. 60.
19 *Ibíd.,* pág. 58.
20 *Ibíd.*

el título de la película, lo era de un libro de poesía que proyectaba Buñuel. En una carta Buñuel escribe: «El título de mi libro de ahora es *El perro andaluz,* que nos hizo mear de risa a Dalí y a mí cuando lo encontramos. He de advertir que no sale un perro en todo el libro»[21]. Cuando Buñuel da una nota autobiográfica a la revista mejicana *Nuevo Cine,* parece confirmarlo:

> ...El título fue un problema. Pensamos en muchos. *Defense de se pencher a l'exterieur* (Prohibido asomarse al exterior, un aviso muy común en Francia). Después se pensó en su antítesis: prohibido asomarse al interior. Pero no estábamos conformes. Dalí se enteró entonces del título de un libro olvidado de poemas míos: *El perro andaluz.* ¡Ese es el título!, exclamó Dalí y así fue[22].

Al parecer el título les gustó tanto que pensaron llamar a otro filme con el título *La bestia andaluza,* pero por rompimiento entre ellos lo hizo Buñuel solo y se llamó *La edad de oro*[23].

Sin entrar demasiado aquí en el campo biográfico e histórico, nos ha parecido muy importante exponer todo el «episodio». Entendiéndolo aun en términos generales, podemos comprender la reacción de Lorca frente al éxito que alcanzó su *Romancero* aun antes de publicarse. Explica también, hasta cierto punto, la famosa crisis sentimental que experimentó después de la publicación del libro, y explica cómo, después de los meses que pasó en los Estados Unidos y Cuba, vuelve triunfador a España, donde en varias lecturas de su obra ya famosísima, nos daría su visión esencial en cuanto al *Romancero gitano.* No queremos exagerar la importancia de las quejas y de las críticas petulantes de sus «amigos» —crítica a la que indudablemente fue muy sensible el

---

21 *Ibíd.,* pág. 75-76.
22 *Ibíd.,* pág. 77.
23 *Ibíd.,* págs. 95-96.

poeta— pero nos parece que hay que señalar su existencia para así no tomar al pie de la letra los comentarios negativos que hizo respecto del libro y respecto del tema «gitano».

Cuando sale por fin en 1928, el *Romancero gitano* constituye un éxito casi desmedido. Lo expresa bien José Luis Cano:

> El éxito del libro es fulminante, y la edición se agota en pocos meses. Raramente un libro de poesía logra obtener, como lo obtuvo este libro de Federico, un éxito popular y al mismo tiempo la admiración de los críticos más selectos. En este caso, mayoría y minoría coincidían en admirar unos romances en los que la maravillosa fantasía del poeta, sus palabras sabias y misteriosas —con la sabiduría y el misterio de la milenaria Andalucía—, habían logrado calar y conmover el alma del pueblo, del suyo, el andaluz, y del de toda España[24].

Y ahora, con la cuestión del *perro andaluz* explicada, podemos ver cómo y de qué manera enfocaba Lorca ese mundo «gitano»[25].

Ya hemos visto, en una conferencia temprana sobre el cante jondo, que Lorca sitúa la *siguiriya* gitana en el centro primario de su propio universo artístico. También hemos visto cómo, en una conferencia más tardía —la conferencia del duende—, Lorca sitúa a los gitanos —Manuel Torre y Pastora Pavón sobre todo— como máximos intérpretes del arte. Son ejemplos, claro está. Como lo son Joselito y Rafael «El Gallo» y «Cagancho», también gitanos, en el toreo. Son máximos ejemplos —como Goya, las bailarinas de Cádiz, Belmonte, Cervantes y Quevedo— de artistas. Lo que no quiere decir que todos los gitanos sean artistas, y esto hay que recordarlo. Lorca idealiza *ciertos* gitanos, no cabe

---

[24] Cano, págs. 68-69.
[25] Desde un punto de vista psicológico no sería muy difícil argüir que *El perro andaluz* constituye el mayor elogio del *Romancero gitano*.

duda. Pero su conferencia es un tratado de estética más que de etnología. Ciertos gitanos, pues, representan para él la máxima estilización artística. Y es precisamente esta estilización artística, este *estilo gitano*, primario y estético a la vez, el que eleva a nivel de mito en el *Romancero gitano*. Teniendo en cuenta todo lo que hemos dicho respecto del duende, del toreo, de la estética lorquiana y del cante jondo, ¿cómo podríamos concebir un *Romancero* suyo que no fuese gitano? Pero Lorca precisa mucho en cuanto al tema, sin duda porque sabe perfectamente que tiene sus lados problemáticos. Desechando las quejas personales, debemos ver sus comentarios estéticos sobre el *Romancero* para entender cumplidamente los propósitos artísticos a los que llegó en su elaboración.

Lorca establece claramente quiénes son esos gitanos que viven en sus romances cuando da lecturas públicas del libro. En Barcelona en 1935 afirma que su libro es un

> retablo de Andalucía, pero antipintoresca, antifolklórica y antiflamenca. Lo llamo gitano no porque sea gitano de verdad, sino porque canto a Andalucía, y el gitano es en ella la cosa más pura y más auténtica. Los gitanos no son aquellas gentes que van por los pueblos, harapientos y sucios; ésos son húngaros. Los verdaderos gitanos son gentes que nunca han robado nada y que no se visten de harapos [26].

Esta distinción que hace Lorca entre los gitanos andaluces y los húngaros es importante. Muy estudiado y sabido es que los gitanos llegaron a España en el siglo XV: está profusamente documentada su entrada por Barcelona. Lo que no se sabe —a lo mejor nunca se sabrá a ciencia cierta— es que si los gitanos andaluces pertenecen a aquellos que entraron en el XV o si es que entraron por África en otra migración anterior. J. P. Clébert, que ha estudiado a los gitanos profundamente, opina:

---

[26] Antonina Rodrigo, pág. 348 (I, 1091-1092 en catalán).

Recordemos que los gitanos del norte llegaron a Barcelona en 1447 (o en rigor, en 1452). La llegada de los gitanos del Sur tuvo que efectuarse antes. Las *gitanerías*, colonias gitanas del sur de la península, parecen haber arraigado antes que las del Norte; los montes de la Sierra Nevada han debido de albergar a las primeras tribus y las gitanerías de Andalucía (Granada, Cádiz, Sevilla...) han existido en «todo tiempo»[27].

Esta misma tesis africana la sostiene José-Carlos de Luna que afirma que los gitanos béticos son de origen «sumerio-semita», pero lo que es más importante, afirma también que «Es tanta la antipatía de nuestros gitanos por los indos de su misma raza que llaman *mayaré* (húngaros), que creen dan mal de ojo sólo con verlos»[28]. La tesis de José-Carlos de Luna es de amena lectura aunque no muy convincente. Lo que sí logra hacer es mostrar la gran diferencia que hay entre los gitanos andaluces y los demás gitanos. Creemos importante hacer constar esta diferencia porque es, sin duda, la ignorancia de esta diferencia entre los gitanos andaluces, sobre todo ciertos grupos de ellos, y los *mangantes* «harapientos y sucios» como dijo Lorca, lo que en parte ha causado tan grandes discusiones y equivocaciones en cuanto al «gitanismo» de este poeta.

Debemos tener en cuenta que los gitanos lorquianos no son unos gitanos cualesquiera. Lo especificó él mismo en una entrevista publicada en 1933 en *El Mercantil Valenciano;* después de hablar de una fiesta gitana en Sevilla en Semana Santa, declara:

> Desde Jerez a Cádiz, diez familias de la más impenetrable casta pura guardan con avaricia la gloriosa tradición de lo flamenco.

---

[27] J. P. Clébert, *Los gitanos*, Barcelona, Aymá, 1965, pág. 110.

[28] José-Carlos de Luna, *Gitanos de la Bética*, Madrid, Ediciones y publicaciones españolas, 1951, pág. 246.

Allí he llorado yo, que no siento vergüenza en llorar, viendo bailar a un niño con los pies desnudos, desarrollando la llama de la euritmia viva en su corazón tierno, con el ritmo heroico de todo el pueblo mío, de toda la historia nuestra envueltos en las cenizas calientes de la casta, guiñando el ojo cuco de la ironía del sur, templada por el sol que seca las sales del agua marina de Cádiz y endulza las soleras del vino de Jerez.

Que no se cansen los intelectuales en bucear los arcanos de la erudición.

Lo flamenco es una cosa viva con los pies hundidos en el barro caliente de la calle, con la frente en los vellones fríos de las nubes desgarradas[29].

«Diez familias de la más impenetrable casta pura», afirma el poeta. «Desde Jerez a Cádiz»; ya estamos otra vez dentro de la conferencia sobre el duende. Además, lo que afirma Lorca es más realista de lo que puede parecer: examínese, por ejemplo, la dinastía de los Ortega que publica el flamencólogo D. E. Pohren en su estudio *El arte del flamenco*. Citamos aquí únicamente a los legendarios y famosísimos nombres flamencos y toreros que pertenecen a esa dinastía: «El Planeta», «Curro Dulce», Rafael «El Gallo», Joselito, Manolo Caracol —ganador del concurso que montaron Lorca y Falla en Granada—, Gabriela Ortega, Dolores Ortega que se casa con Ignacio Sánchez Mejías, Trini Ortega que se casa con Manolo Martín Vázquez y Luisa Ortega que se casa con Arturo Pavón, artista de otra dinastía flamenca famosa[30]. Cuando Lorca dice diez familias no poetiza: el *Romancero gitano*, sin embargo, se ha inspirado precisamente en el alto logro artístico de esas diez familias. Es difícil exagerar la importancia de este aspecto altamente selectivo en Lorca. Cuando el poeta precisa que su Antoñito el Camborio es el «*prototipus del veritable gitano*» (I, 1093), no es porque ha poetizado

---

[29] Citado en Antonina Rodrigo, pág. 320.
[30] D. E. Pohren, *El arte del flamenco*, pág. 53.

al gitano verídico de ese nombre que vivió en Chauchina, un pueblo cerca de Fuente Vaqueros[31], sino porque ha dado su nombre de Antoñito el Camborio a una personificación poética de algún miembro de una de esas «diez familias».

Ahora bien, cabe preguntar con toda seriedad ¿quiénes son y de dónde vienen esas obviamente simbólicas «diez familias»?[32] La contestación no es nada fácil, porque se trata de etnología, de historia y de sociología, que tenemos que extraer sin datos concretos. Se trata sencillamente de buscar el origen de la oculta sensibilidad gitanoandaluza de la que Lorca ha llegado a ser el mejor intérprete.

Este proceso de estilización en Andalucía es gitanoandaluz, porque en Andalucía, y únicamente en Andalucía, se arraigan los gitanos. Aunque hay enemistad y odio entre «calés» y «payos», los gitanos en Andalucía hacen lo que no han hecho en ninguna parte del mundo. Como dice Ricardo Molina:

> Lo flamenco adquiere a partir de 1880 una importancia decisiva. Se proyecta sobre toda Andalucía y matiza su imagen de «color» gitano. El «Romancero» de Federico García Lorca lo evidencia. La valoración contemporánea de «lo andaluz» no puede realizarse ya sino en función de lo flamenco. El arte que estudiamos, flor gitana, arraigada y crecida en el suelo andaluz, nutrida con savia andaluza y abierta al sol y al viento de la región, termina por asumir a Andalucía y convertirse en portavoz «sui géneris»[33].

---

[31] Claude Couffon, *Granada* y *García Lorca*, Buenos Aires, Losada, 1967, pág. 31. Al verídico ya lo había poetizado —en su muerte al menos— en el poema «Sorpresa» de *Poema del Cante Jondo*.

[32] En primer lugar no son diez: Lorca, como tantas veces hace en el *Romancero* —«un sueño de trece barcos», «cinco palomas heladas», «los cien caballos del rey», «siete gritos, siete sangres, siete adormideras dobles»— especifica diez familias cuando lo que quiere decir es «unas cuantas familias».

[33] Molina, págs. 166-167. El libro de Molina es imprescindible para el estudio antropológico del mundo flamenco.

En una nota añade Molina:

> Los gitanos se identifican entrañablemente con Andalucía y la «manera de ser» andaluza, demostrando lo que afirmó Thomas Mann, que «los hombres que viven en una tierra que no es la propia, sino adoptada, suelen desplegar las características nacionales en forma más vigorosa que los propios nativos»[34].

Los gitanos echan raíces en Andalucía porque es el lugar más «oriental» que han encontrado en su extraño y todavía inexplicado *Volkerwanderung*. Llegar a Andalucía —llegasen cuando llegasen— tiene que haber sido como una vuelta a casa en un país desconocido. La explicación del fenómeno es, en sus términos más extensos, la historia de España desde Gerión hasta Manuel Torre, de quien Lorca decía, al dedicarle «Viñetas flamencas» del *Poema del Cante Jondo*, que tenía «tronco de Faraón».

En los términos más breves, consideremos el fenómeno, señalando sobre todo los aspectos «orientales» de la cultura andaluza. Tartessos parece ser una cultura, en parte al menos, autóctona, pero de muchísima influencia oriental también: fenicia, chipriota, cretense y griega. De esa cultura salen las famosas *puellae gaditanae* con sus crótalos de bronce, sus cantes y sus bailes que extasiaban a los romanos. ¿Cómo cantarían estas *cantaoras* de la antiguedad? ¿No cantarían en el famoso antiguo modo dórico o frigio de tantos pueblos orientales antiguos y en el que hoy en día se cantan *siguiriyas* gitanas, *soleares*, *tangos* y *tientos*, es decir, el cante más propiamente gitano?

Después la Iglesia adopta el ritual bizantino, adopción que tiene que haber afectado a la música popular también. Como explica Caballero Bonald:

> La música popular va a ir acusando... el ascendiente de esos antiquísimos cantos litúrgicos, donde se conservan

---

[34] *Ibíd.*, pág. 167.

no pocos indicios de los sistemas musicales hindú y griego, hebreo y persa. Ciertas canciones autóctonas andaluzas adquieren de este modo una cadencia de muy peculiar conexión con el canto gregoriano, sobre cuyas fórmulas expresivas irían después acumulándose otros familiares elementos de la música árabe y judía[35].

Señala Caballero Bonald que en las siguiriyas «se perciben claramente... íntimas correspondencias con la liturgia oriental aclimatada —andaluzada podríamos decir— dentro de las más persistentes tradiciones del pueblo a lo largo de siglos y siglos». El canto bizantino, además, se conserva dentro de la Iglesia de rito mozárabe durante muchos siglos.

Música aparte, hay el largo capítulo de la invasión musulmana que ni comentamos por tan obvio en cuanto a influencias orientales. Suele señalarse esta gran influencia oriental junto con la influencia judía en Andalucía como la máxima orientalización cuando en realidad debía enfocarse como una nueva orientalización sobre ya antiguas, pero todavía muy perceptibles capas orientales. ¿Qué lengua hablarían o escribirían los *tartessios* y luego los cartagineses sino el fenicio, o sea el semita antiguo? Cuando llega Tarik en 711, *reintroduce* el árabe en la península, lengua que tiene que haberse empleado al lado de las indígenas.

Por otra parte el sociólogo inglés, Julian A. Pitt-Rivers, ha estudiado a fondo las cualidades de tribu primitiva y *polis* griega que conservan los pequeños pueblos del campo andaluz[36]. Y Gerald Brenan, el hispanista inglés que tantos años ha vivido en la Alpujarra y otras partes de Andalucía, por su parte ha discutido a fondo cuántas costumbres paganas y primitivas

---

[35] Véase Caballero Bonald, pág. 15.

[36] Julián A. Pitt-Rivers, *The People of the Sierra*, Chicago, The University of Chicago Press, 2.ª ed., 1971, págs. 30-31. Véase también el sociólogo español Álvaro Fernández Suárez, *España: Árbol vivo*, Madrid, Aguilar, 1961, págs. 210-218. Citamos por el original inglés.

existen todavía en Andalucía [37], reminiscencias y vestigios de los tiempos pre-cristianos cuando habría imperado otro tipo de religión bastante afín con las supersticiones y creencias de los gitanos [38].

Estos, según Eduardo Molina Fajardo, que ha profundizado mucho en los temas granadinos, llegaron a Andalucía en 1462, donde en seguida se mezclaron con los moriscos: «llegados los gitanos a Granada por familias desmembradas de las tribus vagabundas, se acogen a los barrios ocupados por los moriscos, como si las dos razas marginadas por los cristianos viejos encontraran entre sí colaboración y simpatía» [39]. Molina Fajardo cree que, en Granada al menos, convivieron hasta la expulsión de los moriscos en 1610, y que un número indeterminable se habrá «camuflado» de gitanos para quedarse en España; además, afirma, «es cierto que desde la expulsión se ha señalado en pragmáticas reales que junto a los vagabundos gitanos iban otros que no pertenecían a su raza» [40].

Para terminar esta historia de orientalismos dentro de orientalismos, citaremos a Caballero Bonald que es el que ha llevado la tesis a su máxima y correcta —creemos— hipótesis:

> ...que los gitanos encontraron en Andalucía —como ya antes habían podido experimentar árabes y judíos—

---

[37] Véase sobre todo *Al sur de Granada*, Madrid, Siglo XXI, 1974.

[38] Téngase en cuenta esta coincidencia que anota el arqueólogo e historiador de religión, E. O. James; discutiendo los cultos prehistóricos a la *Magna Mater*, afirma que en Los Millares (Almería) las estatuitas dedicadas al culto eran tan numerosas que parecen haber figurado en cada grupo de familia como objeto sagrado familiar lo mismo que en el valle del Indus. (Parafraseamos del inglés, *The Cult of the Mother-Goddess*, Nueva York, Praeger, 1959, pág. 44.) Aunque esta coincidencia no «prueba» nada, sí indica una vez más los posibles paralelos culturales entre el lugar de procedencia de los gitanos y Andalucía.

[39] Eduardo Molina Fajardo, *El flamenco en Granada: Teoría de sus orígenes e historia*, Granada, Miguel Sánchez, 1974, pág. 15.

[40] *Ibíd.*, págs. 15-16.

un poso musical que, en cierta recóndita manera, debía contener algunas orientales similitudes con sus más viejas memorias rítmicas y melódicas[41].

En el baile se manifiesta en su «cabalístico lenguaje» y en el «gesto y las manos» que conservan «una asombrosa analogía con las danzas sagradas hindúes», lo que Lorca llamó «los brazos con expresiones que son madres de la danza de todos los tiempos» (I, 1077). En términos generales, cree, coincidiendo con Molina Fajardo que:

> «Los gitanos, en estrecha y fortuita colaboración con los moriscos, fueron los más fecundos y deslumbrantes refundidores de esa música oriental andaluza —erigida sobre los sucesivos aportes bizantinos, árabes, y hebreos—, música que hizo las veces de materia prima en la laboriosa y oscura elaboración del flamenco»[42].

Todo este fenómeno debe de haberse desarrollado dentro de cierta clandestinidad. Coinciden más o menos —y en Andalucía sobre todo— la expulsión de judíos y moros, la entrada de los gitanos y la pérdida de Granada con la subsiguiente colonización del norte. Según Caballero Bonald y Molina Fajardo —los dos han ido sobre terreno discutido primero por Lorca que a su vez depende de su propia intuición poética y de los estudios musicológicos de Falla— se formaron ciertas comunidades clandestinas de gitanos, moriscos, judaizantes, campesinos, y aventureros, «gentes todas ellas dispersas y errabundas, perseguidas por los tribunales religiosos o civiles»[43].

En la desgracia común, en el campo y en las gitanerías de Sevilla, de Cádiz y los Puertos, de Jerez —y según Molina Fajardo en Granada también— poco a poco se fue formando el cante flamenco sobre la base de toda la

---

[41] Caballero Bonald, pág. 16.
[42] *Ibíd.,* pág. 17.
[43] *Ibíd.,* pág. 20.

experiencia andaluza acumulada durante no sabemos cuántos siglos. Ortega por un lado ve que la cultura andaluza tiende a reducirse siempre a su original esencia[44], y por otro lado entiende perfectamente cuánto de popular y estilizado hay en la cultura española. Pero no llegaba a conectar los dos fenómenos. El cante es la estilización popular de la desgracia y de la gracia andaluzas —estilización que abunda en esencias primarias, atávicas, mediterráneas desde un tiempo indeterminado. A esa estilización ya milenaria, llega esa otra misteriosa raza de los gitanos, también milenaria, atávica y oriental y sobre esa estilización original, o dentro de ella, van labrando unos cuantos de ellos, las «diez familias», su propia estilización. Esa estilización estilizada —valga la redundancia— que emerge al público a principios del siglo pasado, es la esencia del arte gitanoandaluz, y es lo que Lorca interpreta de modo íntimamente soberbio en *Poema del Cante Jondo* y explica de manera magistral en sus conferencias sobre cante y duende. Esta estilización quintaesencializada está en el centro del sentido hispánico del arte. Su falta de interpretación y entendimiento produce «la pandereta». Su interpretación con la ayuda del misterioso duende produce la catarsis —quizá la única catarsis del mundo moderno occidental— en las grandes faenas de los toros y —en el rincón íntimo— en el cante jondo. Su mejor intérprete en las letras es Federico García Lorca. Y la mitificación de este sentido tan milenario como susceptible a la incomprensión o a la extinción, se halla en su *Romancero gitano*, máxima poetización de este sentido gitanoandaluz, de este sentido español, de este sentido hispánico, del arte, de la vida y de la muerte. Como dijo el poeta:

> No es posible que las canciones más emocionantes y profundas de nuestra misteriosa alma estén tachadas

---

[44] Ortega, pág. 115.

de tabernarias y sucias; no es posible que el hilo que nos une con el Oriente impenetrable quieran amarrarlo en el mástil de la guitarra juerguista; no es posible que la parte más diamantina de nuestro canto quieran mancharla con el vino sombrío del chulo profesional.

Ha llegado, pues, la hora en que las voces de músicos, poetas y artistas españoles se unan, por instinto de conservación, para definir y exaltar las claras bellezas y sugestiones de estos cantes (I, 973-974).

Ya creemos haber visto todos los fenómenos que había que examinar para llegar al *Romancero*. Si tenemos todo ello en cuenta, no será difícil ver en claro cómo Lorca maneja los elementos poéticos a su alcance para lograr una verdadera serie de mitos gitanoandaluces, es decir, un romancero de poemas gitanos de índole mítica.

Otros críticos ya han visto el carácter mítico en la obra de Lorca, como antes apuntamos[45]. Pero uno

---

[45] Juan López-Morillas ha examinado el carácter mítico del *Romancero* empleando una definición de Susanne Langer: «El mito... es un reconocimiento de conflictos naturales, del deseo humano frustrado por potencias no humanas, por la opresión hostil, o por deseos contrarios; es la historia del nacimiento, pasión y derrota por la muerte en que consiste el común destino del hombre», en «García Lorca y el primitivismo lírico: reflexiones sobre el *Romancero gitano*», *Cuadernos Americanos*, vol. IX, núm. 5, págs. 241-242. La cita de Langer es de *Philosophy in a New Key*. Es una noción del mito en su forma más básica. José Ángel Valente, a nuestro parecer, llega más lejos: ...la palabra poética de Federico García Lorca parece quedar toda ella inscrita en la órbita de lo mítico. Es difícil dar un paso por la obra de Lorca sin sentir la gravitación del ritual, del símbolo, de las señales que remiten desde el espacio recién aparecido o recién creado al espacio primordial o al origen, donde mito e historia se unifican. De ahí que la poesía de Lorca...sea al tiempo tan universal, no por la fronda, sino por la raíz oculta. La sustancia mítica es trasladable, encuentra cauces hechos, incide en fondos comunes. Acaso no sea esa razón menor de la dilatada y pronta difusión del poeta más allá de sus fronteras y su lengua.
en *Las palabras de la tribu*, Madrid, Siglo XXI, 1971, pág. 117.

de los que más claramente ve el mundo mítico de Lorca como tomado de su propio suelo y las pervivencias de mitos antiquísimos, precristianos, que laten todavía por ahí es Martínez Nadal en la introducción a *Autógrafos*:

En el *Romancero* es el gitano, realidad o sueño, convertido en mito, como todo ese mundo de santos y vírgenes, reyertas y sexo, espera, y siempre muerte.

Lo que en manos de otros poetas fue retrato o donaire, gravedad o pintoresquismo, en Lorca pierde contorno real para entrar en el mundo atemporal de los sueños. La popularidad sostenida, que eludió a poetas como Rueda, Villaespesa y Manuel Machado, pese a un tratamiento más realista del tema, se vertió a torrentes sobre unos romances que parecían despertar en todo lector u oyente resonancias ocultas, aún cuando el pleno sentido de imágenes y metáforas tuviera forzosamente que escapar a la mayoría de sus entusiastas[46].

Es que el mundo mítico de Lorca no es otro que aquel mismísimo mundo que describe en sus conferencias, donde el gitano, idealizado y llevado a un plano de ser casi abstracto, es el centro. No trata Lorca de relacionarse con un mundo mítico ajeno: lo que hace es poetizar el mundo mítico que él sabe perfectamente que existió en Andalucía. Ese mundo lo descubre de manera doble: por sus lecturas de tragedias y mitologías y por sus indagaciones intuitivas pero a propósito en el mundo gitanoandaluz del arte. Del mismo modo doble, vía culta y vía popular, metáfora cultísima y metáfora popular, crea, o recrea, el mundo mítico andaluz, que es un mundo antiguo en sus mitos y atávico en sus personajes. Es en este sentido —a la vez neogongorino y atávico— una creación personalísima y única. No debe extrañar, por lo tanto, que el que mejor ha visto este mundo es el amigo íntimo de Lorca, Fernández Almagro,

---

[46] Martínez Nadal, *Autógrafos*, pág. xxix.

con quien Lorca no solamente sostuvo una larga correspondencia que ya hemos tenido ocasión de citar, sino a quien indudablemente explicó en gran parte sus propósitos artísticos. Fernández Almagro —obsérvese la coincidencia— escribió una *nota* sobre el *Romancero* en la *Revista de Occidente* en el mismo año 1928, núm. 21.

Merece la pena ver algunos de los comentarios muy agudos y desde luego muy enterados de Fernández Almagro; subrayamos ciertas frases claves:

> ...la superior unidad de *poema épico* que entre todos componen, aunque el poeta no haya tenido empeño deliberado en soldar temas y en articular personajes, mediante un plano de acción única (pág. 371).

Al contrario, lo que ha querido dar son acciones —poemas o mitos— distintos que, como fragmentos de épica, darían un sentido mítico:

> ...unidad profunda que dan, en justo acorde, dramática y poesía, temas y expresión: unidad mucho más importantes que la determinada por el simple proceso narrativo (pág. 371).

Es decir, unidad de visión, de creación, unidad de visión de mundo: unidad mítica creada a propósito y a sabiendas:

> ...Lorca es la superposición victoriosa de cuantos poetas anónimos, bajo el cielo inalterable de Andalucía, han venido transmitiendo el secreto de la Tartéside sumergida, por el cable que lanzaron manos diversas de pura mitología. Pero allá, todo es mitología: no por lo que haya en la historia de mítico, sino por lo que hay en la mitología de histórico (págs. 371-372).

Continúa Fernández Almagro:

> El sacerdote de Hércules gaditano y el gitano de hoy, cambian saludos de mitra y catite, en perfecta inteligencia, de orilla a orilla, sobre el común enigma. (El

moro no es en el gran baile andaluz de trajes, sino un figurante más.) Porque bien sabido es que el gitano no agota Andalucía: fuera del terreno medido por su vara de chalán, hay más. Pero la Andalucía gitana es hecho cierto, según lo revelan la seguidilla, la debla, el martinete y cierto color faraónico de tez, campo y costumbres (pág. 374).

Para Fernández Almagro la lucha entre los gitanos y la Guardia Civil es una lucha completamente mítica: «Luchan la navaja y el mauser, como en el fondo mítico de todos los abolengos pelean dioses y titanes» (pág. 374). En todo tiempo lo histórico y lo mítico se confunden porque el gitano es el ser que vive en el mundo de ahora siendo avatar de razas remotas:

Las fechorías en que anda de por vida el gitano, jaque, cuatrero, y secuestrador, son la equivalencia histórica, la proyección en la pantalla de los fenómenos, de aquellos robos y raptos que se repiten en las mitologías: de vacas, de naranjas de oro, de mujeres de carne y hueso (pág. 374).

Vuelve al tema tan importante como antipoético de la Guardia Civil:

No hay héroe sin antagonista. La Benemérita es la gran posibilidad de que ha partido Federico García Lorca para conferir rango épico a la gitanería de cédula andaluza, logrando así una nueva y genial alegoría de las fuerzas naturales en la lucha perenne (pág. 374).

¿Cómo trata el peligro de la interpretación panderetística? Así:

...la gitana del pandero y el gitano de la navaja abierta chorreaban grasas de la más sucia literatura costumbrista. Con lo que el poeta tenía doble y alternada labor que efectuar: crear y destruir, que es, a su modo, un acto de creación o, por lo menos, un trámite.

Federico García Lorca huye del lugar común por puente de plata. A la otra ribera, la realidad de que era forzoso escapar, persiste, pero ya transfigurada. Todos sus elementos han dado la vuelta que basta para descubrir, no su envés, sino su verdadero haz: la cara que da al nuevo mundo de las imágenes, en Génesis continuo e infinito (pág. 375).

Fernández Almagro ha sabido, además, escoger la frase clave —si hay una sola— de todo el *Romancero*: «Que te busquen en mi frente», que viene del final del «Romance de la Guardia Civil Española»:

> ¡Oh ciudad de los gitanos!
> ¿Quién te vio y no te recuerda?
> Que te busquen en mi frente.
> Juego de luna y arena.

Esta estrofa final explica cómo Lorca lleva ese mundo real, existente y tan sugerente del gitano —del gitano-andaluz— al plano del mito.

> ¡Oh ciudad de los gitanos!

El poeta conoce ese mundo íntimamente porque lo ha vivido, lo ha experimentado y lo ha estudiado a fondo.

> ¿Quién te vio y no te recuerda?

Realidad e inspiración. Lorca ha ido a la mágica ciudad de los gitanos. Ha ido como nadie. En su conferencia sobre Góngora dijo: «Se vuelve de la inspiración como se vuelve de un país extranjero. El poema es la narración del viaje» (I, 1015). Siguiendo esa misma lógica poética diremos: Lorca ha ido a la ciudad de los gitanos, y el poema es la mitificación de ella.

> Que te busquen en mi frente.

Únicamente podrá existir en la imaginación del poeta como todos los mitos que se han escrito. Homero habrá sido un solo poeta o habrá sido varios: no importa. Lo que importa no es el número sino la calidad mítica de fijar la creencia popular. Y al fin y al cabo Lorca no pretende escribir mitos en sí, sino poesía mítica:

Juego de luna y arena.

Ahora nos toca examinar la importantísima «lectura» que Lorca hizo de su obra en varias ocasiones. La versión más «elaborada» fue publicada en *Revista de Occidente* en agosto de 1969 (núm. 77) y se ha reproducido en las *Obras Completas* únicamente en la última edición (la 18.ª) de la que citaremos los comentarios más importantes. Dan una idea exactísima de lo que Lorca quiso hacer con su obra y lo que, para nosotros, logró plenamente. La conferencia-lectura, muy elaborada ya y sin ningún titubeo ni duda en cuanto a lo «gitanístico», muestra una suprema confianza y un conocimiento perfecto de los temas, actitud tan característica del Lorca maduro y seguro. Esta versión de la conferencia será de fecha posterior a 1933 puesto que alude a *Bodas de sangre*. Lo más probable es que sea de 1935, aunque en realidad poca importancia tiene la fecha. Nos interesa glosar únicamente la parte que comenta el propósito artístico. Comienza con esta advertencia:

He elegido para leer con pequeños comentarios el *Romancero gitano* no sólo por ser mi obra más popular, sino porque indudablemente es la que hasta ahora tiene más unidad y es donde mi rostro poético aparece por vez primera con personalidad propia, virgen de contacto con otro poeta y definitivamente dibujado (I, 1083).
. . . .
El libro en conjunto, aunque se llama gitano, es el poema de Andalucía; y lo llamo gitano porque el gitano es lo más elevado, lo más profundo, más aristocrático

de mi país, lo más representativo de su modo y el que guarda el ascua, la sangre y el alfabeto de la verdad andaluza y universal (I, 1084).

Es decir, que el gitano para Lorca es el mejor *intérprete* del verdadero sentido de Andalucía: de ahí que sea a la vez —por profundo, por «la raíz oculta» como apuntó José Ángel Valente—[47] andaluz y universal. Este aspecto general es quizá el más difícil de toda la obra y el más importante en términos generales. El *Romancero* no es y no fue nunca arte frío ni deshumanizado. Al contrario, lo que buscaba Lorca en estos gitanoandaluces míticos era «la raíz oculta» de toda humanidad. Los hombres no somos iguales nunca, pero en el fondo laten o han latido los mismos miedos, la misma palpitación irracional, «ese fondo común incontrolable y estremecido» (I, 1079), desde donde manan —cuando manen— los sonidos negros del duende. Volvamos a su ejemplo: Manuel Torre es «el hombre de mayor cultura en la sangre que he conocido» (I, 1068) no por ser gitano, sino precisamente por ser el que con más frecuencia puede «descender» a ese fondo y cantar desde allí la canción universal. Si los gitanos de Lorca a veces nos parecen rutilantes y exteriores es —igual que la propia poesía— una engañifa de superficie en la que nos fijamos. Debajo de la gracia andaluza —del gitano o de la imagen— encontramos, si buscamos a fondo, ese «alfabeto de la verdad andaluza y universal»:

> ...el libro es un retablo de Andalucía con gitanos, caballos, arcángeles, planetas, con su brisa judía, con su brisa romana, con ríos, con crímenes, con la nota vulgar del contrabandista, y la nota celeste de los niños desnudos de Córdoba que burlan a San Rafael. Un libro donde apenas si está expresada la Andalucía que se ve, pero donde está temblando la que no se ve. Y ahora

---

[47] Valente, pág. 117. Lo que Lorca llamó «la oscura raíz del grito» en las últimas palabras de *Bodas de sangre*, (II, 615).

lo voy a decir. Un libro anti-pintoresco, anti-folklórico, anti-flamenco. Donde no hay ni una chaquetilla corta ni un traje de torero, ni un sombrero plano, ni una pandereta, donde las figuras sirven a fondos milenarios y donde no hay más que un solo personaje grande y oscuro como un cielo de estío, un solo personaje que es la Pena que se filtra en el tuétano de los huesos y en la savia de los árboles, y que no tiene nada que ver con la melancolía ni con la nostalgia ni con ninguna aflicción o dolencia del ánimo, que es un sentimiento más celeste que terrestre; pena andaluza que es una lucha de la inteligencia amorosa con el misterio que la rodea y no puede comprender (I, 1084).

No podría hablar más claro sin entrar directamente en filosofía o teología. Es un retablo: también lo fue *Poema del Cante Jondo*, un retablo íntimo con pitas, puñales y candiles. *Romancero gitano* es un retablo también, pero un retablo cósmico. El mundo natural, el mundo espiritual, las razas y los ríos: todo se ve como parte de una Andalucía que cobra dimensiones de mundo o universo. Gitanos, judíos, romanos, niños y contrabandistas. Planetas y arcángeles. Todos andaluces. Todos forman parte del solo personaje que es la Pena andaluza, y la Pena se filtra igualmente en el tuétano de los huesos como en la savia de los árboles: sentimiento trágico de la vida en los hombres y en los árboles, en todo. Sentimiento trágico andaluz y panteísta. ¿Qué duda cabe? El poeta dice: pena andaluza que es *una lucha de la inteligencia amorosa con el misterio que la rodea y no puede comprender*. Esta es toda la estética de Lorca y en Lorca la estética es todo. Es esta estética que personifica y mitifica en el *Romancero*. Como ha dicho bellamente Guillén:

Siente en sí y tiene frente a sí a un pueblo magnífico. Y se pone a cantar como el pueblo canta en su Andalucía, y se pone a poetizar, redondo universo absoluto, a su Andalucía: sierra, cielo, hombre y fantasma. No los copia: los canta, los sueña, los reinventa; en una palabra: los poetiza. Pero ¡qué integración sublime de los elementos universales en una obra que integra a su vez los grandes elementos formales de la poesía de siempre (I, liii).

Veamos lo que dice Lorca en particular sobre ciertos poemas. Sobre el «Romance sonámbulo» hace unas declaraciones que explican en parte su método estilístico:

> Yo quise fundir el romance narrativo con el lírico sin que perdieran ninguna calidad y este esfuerzo se ve conseguido en algunos poemas del *Romancero* como el llamado *Romance sonámbulo*, donde hay una gran sensación de anécdota, un agudo ambiente dramático y nadie sabe lo que pasa, ni aún yo, porque el misterio poético es también misterio para el poeta que lo comunica, pero que muchas veces lo ignora (I, 1085).

En verdad no es tan difícil entender «lo que pasa» en el poema: lo difícil —quizá imposible como indica el poeta— es explicar el misterio de lo que pasa. De ese sentido misterioso precisamente emerge una de las señales más típicas de la mitificación en el *Romancero*, sobre todo si nos atenemos a una definición básica de mito como una «historia» que explica lo que no se puede explicar. Veamos en este sentido el trozo misterioso del «Romance sonámbulo»:

> Dejadme subir al menos
> hasta las altas barandas,
> ¡dejadme subir!, dejadme
> hasta las verdes barandas.
> Barandales de la luna
> por donde retumba el agua.
>
> Ya suben los dos compadres
> hacia las altas barandas.
> Dejando un rastro de sangre.
> Dejando un rastro de lágrimas.
> Temblaban en los tejados
> farolillos de hojalata.
> Mil panderos de cristal
> herían la madrugada.

Rutilantes y resplandecientes imágenes encierran un pozo insondable de misterio. Lorca sabe perfectamente que no se puede «explicar» porque él lo ha hecho así a propósito. ¿Hasta *donde* suben los compadres? ¿Qué significan esos *barandales de la luna*? ¿Por qué *retumba* el agua? Estas imágenes nunca se podrán explicar y es por eso mismo por lo que nos fascina el poema. El lector puede «entender» esas imágenes poéticamente, pero explicarlas, hacer patente el significado de ellas es quizá no entenderlas. De ahí la fascinación emblemática y mítica, pero no por ello superficial ni deshumanizada: al revés, cuánto más herméticamente misterioso y bello, más significativo y universalmente humano. Por eso, «La casada infiel» es el poema menos digno del libro, y este romance es, como dijo Alberti: «Tu mejor romance. Sin duda, el mejor de toda la poesía española de hoy... Tú, con tu «Romance sonámbulo», inventaste el dramático, lleno de escalofriado secreto, de sangre misteriosa.»[48]

El misterio en la poesía de Lorca no se puede explicar ni trazar: solamente puede señalarse. En cambio algo se puede explicar de la técnica de ese misterio: no es tan misteriosa como su resultado. Una vez dijo Lorca:

> ¿Poesía? pues, vamos: es la unión de dos palabras que uno nunca supuso que pudieran juntarse, y que forman algo así como un misterio; y, cuanto más las pronuncia, más sugestiones acuerda; por ejemplo, ...poesía es: «Ciervo vulnerado» (II, 931).

Nos recuerda los «Ciervos blancos» de la caza nocturna en el bosque de las mil bellezas de la conferencia sobre Góngora (I, 1014). Y esta otra declaración que hace en una entrevista: «La creación poética es un misterio

---

[48] Rafael Alberti, «Palabras para Federico», en García Lorca, *Romancero gitano*, Barcelona, Nuestro Pueblo, 1973, págs. 3-4, reproducido en Juan Manuel Rozas, *La Generación del 27 desde dentro*, Madrid, Alcalá, 1974, págs. 145-146.

indescifrable, como el misterio del hombre» (II, 1020); y ésta: «Todas las cosas tienen su misterio, y la poesía es el misterio que tienen todas las cosas» (II, 1013). Según esta «lógica» poética la existencia es un misterio y el poeta es el hierofante que lo entiende. Si después lo puede transformar en mito, tanto mejor. Pero transformar en mito no es explicar, sino poetizar, plasmar, configurar. Es un concepto completamente primario de la poesía, un concepto «pre-lógico» digamos. Lorca lo explicó muy bien en una conferencia sobre la nana infantil; habla del sentido poético de los niños —sentido mágico por cierto— que es exactamente el suyo:

> No tenemos más que estudiar sus primeros juegos, antes de que se turbe de inteligencia, para observar qué belleza planetaria los anima, qué simplicidad perfecta y qué misteriosas relaciones descubren entre cosas y objetos que Minerva no podrá nunca descifrar... Está dentro de un mundo poético inaccesible... planicie con los centros nerviosos al aire, de horror y belleza aguda, donde un caballo blanquísimo, mitad de níquel, mitad de humo, cae herido de repente con un enjambre de abejas clavadas de furiosa manera sobre sus ojos (I, 1052, 1053).

Aun al teorizar, Lorca va directamente al mundo mítico, mágico, y simbólico de las antiguas creencias no racionales. Ya hemos visto gran cantidad de ellas. Al fijarlas en imágenes y metáforas dentro del orgánico mundo poético suyo las eleva a niveles míticos. Algunos comentarios que aplicó a la poesía de Góngora revelan su conciencia del hecho y pueden aplicarse a él mucho más que al eximio cordobés:

> ...ha llegado a tener un sentimiento teogónico tan agudo, que transforma en mito todo cuanto toca. Los elementos obran en sus paisajes como si fueran dioses de poder ilimitado y de los que el hombre no tiene noticia (I, 1019).

Cerramos este paréntesis con esta cita que parece abarcarlo todo:

> La imaginación fija y da vida clara a fragmentos de la realidad invisible donde se mueve el hombre (I, 1035).

¡Qué raro es encontrar un poeta tan intuitivo y a la vez tan claro en la explicación del misterio poético! Hablaría de Góngora; pero habla, como siempre, de su propia noción de la poesía.

Volvamos, pues, a los comentarios sobre los romances:

> Desde los primeros versos se nota que el mito está mezclado con el elemento que pudiéramos llamar realista, aunque no lo es, puesto que al contacto con el plano mágico se torna aún más misterioso e indescifrable, como el alma misma de Andalucía, lucha y drama del veneno de Oriente del andaluz con la geometría y el equilibrio que impone lo romano, lo bético (I, 1086).

No será, pues, un libro lleno de mitologías ajenas, como la obra de Góngora o en nuestros días los poetas mitopoéticos. De los dos primeros «Romance de la luna, luna» y «Preciosa y el aire» —sobre este último había escrito en 1926 a Guillén «un mito inventado por mí» (I, 1137)— afirma:

> El libro empieza con dos mitos inventados. La luna como bailarina mortal y el viento como sátiro. Mito de la luna sobre tierras de danza dramática, Andalucía interior concentrada y religiosa y mito de playa tartesa... (I, 1086).

Ni el uno ni el otro son estrictamente inventados por Lorca. La función «mortal» de la luna ya ha sido estudiada por Álvarez de Miranda. Discutiendo la función de la luna en las religiones antiguas afirma que a los muertos «La luna los capta y acompaña y los lleva hasta sí misma»[49]. La luna es precisamente uno de los elementos más importantes en este mundo mítico. No creemos que sea casual el que este «romance» comience el libro. Además conviene tener en cuenta que la luna es el elemento más frecuente en toda la poesía de Lorca, apareciendo 218 veces[50]. En *Bodas de sangre* tiene la misma función y aparece en la escena. Tiene la luna en toda la obra de Lorca un significado mortal, y muchas veces —eco directo de las religiones precristianas— desempeña una función que los historiadores de religión llaman «psicopompa»[51]. Si no es estrictamente original como mito, por lo menos lo es como poema mítico. Además la poetización de la luna en toda la obra de Lorca no es solamente original sino apoteósica: todo el mundo mortal de Lorca tiene que ver con el misterioso reino lunar y no puede considerarse, sino muy consciente su personificación mítica aquí.

En cuanto a la personificación del viento, ya ha sido apuntado el precedente por Guillén «en el Libro VI de la Metamorfosis, leyese o no leyese a Ovidio el autor moderno, aquel rapto de Orithya por Bóreas, otro Cristobalón del viento. Así lo expuso en lecciones universitarias Amado Alonso» (I, lxiv-lxv). Sin embargo, no cabe la menor duda de que el poema —con esa combinación insólita de la gitana paseando por una playa *tartéssica* y la casa del cónsul de los ingleses en donde se tiene que refugiar del viento verde fecundador que se describe con una letra de saeta (¡Míralo por donde viene!)— es originalísimo.

Sobre «Reyerta» declara el poeta:

---

[49] Álvarez de Miranda, *La metáfora y el mito*, págs. 43-44.

[50] Según Alice M. Pollin, *A Concordance to the Plays and Poems of Federico García Lorca,* Ithaca, Nueva York y Londres, Cornell University Press, 1975, págs. 918, 1141. En teatro la luna aparece 81 veces, pág. 385.

[51] Véase Álvarez de Miranda, *La metáfora y el mito,* pág. 43.

En el romance «Reyerta» de mozos está expresada esa lucha sorda latente en Andalucía y en toda España de grupos que se atacan sin saber por qué, por causas misteriosas, por una mirada, por una rosa, porque un hombre de pronto siente un insecto sobre la mejilla, por un amor de hace dos siglos (I, 1087).

Por estas causas misteriosas surge la lucha mítico-histórica:

> Han muerto cuatro romanos
> y cinco cartagineses.

Reitera sobre el «Romance sonámbulo» su naturaleza misteriosa:

Es un hecho poético puro del fondo andaluz, y siempre tendrá luces cambiantes, aun para el hombre que lo ha comunicado que soy yo. Si me preguntan ustedes por qué digo yo: «mil panderos de cristal herían la madrugada», les diré que los he visto en manos de ángeles y de árboles, pero no sabré decir más, ni mucho menos explicar su significado. Y está bien que sea así. El hombre se acerca por medio de la poesía con más rapidez al filo donde el filósofo y el matemático vuelven la espalda al silencio (I, 1087).

Una vez más Lorca nos pone delante del oráculo de la poesía cuya sabiduría oculta no es nunca adventicia, sino adumbración del artista.

En cuanto a «La casada infiel» solamente admite que es «gracioso de forma y de imagen, pero... pura anécdota andaluza... popular hasta la desesperación» (I, 1087), y rehúsa leerlo. Al lado de Soledad Montoya, Antoñito el Camborio, Rosa la de los Camborios con sus senos cortados igual que la martirizada Olalla, o Preciosa perseguida por el viento-sátiro, cabe preguntar, ¿qué dimensión mítica, qué eco antiguo, qué resonancia milenaria, despierta este poema? Sobre todo dada la excesiva fama —notoriedad— que pronto alcanzó, creemos que la actitud de Lorca es perfectamente comprensible: desde un punto de vista estético el poema desentona con el resto del libro. Por otra parte prueba la unidad mítica y el valor estético del resto de los romances, y quizá únicamente como medida merezca ser incluido este poema anecdótico y casi chismoso.

«La casada infiel» es una mujer cualquiera; en cambio Soledad Montoya es una gitana arquetípica. De ella declara:

> En contraposición de la noche marchosa y ardiente de *La casada infiel*, noche de vega alta y junco en penumbra, aparece esta noche de Soledad Montoya, concreción de la Pena sin remedio, de la pena negra de la cual no se puede salir más que abriendo con un cuchillo un ojal bien hondo en el costado siniestro.
>
> La Pena de Soledad Montoya es la raíz del pueblo andaluz... es un ansia sin objeto, es un amor agudo a nada, con una seguridad de que la muerte (preocupación perenne de Andalucía) está respirando detrás de la puerta (I, 1088).

Esta visión es muy parecida a la visión global con la que el poeta principió. Soledad —ya lo afirma su nombre— es la verdadera antagonista del libro al ser la «concreción de la pena». Nos recuerda a la mujer que describió el poeta en 1922 en su conferencia sobre el cante: «En las coplas, la Pena se hace carne, toma forma humana y se acusa con una línea definida. Es una mujer morena que quiere cazar pájaros con redes de viento» (I, 987).

Los tres enigmáticos arcángeles que «irrumpen de pronto» en el poema y expresan «las tres grandes andalucías», son más bien espíritus emblemáticos que visiones ortodoxas de sus respectivas figuras:

> San Miguel rey del aire, que vuela sobre Granada, ciudad de torrentes y montañas. San Rafael, arcángel peregrino que vive en la *Biblia* y en el *Korán*, quizá

más amigo de musulmanes que de cristianos, que pesca en el río de Córdoba. San Gabriel Arcángel, anunciador, padre de la propaganda, que planta sus azucenas en la torre de Sevilla. Son las tres andalucías... (I, 1088).

En dos de los casos, Lorca mitifica estatuas reales: San Miguel se encuentra en la torre de la ermita de su nombre en lo alto del Sacro Monte en Granada[52]. Hay un San Rafael y un San Gabriel allí también, pero no cabe duda que el San Rafael que poetiza es el que está en una columna en el centro del puente romano de Córdoba. Como deja patente, no poetiza el sentido religioso, sino la esencia de las tres ciudades que se personifican o emblematizan en sus santos (¿dirá por eso que San Rafael es quizá más amigo del Korán?). No está de más notar que Lorca concibió «San Miguel» como una romería: «(Esto es una romería)», escribió a Guillén (II, 1147). Esta romería de los gitanos a la ermita del Sacro Monte sigue celebrándose cada 29 de septiembre, ahora fiesta de los tres santos. También debemos notar el fenómeno de la «agitanización» de la Anunciación en el romance «San Gabriel». A Anunciación de los Reyes —bien lunada y mal vestida— la visita San Gabriel:

> Dios te salve, Anunciación.
> Morena de maravilla.
> Tendrás un niño más bello
> que los tallos de la brisa.

Estos tres poemas son herméticos, de metáforas difíciles y de tono irónico y guasón: son graciosos y serían populares si no fuesen tan complicados en sus imágenes:

> Dios te salve, Anunciación.
> Madre de cien dinastías.
> Áridos lucen tus ojos,
> paisajes de caballista.

---

52 Hay una foto de él, y de la ermita, en Couffon, entre las págs. 40 y 41.

Después viene Antoñito el Camborio, uno de los héroes más netos según el poeta:

> ...el único de todo el libro que me llama por mi nombre en el momento de su muerte. Gitano verdadero, incapaz del mal, como muchos que en estos momentos mueren de hambre por no vender su voz milenaria a los señores que no poseen más que dinero, que es tan poca cosa (I, 1089).

Imposible para nosotros no relacionar este Antoñito —que a su vez Lorca relaciona con los «cantaores» milenarios, sin duda perteneciente a una de esas «diez familias»— con un personaje del cante a quien citó el autor del *Romancero* en su primera conferencia sobre el cante jondo:

> Citaré una copla (creo que es un martinete), rara por cantarla un personaje que dice su nombre y su apellido (caso insólito en nuestro cancionero) y en quien yo veo personificados a todos los verdaderos poetas andaluces:

> > Yo me llamo Curro Pulla[53]
> > por la tierra y por el mar,
> > y en la puerta de la tasca,
> > la piedra fundamental (I, 992).

Entonces aparece el misterioso Amargo, que Lorca llama con eco griego «centauro de muerte y de odio», «ángel de la muerte y la desesperanza que guarda las puertas de Andalucía. Esta figura es una obsesión en mi obra poética» (I, 1089). Nos da aquí el perfecto nexo que existe entre el *Romancero* y *El poema del Cante Jondo* al explicar que «La primera vez que sale el Amargo es en el *Poema del Cante Jondo...*» (I, 1089). Este comentario es seguido de una lectura de «Diálogo

---

[53] Sobre Curro Puya, cuyo nombre era Francisco Vega y que era torero y *cantaor* de Triana, véase Manuel Ríos Ruiz, *Introducción al cante flamenco,* Madrid, Istmo, 1972, pág. 196.

del Amargo», personaje que cierra el *Poema del Cante Jondo* y que abre paso, por decirlo así, al mundo del *Romancero gitano*. El último poema del *Poema del Cante Jondo* es esta «Canción de la madre del Amargo»:

> Día veintisiete de agosto
> con un cuchillito de oro.
>
> La cruz. ¡Y vamos andando!
> Era moreno y amargo.
>
> Vecinas, dadme una jarra
> de azófar con limonada.
>
> La cruz. No llorad ninguna.
> El Amargo está en la luna.

Esto es la escena del entierro del Amargo, el que muere el veinticinco de agosto en el «Romance del emplazado»: mundo cerrado, mundo enigmático, mundo regido por ese cabalístico ángel de la muerte —con un cuchillito de oro— a caballo entre sacerdote y víctima.

En cuanto al «Romance de la Guardia Civil Española» únicamente dice: «Este es el tema fuerte del libro y el más difícil por increíblemente antipoético» (I, 1090). A pesar de su comentario breve es obvio que es uno de los poemas capitales del libro. A Guillén había escrito:

> Ahora llega la Guardia Civil y destruye la ciudad. Luego se van los guardias al cuartel y allí brindan con anís cazalla por la muerte de los gitanos... A veces, sin que se sepa por qué, se convertirán en centuriones romanos (I, lxii).

Comenta Guillén:

> En realidad no llegó a poner por escrito aquellas últimas acciones del guardia civil, personaje mitológico hasta el extremo de convertirse en centurión romano: prueba del antiguo ambiente épico que envolvía las dos facciones de gitanos y guardias (I, lxii).

Contienda épica, saqueo sádico, martirio de la gitanería. No cabe duda de que se trata de un fragmento de épica, épica contienda al nivel del mito y al nivel histórico de la que hace eco esta emocionante copla que tiene que haber oído el poeta:

> Los *geres* por las esquinas
> con velones y farol
> en voz alta se decían
> *mararlo* que es *calorró*[54].

Martirio de los *calorré*, martirio de Rosa la de los Camborios que

> gime sentada en su puerta
> con sus dos pechos cortados
> puestos en una bandeja

igual que el martirio —esta vez sí por los romanos— de Santa Olalla:

> Centuriones amarillos
> de carne gris, desvelada,
> llegan al cielo sonando
> sus armaduras de plata.
> Y mientras vibra confusa
> pasión de crines y espadas,
> el Cónsul porta en bandeja
> senos ahumados de Olalla.

Olalla no es gitana pero es perseguida y brutalmente mutilada por los centuriones romanos igual que la gitana por los guardias: círculos concéntricos del mismo mito. El libro se expande o se reduce según el motivo. En «Tamar y Amnón» se expande hasta incluir el tema y mundo bíblicos. Y el procedimiento es de una naturalidad extraordinaria, puesto que, como explica el poeta:

---

[54] Ricardo Molina y Antonio Mairena, «Mundo y formas del cante flamenco», Madrid, *Revista de Occidente*, 1963. *Geres* significa «payos», o sea no gitanos. *Marar* equivale a matar y *calorró* es gitano.

Los gitanos y en general el pueblo andaluz cantan el romance de Tamar y Amnón llamando a Tamar, Altas Mares. De Tamar, Tamare; de Tamare, Altamare; y de Altamare, Altas Mares, que es mucho más bonito (I, 1090).

Pero este no es el romance de Altas Mares de los gitanos, sino el «romance gitano» de Tamar y Amnón, romance del mundo bíblico-andaluz. Ocurre la misma violación bíblica por el hermano obsesionado:

> Ya la coge del cabello,
> ya la camisa le rasga.
> Corales tibios dibujan
> arroyos en rubio mapa.

Mientras huye el violador en su jaca, de repente el mundo se agitaniza:

> Alrededor de Thamar
> gritan vírgenes gitanas
> y otras recogen las gotas
> de su flor martirizada.

Inmediatamente con este toque de una finura indescriptible el mundo bíblico expandido se reduce a una cueva gitana y el dolor es exactamente tan grande y desbordado en esta desfloración como lo sería de alegría grande y desbordada en una boda gitana a cuya canción de celebración, la *alboreá*, el poeta se ha referido en el poema con una certeza artística extraordinaria:

> En un verde prado
> tendí mi pañuelo;
> salieron tres rosas
> como tres luceros.

No hemos tocado —ni hemos querido tocar— todos los puntos míticos posibles. Sí hemos querido sugerir hasta dónde puede considerarse poesía mítica por los contextos que convergen y que se superponen en este mundo complejísimo y de singular belleza que es el *Romancero gitano*. En un estudio como el nuestro, más bien de orientación amplia que de análisis literario detallado, no puede haber palabras finales o un párrafo que lo resuma todo atando todos los cabos. Al contrario, nuestro propósito es dejar en el lector el sentido de la dificultad bellísima y de la estética complejísima —cara y cruz— que encierra el *Romancero gitano*. El propio poeta confesó a Morla Lynch, íntimo amigo suyo quien a su vez recogió el comentario en su diario, que «los gitanos son los que me han inspirado mi mejor obra... el *Romancero*. Es de todas la que más me satisface. Quizá la única a la que no le encuentro fallas»[55]. ¿Será exacta la frase? No importa: tenemos la obra que ofrece su propio testimonio inconfundible.

Lorca escribiría poco después un libro de poesía escalofriante, una visión aterradora de la modernidad, del mundo tecnológico en el que vivimos todos ahora. Su visión milenaria y mítica, profunda y hierática, de *Poema del Cante Jondo*, del *Romancero gitano* y de las conferencias que explican todos estos temas, vienen de un mundo que ya no nos pertenece como cuando Lorca escribió durante aquel paréntesis de fechas fatales que fue su corta vida.

El mundo ha cambiado más desde 1936 que desde Gerión a Manuel Torre. Lo que ha recogido Lorca en estas obras constituye uno de los mejores legados de *aquel* mundo: recuerdo para algunos, memoria para menos, tópico de curiosos para otros. El flamenco se sigue cantando y los toros siguen sacrificándose, pero el mundo que los sustentó está en trance de desaparecer: «la cultura de la muerte» —que, como bien explica Salinas, es en realidad la cultura de la vida— se está transformando radicalmente como todos sabemos.

[55] Carlos Morla Lynch, *En España con Federico García Lorca,* Madrid, Aguilar, 1952, págs. 318-319.

Algún día, tal vez demasiado dentro de poco, podríamos ver estos libros de poemas como tesoros antiguos que sacamos del arcano en vez de las joyas vivas que fueron cuando se crearon. El hecho de que es necesario apelar a la psicología, a la historia de la religión, a la historia, a la mitología, a la flamencología, a la antropología cultural entre otras, para explicar el fenómeno de esta poesía de Lorca, es la prueba evidente de ello. Al mismo tiempo es la prueba de su inconfundible y permanente belleza poética y humana.

Ese microcosmos andaluz tratado con el fuego de Prometeo de la poesía lorquiana se universaliza para siempre y aunque desaparezca aquel mundo, nos quedará el testimonio imborrable de algunos de sus mitos poéticos:

¡Oh ciudad de los gitanos!
¿Quién te vio y no te recuerda?
Que te busquen en mi frente.
Juego de luna y arena.

Nuestra edición

Los textos de los poemas de *Poema del Cante Jondo* y *Romancero gitano*, por ser ediciones establecidas por el propio autor, no ofrecen graves problemas. Existen tres tipos de textos: los primitivos, que incluyen los autógrafos que él enviaba en cartas a sus amigos, algunas publicaciones en revistas y sobre todo, los publicados por Rafael Martínez Nadal[1]; los princeps de Revista de Occidente y Ed. Ulises[2]; y la más perfilada última versión de Aguilar[3]. Los cambios y variantes observados entre los primitivos y los princeps no aclaran definitivamente como para establecer los textos. Los princeps deberían ser definitivos pero contienen obvios errores. Por otro lado, la versión de Aguilar que podría ser la definitiva también adolece de errores y ha efectuado ciertos cambios que no nos parecen justificados.

Como nuestra tarea ha sido tanto la de establecer los textos, como la de aclararlos —cuando fuese posible—, y dar la historia del poema cuando tuviese interés, hemos hecho constar cuando existe una diferencia entre un texto de Revista de Occidente o de Ulises y el de Aguilar, y hemos establecido la versión que nos parece correcta dando además nuestro criterio de selección. Las demás notas están para aclarar alusiones, dar posibles fuentes y mostrar hasta dónde Lorca se basó en Andalucía, en su arte, en su historia milenaria, y en las más universales fuentes de inspiración poética para crear estos clásicos de la poesía española.

---

[1] Federico García Lorca. *Autógrafos I: poemas y prosas*, Oxford, The Dolphin Book Co., 1975, págs. 4-27 y 138-203.

[2] *Primer Romancero gitano*, 1924-1927, Madrid, Revista de Occidente, 1928 y *Poema del Cante Jondo*, Madrid, Ulises, 1931.

[3] *Federico García Lorca, Obras completas*, 18.ª edición, Madrid, 1974, págs. 151-241, y 391-442.

Bibliografía

LIBROS

1. Alonso, Dámaso: *Poetas españoles contemporáneos*, Madrid, Gredos, 3.ª ed. aumentada, 1965.

   Colección de ensayos sobre poesía española contemporánea. Bajo el título «Una generación poética» incluye un capítulo con interesantes datos sobre el homenaje a don Luis de Góngora en 1927. También dedica un capítulo a Lorca titulado «Federico García Lorca y la expresión de lo español» donde expresa, entre otros valiosos juicios, que en la poesía de Lorca lo que se descubre «no es el alma del poeta: es el alma de su Andalucía, es el alma de su España» (pág. 264).

2. Alvar, Manuel: *El Romancero-Tradicionalidad y pervivencia*, Barcelona, Planeta, 2.ª ed. corregida y muy aumentada, 1974.

   Bien documentado y penetrante estudio sobre el *Romancero*. Bajo el título «García Lorca en la encrucijada», dedica un excelente capítulo al «Romance de Tamar y Amnón», donde señala que el ascendente romancesco del poema de Lorca no es la obra de Tirso, sino el elemento tradicional.

3. Álvarez de Miranda, Ángel: *La metáfora y el mito*, Madrid, Taurus, 1963.

   Publicado originalmente con el título de «Poesía y religión» en el tomo II de las obras del autor, este trabajo es indispensable por su comparación entre el simbolismo de religiones arcaicas y la obra lorquiana. Es un estudio incompleto, pero hondamente sugerente.

   De especial interés para nuestra edición son los estudios que hace del tema de la muerte y la relación de la luna con la muerte, la sangre, la fecundidad y los ritmos cósmicos.

4. Auclair, Marcelle: *Vida y muerte de García Lorca*. Título de la primera edición en francés: *Enfances et mort de García Lorca*, 1968. Primera edición en español (traducción de Aitana Alberti), México, D. F., Biblioteca Era, 1972.

Importante estudio de la vida y obra de Lorca. Contiene un excelente capítulo sobre el *Romancero gitano*. De este libro dice:

«Sus romances son tan sencillos de forma como los antiguos —versos asonantados de ocho sílabas— pero ¡cuánto más cargados de sensualidad y de misterio! De apariencia límpidos, están saturados de sales y cristales milenarios y de las inquietudes del tiempo presente.

La razón por la cual el poeta ha elegido el romance es bien clara; éste arraiga en una tradición de la que posee, más que el conocimiento, el instinto genial» (pág. 146).

5. Barea, Arturo: *Lorca, el poeta y el pueblo*, Buenos Aires, Losada, 1956.

Estudio sobre los temas poéticos de Lorca, según se manifiestan en varios de sus poemas y obras teatrales. Dice que «en su *Poema del Cante Jondo*, un ciclo de poemas escrito para transmitir tanto el ritmo como el espíritu del cante jondo de los gitanos andaluces, Lorca puso el símbolo de una vida alegre, lado a lado del símbolo de una muerte miserable» (pág. 92). También expresa que cuando algunos de sus poemas del *Romancero gitano* eran ya famosos y el libro no se había publicado todavía «Lorca se rebelaba contra el destino que le amenazaba con encontrarse atado a un estilo "viejo andaluz" y clasificado como un poeta de "color local"» (pág. 124).

6. Berenguer Carisomo, Arturo: *Las máscaras de Federico García Lorca*, Buenos Aires, Editorial Universitaria de Buenos Aires, 2.ª ed. corregida y aumentada, 1969.

Estudio no muy extenso, pero interesante, de la obra lorquiana. Dedica un capítulo al *Romancero gitano* en el que señala que: «Lo genial del *Romancero gitano* radica en que dice algo cierto del dolor universal y en que ese dolor se plasma dentro del más puro de los moldes populares» (pág. 43).

7. Bousoño, Carlos: *Teoría de la expresión poética*, Madrid, Gredos, 4.ª ed. muy aumentada, 1966.

Estudio clásico de leyes, teorías y procedimientos de la creación poética. Dedica un interesante capítulo al recurso poético que llama «desplazamiento calificativo», cuyo conocimiento es imprescindible para la mejor comprensión de la poesía lorquiana.

8. Correa, Gustavo: *La poesía mítica de Federico García Lorca,* Madrid, Gredos, 1970.

   Publicado originalmente en 1957 por la *University of Oregon Press,* es uno de los primeros estudios sobre los aspectos míticos de la poesía de Lorca.

9. Couffon, Claude: *Granada y García Lorca* (traducción de Bernard Kordon), Buenos Aires, Losada, 1967.

   Narración de varias etapas de la vida de Lorca. Contiene interesantes entrevistas con familiares del autor que aportan datos valiosos sobre la posible procedencia de algunos personajes lorquianos, «en especial Soledad Montoya, y sobre todo el extraordinario Antoñito el Camborio» (pág. 31).

10. Debicki, Andrew P.: *Estudios sobre poesía española contemporánea,* Madrid, Gredos, 1968.

    Interesante estudio de los valores artísticos y humanos de las obras de los poetas de la generación de 1927, que él llama «generación de 1924-1925».

    Dedica un capítulo a la poesía de Lorca donde analiza varios poemas de *Canciones, Primeras canciones* y *Poema del Cante Jondo,* para mostrar cómo el poeta estiliza y transforma la realidad diaria.

11. De Zuleta, Emilia: *Cinco poetas españoles: (Salinas, Guillén, Lorca, Alberti, Cernuda),* Madrid, Gredos, 1971.

    El capítulo dedicado a la poesía de Lorca comprende un valioso estudio de *Poema del Cante Jondo* y *Romancero gitano.* Del primero dice que «los grandes temas del libro se anudan en un motivo central: la muerte. A él se asocian la soledad y la pena y las distintas formas del sentimiento de la muerte: la conciencia del destino ineludible, la espera, la inminencia, el presentimiento» (pág. 209). Del *Romancero gitano* dice que no es la obra mejor de Lorca, pero que «ocupa ya un lugar definitivo dentro de la poesía española de todos los tiempos; su validez proviene de su calidad como creación basada en otro modo de intuición poética de una misma realidad lorquiana unitaria, que se expresa ahora con recursos verbales diferentes» (pág. 228).

12. Díaz Plaja, Guillermo: *Federico García Lorca*, Madrid, Espasa-Calpe, Colección Austral (3.ª ed.), 1961.
   Bien organizado estudio general de la poesía y el teatro lorquianos. Se refiere brevemente a *Poema del Cante Jondo* en el que señala dos características esenciales: «andalucismo radical y voz doliente», pero ese andalucismo no implica paisaje sino «todo lo que hay más allá de la superficie: la raíz de la tierra, y su sentido espiritual» (pág. 109). Dedica un extenso capítulo al *Romancero gitano* con un interesante análisis de este libro.

13. Durán, Manuel (editor): *Lorca. A Colection of Critical Essays,* Englewood Cliffs, New Jersey, Prentice-Hall Inc., 1963.
   Edición de una docena de artículos sobre la obra de Lorca. En la introducción, Durán estudia varios aspectos de la poesía de Lorca y señala la existencia de cuatro períodos en su producción poética.

14. Eich, Cristoph: *Federico García Lorca, poeta de la intensidad,* Madrid, Gredos, versión española de Gonzalo Sobejano, 2.ª ed. revisada, 1970.
   Sugerente trabajo sobre la estructura del tiempo en la obra lorquiana. Dedica especial interés al análisis del poema «La casada infiel».

15. Flys, Jaroslaw M.: *El lenguaje poético de Federico García Lorca*, Madrid, Gredos, 1955.
   Obra de carácter general sobre varios aspectos de la vida y la poesía de Lorca. Aunque no analiza ninguno de los poemas de *Poema del Cante Jondo* y *Romancero gitano* en su totalidad, se refiere a muchas metáforas, símbolos y procedimientos creadores empleados en estos libros.

16. García Lorca, Francisco: *Three Tragedies of Federico García Lorca*, Nueva York, New Directions Paperbook, 1955.

En el prólogo, que se considera ya un estudio clásico del teatro lorquiano, se citan dos interesantes incidentes que revelan el origen de algunos versos del *Romancero gitano*.

17. Gil, Ildefonso-Manuel (editor): *Federico García Lorca. El escritor y la crítica,* Madrid, Taurus, 1973.

    Edición de veintiún artículos sobre la obra poética y teatral de Lorca. Contiene, además, un sugerente prólogo, una cronología para el estudio de Federico García Lorca y algunas críticas aparecidas en la prensa diaria con motivo de los estrenos de las obras dramáticas.

18. Guillén, Jorge: *Federico en persona. Semblanza y epistolario,* Buenos Aires, Emecé, 1959.

    El tono evocador de este libro y los datos que aporta, acercan al lector a la verdadera personalidad de Lorca. El epistolario que se incluye es de especial valor.

19. Henry, Albert: *Les grands poèmes andalous de Federico García Lorca.* (Textes originaux. Traductions françaises, études et notes), Bélgica, *Romanica Gandensia,* vol. VI, 1958.

    Estudio bastante completo, en francés, de *Poema del Cante Jondo, Romancero gitano* y *Llanto por Ignacio Sánchez Mejías.*

20. Higginbotham, Virginia: *The Comic Spirit of Federico García Lorca,* Austin y Londres, University of Texas Press, 1976.

    Aunque afirma que Lorca no puede ser considerado un poeta cómico, esta autora señala varios poemas del *Romancero gitano* y de *Poema del Cante Jondo* donde, en su opinión, abundan elementos cómicos e irónicos.

21. Honig, Edwin: *García Lorca,* Norfolk, Connecticut, New Directions Books, 1944. Edición en castellano. Barcelona, Laia, 1974 (traducción de Ignacio Arvizu Despujol).

    Interesante estudio sobre muchos aspectos de la poesía y el teatro de Lorca. De los poemas de *Poema del Cante Jondo* afirma que «inspirados en las antiguas tradiciones del cante jondo, son a su modo solamente ecos y nuevos ecos de una experiencia cultural mucho más profunda de la que un solo hombre puede esperar abarcar con su única capacidad de visión. Y es precisamente en este punto —en el que el poeta descubre y utiliza la tradición— donde se encuentra a sí mismo, para decirlo de algún modo, por primera vez» (pág. 70).

Refiriéndose al *Romancero gitano* expresa: «En el *Romancero gitano*, Lorca consigue una síntesis singular entre los temas populares y su propia y personal concepción artística. Por ello, se sumergió el poeta en la gran tradición poética española, que mezcla lo viejo con lo nuevo, lo popular con lo sofisticado, lo lírico con lo narrativo. Pero no fué el *Romancero gitano* una simple realización de fines exclusivamente artísticos. El espíritu y la sensibilidad lorquianas se encontraban todavía anhelantes e insatisfechos como ocurre en todo poeta que siente el peso de la "canción que no he de cantar". Lorca no limitaba su interés a los elementos populares de la cultura andaluza. En su infatigable búsqueda de la conjunción entre los hábitos de una percepción cultural añeja y los valores de un mundo nuevo, se sentía obligado a experimentar de manera incesante formas diferentes» (pág. 87).

22. Lara Pozuelo, Antonio: *El adjetivo en la lírica de Federico García Lorca,* Barcelona, Ariel, 1973.

Es un estudio de la importancia expresiva del adjetivo en la poesía lorquiana. Contiene clasificaciones de los adjetivos según son empleados en *Poema del Cante Jondo*, *Primeras canciones, Canciones* y *Romancero gitano*.

23. Marín, Diego: *Poesía española: estudios y textos (Siglos XV al XX)*, Nueva York, Las Americas Publishing Co., 1962.

Texto sobre poesía española que incluye un capítulo dedicado a Lorca. Son de interés, sobre todo para estudiantes de habla inglesa, las notas explicativas a algunos de los poemas de esta edición.

24. Martínez Nadal, Rafael: *El público. Amor, teatro y caballos en la obra de Federico García Lorca*, Oxford, The Dolphin Book Company Ltd., 1970.

Contiene un cuidadoso y bien razonado estudio del

tema del amor en la obra de Lorca. Afirma que: «Más que tema, es el amor en la obra de Lorca actitud vital, principal ángulo de enfoque del poeta, centro y eje de su personalidad humana y artística, evidente no sólo en los personajes que ha creado para moverse en escena o vivir en el poema, sino en la hermandad con que trata a todos los animales que pueblan el gran bestiario de su obra, amor que extiende a árbol, planta, yerba, o mero elemento» (pág. 133).

Una posterior edición, *El público. Amor y muerte en la obra de Federico García Lorca*, México, Joaquín Mortiz, 1974, incluye «La muerte en la obra de García Lorca», un importante ensayo sobre la falta de sentido religioso ortodoxo en la obra del poeta.

25. Martínez Nadal, Rafael: *Federico García Lorca. Autógrafos I: poemas y prosas*, Oxford, The Dolphin Book Company Ltd., 1975.

Valiosa colección de facsímiles y transcripciones de borradores de poemas de *Poema del Cante Jondo, Romancero gitano* y *Poeta en Nueva York*, con inclusión de quince poemas que hasta ahora estaban inéditos.

Como bien dice Martínez Nadal, «el excepcional interés de estos manuscritos radicará siempre en ese descubrirnos al artista en el momento mágico de la creación poética, o en el más sereno, no menos fascinante, de la revisión» (pág. xi).

26. Monleón, José: *García Lorca: Vida y obra de un poeta*, Barcelona, Aymá, 1974.

Contiene acertados juicios de la poesía y el teatro lorquianos. Define la conciencia mítica de Lorca como un modo de aprehender la realidad distinto al habitual y afirma que «Lorca siente su existencia en el mundo, su relación con las plantas, con los ríos, con los astros, con la muerte, con la luz, con el silencio, como un hecho vivo, como una interrogación a la que es preciso dar una respuesta poética» (pág. 81).

27. Ramos-Gil, Carlos: *Claves líricas de García Lorca*, Madrid, Aguilar, 1967.

Examina cuidadosamente los ingredientes del mundo

poético lorquiano; estudia la poesía desde dentro, indagando en los signos y símbolos y escudriñando en el modo de creación poética de Lorca.

Aunque no dedica ensayo al *Poema del Cante Jondo* ni al *Romancero gitano*, interesantes citas, juicios e interpretaciones de poemas de estos libros abundan a lo largo del estudio.

28. Rodrigo, Antonina: *García Lorca en Cataluña*, Barcelona, Planeta, 1975.

Libro bien documentado sobre las visitas de Lorca a Cataluña que contiene, entre otros detalles de valor, expresiones del entusiasmo que sintió el público catalán por la lectura de poemas del *Romancero gitano*. Incluye interesantes fotografías, facsímiles, cartas y testimonios de personas que conocieron a Lorca.

29. Rozas, Juan Manuel: *La generación del 27 desde dentro*, Madrid, Ediciones Alcalá, 1974.

Es una valiosa colección de documentos de la generación de 1927, seleccionados con un sentido pedagógico y orgánico.

30. Salinas, Pedro: *Ensayos de liteartura hispánica*, Madrid, Aguilar, 2.ª ed., 1961.

El capítulo «García Lorca y la cultura de la muerte» es un ensayo cabal sobre la reiterada temática de la muerte en el arte español y específicamente en la obra literaria de Lorca, del que dice que su reino poético «luminoso y enigmático a la vez, está sometido al imperio de un poder único y sin rival: la Muerte. Ella es la que se cela, y aguarda su momento, detrás de las acciones más usuales, en los lugares donde nadie la esperaría» (pág. 389).

31. Stanton, Edward F.: *The Tragic Myth: Lorca and «Cante Jondo»*, Lexington, Kentucky, The University of Kentucky Press, en prensa.

Sugerente estudio que analiza la importancia del mundo del cante jondo en la obra de Lorca con énfasis en *Poema del Cante Jondo* y *Romancero gitano*. Se publicará en 1977 ó 1978.

32. Valente, José Ángel: *Las palabras de la tribu*, Madrid, Siglo XXI, 1971.

Estudio sobre la creación poética. Contiene un pequeño pero interesante capítulo «Lorca y el caballero solo», donde estudia la sustancia mítica de la obra de Lorca. «Es difícil —dice— dar un paso por la obra de Lorca sin sentir la gravitación del ritual, del símbolo, de las señales que remiten desde el espacio recién aparecido o recién creado al espacio primordial o al origen, donde mito e historia se unifican» (pág. 117).

33. Young, Howard T.: *The Victorious Expression*, Madison, Wisconsin, The University of Wisconsin Press, 1966.

El capítulo «The Magic of Reality» es una buena introducción al conocimiento de la poesía lorquiana para el estudiante de habla inglesa.

ARTÍCULOS

1. Alberti, Rafael: «García Lorca», fascículo catorce de *El mundo contemporáneo,* (publicado originalmente en Italia por Compagnia Edizioni Internazionali S.p.A., Roma-Milán), Buenos Aires, Centro Editor de América Latina S. A., 1968.
   Es una biografía de Lorca con valioso material gráfico. Señala, entre otros aspectos de interés, cómo García Lorca no abandonó nunca su primera vocación musical, sino que ésta «le sirvió para unirla a su recién despierto don poético y para que en algunos de los momentos más subidos de su lírica o de su teatro, música y poesía pareciesen como una sola rama, trayendo así una gracia, una fuerza, un temblor, algo especial y nuevo que llegó a motivar uno de los mayores atractivos de la obra lorquiana» (pág. 145).

2. Allué y Morer, Fernando: «Federico García Lorca y los "Romances gitanos"», *Revista de Occidente*, núm. 95, (1971), págs. 229-239.
   Interesante artículo que explica las variantes que tuvieron los poemas «San Miguel», «Prendimiento de Antoñito el Camborio» y «Preciosa y el aire», en relación con su primera publicación en la revista *Litoral* de Málaga en 1926.

3. Alonso, José M.: «Más sobre el "Romance sonámbulo" de García Lorca», *Pacific Northwest Conference on Foreign Languages (Proceedings)*, vol. XXIV, (1973), págs. 130-135.
   Estudio de interpretación de algunas imágenes del «Romance sonámbulo».

4. Blanquat, Josette: «La lune manichéene dans la mythologie

du *Romancero gitano*», París, *Revue de Literature Comparée*, (1964), págs. 376-399.

Señala el uso de mitos griegos en poemas del *Romancero gitano*. Es interesante la explicación a los poemas «Romance de la luna, luna» y «Romance del emplazado».

5. Caffarena Such, Ángel: «Federico García Lorca y las distintas ediciones del *Romancero gitano*, *La Estafeta Literaria*, núm. 362, (1967), págs. 8-9.

   Compara las versiones de «Preciosa y el aire», «San Miguel» y «Prendimiento de Antoñito el Camborio», en su publicación en *Litoral* y en el *Primer Romancero gitano* de Revista de Occidente.

6. Cano Ballesta, Juan: «Una veta reveladora en la poesía de García Lorca», *Romanische Forschungen*, LXXVII, 1965. Incluido en Ildefonso-Manuel Gil: *García Lorca: el escritor y la crítica*, Taurus, 1973, págs. 45-75.

   Enfatiza con acierto la calidad de artista consciente que hay en Lorca y señala cómo —especialmente en el *Romancero gitano*— los tiempos de los verbos son manejados cuidadosamente para el logro de la más alta virtualidad expresiva.

7. Chapman, Hugh H., Jr.: «Two Poetic Techniques: Lorca's "Romance de la luna, luna" and Goethe's "Erlkönig"», *Hispania*, vol. XXXIX, núm. 4 (1965), págs. 450-455.

   Aunque el propósito no es establecer influencias ni comparar el valor literario de ambos poemas, este estudio se refiere a las similitudes que existen entre los mismos.

8. Cremer, Victoriano: «Los mundos oscuros de Federico García Lorca y el *Romancero gitano*», *La Estafeta Literaria;* I, núm. 424, 15 de julio de 1969; II, núm. 429, 1 de octubre de 1969; III, núm. 432, 15 de noviembre de 1969.

   Extenso estudio dividido en tres partes, en el que se sugiere que el *Romancero gitano* constituye un tratado del sentido de la muerte del español, que «es, entre los europeos, el verdadero ser para la muerte». Y agrega: «Nadie con más profunda intuición alcanzó a penetrar en este secreto a voces que Federico. Ni tampoco nadie —salvo quizá Unamuno— estuvo tan empapado, tan transido, tan soliviantado por el presentimiento de la muerte como García Lorca» (núm. 429, pág. 6).

9. Darmangeat, Pierre: «Essai d'interprétation de *Romance sonámbulo*», *Les Langues Neo-Latines*, París, vol. L, núm. 136, (1956), págs. 1-11.
   Analiza el poema con bastantes detalles y señala posibles antecedentes a varios versos.

10. DeLong-Tonnelli, Beverly J.: «The Lyric Dimension in Lorca's "Romance sonámbulo"», *Romance Notes*, vol. 12, páginas 289-295.
    Analiza, entre otros aspectos, el valor simbólico del color verde. Asegura que el poema es fundamentalmente lírico, que no tiene argumento y que tratar de encontrarle argumento significa leerlo mal.

11. DeLong, Beverly J.: «Mythic Unity in Lorca's Camborio Poems», *Hispania,* vol. 52, (1969), págs. 840-845.
    Señala el sistema de contrastes y antítesis que dan unidad mítica a los poemas «Prendimiento de Antoñito el Camborio en el camino de Sevilla» y «Muerte de Antoñito el Camborio».

12. Fernández Almagro, Melchor: «Federico García Lorca: *«Romancero gitano»*, *Revista de Occidente*, núm. 21, (1928), págs. 373-378.
    Escrito a raíz de la publicación del *Primer Romancero gitano* por la *Revista de Occidente*, este artículo destaca la unión de los elementos líricos y narrativos, de lo viejo con lo reciente y de lo popular con lo culto que caracteriza el libro.

13. Forster, Jeremy C.: «Aspects of Lorca's St. Christopher», *Bulletin of Hispanic Studies*, XLIII, págs. 109-116.
    Estudio bien documentado donde se muestran los antecedentes populares, religiosos y mitológicos de San Cristobalón, que dan base a la «recreación» del mito que utiliza Lorca en «Preciosa y el aire».

14. Forster, Jeremy C.: «El caballista de Lorca», *Romance Notes*, vol. 9, págs. 23-30.

Trata de las dos acepciones de la palabra *caballista* y señala que Lorca usa este término en «La monja gitana» y en «San Gabriel» en «el sentido especial y andaluz: el bandolero a caballo de las serranías del sur, ese bandolero pintoresco que se presenta en las páginas de "El ruedo ibérico" de don Ramón» (pág. 28).

15. Forster, Jeremy C.: «Posibles puntos de partida para dos poemas de Lorca», *Romance Notes*, vol. 11, págs. 498-500.

    Se refiere al origen de los tres primeros y los tres últimos versos del poema «La casada infiel», según la anécdota referida por Francisco García Lorca y sugiere que el posible origen de la primera estrofa de «Prendimiento de Antoñito el Camborio en el camino de Sevilla» está en los versos de un conocido «vito».

16. García Lorca, Francisco: «Verde», en Pincus, Sigele, Rizel y Gonzalo Sobejano, (eds.) *Homenaje a Casalduero: Crítica y poesía. Ofrecido por sus amigos y discípulos*, Madrid, Gredos, 1972, págs. 135-139.

    Interesante artículo que analiza el encanto, la intensidad y el misterio del verso inicial del «Romance sonámbulo».

17. Glasser, Doris Margaret: «Lorca's "Burla de Don Pedro a caballo"», *Hispania*, vol. XLVII, (1964), págs. 295-301.

    Estudia la relación temática del poema «Burla de Don Pedro a caballo» con sus antecedentes históricos y analiza sus imágenes.

18. González Muela, J.: «Concentración expresiva en F. G. Lorca», *Modern Languages*, vol. XXXVI, núm. 3 (1955), páginas 99-101.

    Se refiere a la precisión expresiva de Lorca y da un buen ejemplo en el análisis que hace de «La monja gitana».

19. Gullón, Ricardo: «García Lorca y la poesía», *Ínsula*, núm. 100-101, (1954), pág. 7.

    Afirma que la sensibilidad lorquiana recogió en el *Poema del Cante Jondo* y en *Romancero gitano*, el doloroso conflicto entre la alegría del poeta y su sentido de la muerte.

20. Laín Entralgo, Pedro: «Poesía, ciencia y realidad», *Cuadernos Hispanoamericanos*, núm. 31, (1952), págs. 13-30.

Es un estudio de la expresión de la realidad por el poeta y por el hombre de ciencia. Tiene interés para nuestro trabajo el capítulo «García Lorca, o la intuición sensorial de la realidad», especialmente por la referencia que hace a metáforas del poema «Reyerta».

21. López Landeira, Richard: «La zeugma, figura de dicción en la poesía de Federico García Lorca», *Romance Notes*, vol. 11 (1969), págs. 21-25.

Apunta la existencia de esta construcción sintáctica en los poemas «La casada infiel» y «La pena negra» del *Romancero gitano* y en «El silencio» de *Poema del Cante Jondo*.

22. López-Morillas, Juan: «García Lorca y el primitivismo lírico: reflexiones sobre el *Romancero gitano*», *Cuadernos Americanos*, vol. IX, núm. 5, (1950), págs. 238-250.

Sugerente artículo sobre los temas del *Romancero gitano*. «Hablando con propiedad —dice— la poesía de García Lorca dramatiza el conflicto entre el mito primitivo y la idea moderna» y añade: «Es en el gitano donde debemos buscar la clave para descifrar el primitivismo del poeta» (pág. 243).

23. Loughran, David: «Myth, the Gypsy, and Two "Romances históricos"», *Modern Languages Notes*, núm. 87, (1972), páginas 253-271.

Trata de establecer el lazo que hay entre los romances históricos y el espíritu general del *Romancero gitano*. Intrepreta los poemas «Thamar y Amnón» y «Martirio de Santa Olalla» como alegorías de fuerzas cósmicas.

24. Predmore, Richard L.: «Simbolismo ambiguo en la poesía de García Lorca», *Papeles de Son Armadans*, vol. 64, (1971), págs. 229-240.

La tesis sostenida en este trabajo es que la ambigüedad en los símbolos de la poesía de Lorca «es una necesidad artística, porque corresponde a las realidades psíquicas que el poeta perseguía expresar» (pág. 231).

25. Rodríguez, Alfred y Tomlins, Jack E.: «Notas para una relección del *Romancero gitano*», *Romance Notes*, vol. 15, páginas 541-545.

Establecen antecedentes populares que pueden haber sido puntos de arranque en Lorca para la creación de los poemas «Preciosa y el aire» y «Prendimiento de Antoñito el Camborio» y señalan el peligro «que se corre siempre que se intenta analizar a Lorca sin referencia explícita a ese fondo popular que tantas veces nutre su poesía» (pág. 545).

26. Scobie, Alex: «Lorca and Eulalia», *Arcadia*, vol. 9, páginas 290-298.

Es un buen estudio del poema «Martirio de Santa Olalla» que compara detalladamente con el poema «Peristephanon 3», de Prudencio.

27. Sibbald, Katherine: «Federico García Lorca's Original Contributions to the Literary Magazines in the Years 1917-1937», *García Lorca Review*, vol. II, núms. 1 y 2, Brockport, Nueva York, 1974.

El seminario *García Lorca* de la «Modern Language Association» de EE.UU. está compilando una bibliografía de la obra lorquiana. El ensayo de Katherine Sibbald es una importante aportación a esa ardua tarea que seguirá publicando la *García Lorca Review*.

28. Soria, Andrés: «El gitanismo de Federico García Lorca», *Ínsula*, año 4, núm. 45, pág. 8.

Afirma que Lorca supo captar de los gitanos «su valor de depositarios de la tradición y de voceadores de ella con un amaneramiento especial. Y así pudo elevarlos a la categoría de símbolos, acaso regionales, pero de una región en la cual... lo castellano se ha conservado en su vigor arcaico y se transforma cada día en matices penúltimos».

29. Spitzer, Leo: «Notas sintáctico-estilísticas a propósito del español *que*», *Revista de Filología Hispánica*, vol. IV, núm. 2, 1942, págs. 105-265.

Es de interés, sobre todo, el análisis que hace del uso del *que* en los poemas «Sorpresa», «La casada infiel» y «Romance sonámbulo».

30. Zardoya, Concha: «La técnica metafórica de Federico

García Lorca», *Revista Hispánica Moderna*, vol. XX (1954), págs. 295-326.

Contiene una catalogación de metáforas intervalentes y polivalentes de la poesía de Lorca. Refiriéndose específicamente a los términos intervalencia y polivalencia, dice que en la poesía lorquiana «astros, flora, fauna, hombres y cosas participan de una esencia común que los hace identificarse entre sí y equivalerse (...). A causa de tal polivalencia metafórica, de tal panteísmo reversible, Lorca no es ese «andaluz profundo», sino que es un poeta universalísimo al darnos en su obra esta total comunión cósmica, esa plenitud de ser y existir en todas sus formas (pág. 310).

POEMA DEL CANTE JONDO

Baladilla de los tres ríos*

A Salvador Quintero**

---

* En gran parte de la obra de Lorca existe una preocupación por la geografía andaluza, sobre todo por lo que podríamos llamar la geografía comparada. Los puntos de comparación son casi siempre Sevilla y Granada. A veces, entra Córdoba, Málaga u otra ciudad. Pero Sevilla y Granada, capitales de Andalucía la baja y Andalucía la alta, Andalucía occidental y Andalucía oriental, forman un contraste permanente a lo largo de su obra poética. Este poema representa la comparación de las dos ciudades desde un punto de vista histórico-sentimental. Es posterior a 1921 y viene a formar una especie de prólogo poético. Para una discusión de las dos Andalucías, véase Ricardo Molina, *Misterios del arte flamenco*, págs. 113-114.

Fue publicado por primera vez en *Horizonte Arte, literatura, crítica*, Madrid, núm. 5 (1923), pág. 1. Cfr. Katherine Sibbald, «Federico García Lorca's Original Contributions to the Literary Magazines in the Years 1917-1937», *García Lorca Review*, vol. II, núm. 1 (1974), y en el folleto *Antonia Mercé la Argentina*, Nueva York, Instituto de las Españas, 1930, pág. 25. En esta publicación, que recoge los trabajos que se leyeron en la Universidad de Columbia el día 16 de diciembre de 1929 en homenaje a Antonia Mercé, «la Argentina», por Ángel del Río, Gabriel G. Maroto, Federico García Lorca y Federico de Onís, el título del poema es «Balada de los tres ríos».

La primera versión de este poema aparece en la carta que escribió Lorca a Melchor Fernández Almagro, desde «Granada, fines de diciembre 1922». Cfr. Antonio Gallego Morell, (editor): *García Lorca. Cartas, postales, poemas y dibujos*, Madrid, Editorial Moneda y Crédito, 1968, pág. 48.

** Profesor, poeta y terrateniente en Tenerife, era amigo de Lorca y pertenecía —como tantos otros de los «dedicados» del *Poema del Cante Jondo*— a la tertulia que se celebraba en la casa de Carlos Morla Lynch, secretario del embajador chileno, durante este año de 1931 en que se publica el libro de Lorca. Muchas de las dedicatorias parecen ser, por lo tanto, próximas a la fecha de publicación, no de composición.

El río Guadalquivir
va entre naranjos y olivos
Los dos ríos de Granada
bajan de la nieve al trigo.

¡Ay, amor   5
que se fue y no vino!

El río Guadalquivir
tiene las barbas granates.
Los dos ríos de Granada,
uno llanto y otro sangre.   10

¡Ay, amor
que se fue por el aire!

Para los barcos de vela
Sevilla tiene un camino;
por el agua de Granada   15
sólo reman los suspiros.

3-4 Los dos ríos son el Darro y el Genil. Tienen su origen en la sierra.
La cabecera del Genil se encuentra en varias lagunas en plena Sierra
Nevada, entre Pico Veleta y Mulhacén. El Darro, más al norte, baja
desde la sierra de Yedra para confluir con el Genil en Granada.

10 J. M. Aguirre relaciona este verso con

> Dejando un rastro de sangre.
> Dejando un rastro de lágrimas.

del «Romance sonámbulo», en «El sonambulismo de Federico García
Lorca», en Ildefonso-Manuel Gil, (ed.) *Federico García Lorca. El
escritor y la crítica*, pág. 40.

llanto: en la versión original que envió a Melchor Fernández Almagro
decía *nieve*. El cambio a *llanto* fue introducido en la versión publicada
en el folleto-homenaje a Antonia Mercé, «la Argentina».

13-14 El Guadalquivir es navegable hasta Sevilla.

15-16 Sobre Granada, véase «Granada (Paraíso cerrado para mu-
chos)». Al final surge la inevitable comparación con Sevilla: «Todo
lo contrario que Sevilla. Sevilla es el hombre y su complejo sensual
y sentimental. Es la intriga política y el arco de triunfo. Don Pedro
y Don Juan. Está llena de elemento humano, y su voz arranca lágrimas,
porque todos la entienden. Granada es como la narración de lo que
ya pasó en Sevilla» (I, 940).

¡Ay, amor
que se fue y no vino!

Guadalquivir, alta torre
y viento en los naranjales.   20
Darro y Genil, torrecillas
muertas sobre los estanques.

¡Ay, amor
que se fue por el aire!

¡Quién dirá que el agua lleva   25
un fuego fatuo de gritos!

¡Ay, amor
que se fue y no vino!

Lleva azahar, lleva olivas,
Andalucía, a tus mares.   30

¡Ay, amor
que se fue por el aire!

---

[21] *torrecillas:* en la versión original que hemos mencionado decía
fuentecillas y este cambio también apareció en la publicación de 1930.

Poema de la siguiriya gitana*

A Carlos Morla Vicuña **

PAISAJE

El campo
de olivos
se abre y se cierra
como un abanico.
Sobre el olivar   5
hay un cielo hundido
y una lluvia oscura
de luceros fríos.
Tiembla junco y penumbra
a la orilla del río.   10

---

* Sobre la *siguiriya*, que es cante gitano por excelencia, no hay mejor definición que la del propio Lorca: «Se da el nombre de *cante jondo* a un grupo de canciones andaluzas cuyo tipo genuino y perfecto es la siguiriya gitana» (I, 974).
** «Federico ha publicado un nuevo libro exquisito. Es una recopilación de su *Poema del Cante Jondo*, que data del año 1921. Obra de juventud, en la que consagra afectuosamente las «Siguiriyas» a nuestro hijo, Carlos Morla Vicuña», Carlos Morla Lynch, *En España con Federico*, pág. 65.

Se riza el aire gris.
Los olivos
están cargados
de gritos.
Una bandada   15
de pájaros cautivos,
que mueven sus larguísimas
colas en lo sombrío.

15-18 Cfr. con estos versos de «Café cantante»:

Y en los espejos verdes,
largas colas de seda
se mueven.

LA GUITARRA*

Empieza el llanto
de la guitarra.
Se rompen las copas
de la madrugada.
Empieza el llanto   5
de la guitarra.
Es inútil   *se transforma en*
callarla.   *llanto: metáfora*
Es imposible
callarla.   10
Llora monótona
como llora el agua,
como llora el viento
sobre la nevada.
Es imposible   15
callarla.
Llora por cosas
lejanas.
Arena del Sur caliente
que pide camelias blancas.   20

---

* Edward F. Stanton, «García Lorca and the Guitar», *Hispania,*
vol. 58, núm. 1, (marzo 1975), págs. 52-58, ha estudiado la presencia
de la guitarra en la obra de Lorca. Señala como apropiada la posición
de este poema, puesto que en una *siguiriya* lo primero que se oye es el
rasgueo de la guitarra.

17-20 En su conferencia sobre el cante, Lorca afirma: «...la guitarra
ha construido el cante jondo. Ha labrado, profundizado, la oscura
musa oriental judía y árabe antiquísima, pero por eso balbuciente.
La guitarra ha occidentalizado el cante, y ha hecho belleza sin par,
y belleza positiva del drama andaluz, Oriente y Occidente en pugna,
que hacen de Bética una isla de cultura» (I, 999).

En el manuscrito original cuyo facsímil publica Rafael Martínez
Nadal, suprimió los siguientes versos

            Caminos infinitos
            sin encrucijadas
            nos llevan a las fuentes
            perdidas de las rosas

Cfr. Martínez Nadal, *Autógrafos,* pág. 6.

Llora flecha sin blanco,
la tarde sin mañana,
y el primer pájaro muerto
sobre la rama.
¡Oh guitarra!
Corazón malherido
por cinco espadas.

25

EL GRITO*

La elipse de un grito,
va de monte
a monte.

Desde los olivos
será un arco iris negro   5
sobre la noche azul.

¡Ay!

Como un arco de viola
el grito ha hecho vibrar
largas cuerdas del viento.   10

¡Ay!

(Las gentes de las cuevas
asoman sus velones.)

¡Ay!

---

* Dice Lorca: «La siguiriya gitana comienza por un grito terrible,
un grito que divide el paisaje en dos hemisferios iguales. Es el grito
de las generaciones muertas, la aguda elegía de los siglos desaparecidos,
es la patética evocación del amor bajo otras lunas y otros vientos»
(I, 976).

[7] La siguiriya comienza característicamente con un «grito» como
este «¡Ay!».

EL SILENCIO

Oye, hijo mío, el silencio.
Es un silencio ondulado,
un silencio,
donde resbalan valles y ecos
y que inclina las frentes   5
hacia el suelo.

3-6 Este silencio es muy lorquiano porque tiene cualidades que no
pertenecen al silencio, sino a un silencio mitificado, transformación
que se llevará a cabo en el *Romancero* con el viento, la pena y otros
muchos elementos. Aquí no está del todo personificado como, por
ejemplo el viento en «Preciosa y el aire», pero se ve que el proceso se
inicia.

EL PASO DE LA SIGUIRIYA

Entre mariposas negras,
va una muchacha morena
junto a una blanca serpiente
de niebla.

Tierra de luz,   5
cielo de tierra.

Va encadenada al temblor
de un ritmo que nunca llega;
tiene el corazón de plata
y un puñal en la diestra.   10

¿Adónde vas, siguiriya,
con un ritmo sin cabeza?
¿Qué luna recogerá
tu dolor de cal y adelfa?

Tierra de luz,   15
cielo de tierra.

---

² La personificación de un tipo de cante —aquí la *siguiriya* como
muchacha morena— es una técnica muy típica de este libro, como
apuntamos en nuestro estudio.

⁵⁻⁶ El uso de estribillos es muy frecuente puesto que el libro se basa
precisamente en el cante.

⁸ *ritmo que nunca llega:* una referencia —pero con muchas suge-
rencias poéticas— a que la *siguiriya* no tiene *compás*, es decir, que no
tiene un ritmo marcado como la *soleá*, por ejemplo.

⁹ Para el estudio de los metales en Lorca ver Ramón Xirau, «La rela-
ción metal-muerte en los poemas de García Lorca», *Nueva Revista
de Filología Hispánica*, vol. VII, 1955, págs. 364-371.

¹⁰ *puñal:* muchas siguiriyas tratan de temas violentos, de amores
funestos, de muertes y venganzas. Puñales y puñaladas son mencionados
con frecuencia como en esta *siguiriya* del siglo pasado recogida por
«Demófilo», A. Machado y Álvarez en su *Colección de cantes flamencos*,
Madrid, Ediciones Demófilo, 1975, (la colección es de 1881), pág. 136:

> Siempre en los rincones
> Te encuentro yorando;
> Mala puñalá me den, compañera
> Si te doy mar pago.

DESPUÉS DE PASAR

Los niños miran
un punto lejano.

Los candiles se apagan.
Unas muchachas ciegas
preguntan a la luna,   5
y por el aire ascienden
espirales de llanto.

Las montañas miran
un punto lejano.

---

5 *luna:* la luna es el elemento más frecuente en toda la poesía lor-
quiana. Este mundo gitano del cante sufre continuamente su hechizo
y poder.
8-9 «Tras la seguidilla el hombre y el mundo han quedado transidos
de misterio, de nostalgia, de dolor, de interrogaciones. Tal es el sentido
de las dos breves estrofas, inicial y final, que encuadran el poema y le
dan su sentido completo: niños o montañas miran un punto lejano,
es decir, lo humano y lo natural, lo tierno e indefenso y lo fuerte y
seguro, igualmente vulnerados», dice Emilia De Zuleta en *Cinco poetas
españoles: (Salinas, Guillén, Lorca, Alberti, Cernuda)*, Madrid, Gredos,
1971, pág. 209.

Y DESPUÉS

Los laberintos
que crea el tiempo,
se desvanecen.

(Sólo queda
el desierto.)   5

El corazón,
fuente del deseo,
se desvanece.

(Sólo queda
el desierto.)   10

La ilusión de la aurora
y los besos,
se desvanecen.

Sólo queda el desierto.
Un ondulado   15
desierto.

---

[5] *desierto:* Dice Christoph Eich: «El desierto, el mismo desierto, no es simplemente desierto, todavía se puede decir algo de él. Salta a la vista, y Lorca, si tiene ojos, ha de verlo: el desierto es ondulado, ondulado por el viento, por el tiempo, cuyos eones pasan sobre él. Hasta en este mundo mineral hay tiempo todavía, tiempo que se hace visible en las alteraciones del viento y de la arena. Y siempre hay tiempo, siempre existe el tiempo, incluso allí donde pareciera que había cesado de existir» (*Federico García Lorca, poeta de la intensidad,* Madrid, Gredos, versión española de Gonzalo de Sobejano, 2.ª ed. revisada, 1970, pág. 71).

Poema de la soleá *

A JORGE ZALAMEA **

EVOCACIÓN ***

Tiera seca,
tierra quieta
de noches
inmensas.

(Viento en el olivar,   5
viento en la sierra.)

---

* *Soleá:* otro de los cantes *jondos* por excelencia. Con la *siguiriya* forma la base del cante más serio. Así lo define Caballero Bonald en su excelente estudio *Luces y sombras del flamenco*, pag. 99: «El caudaloso y apasionado reducto de las *soleares* —cuna de otros muchos cantes— constituye el más decisivo balance de creaciones gitanas posteriores a la aparición pública de *tonás* y *seguiriyas*. Sus iniciales manifestaciones debieron producirse al finalizar el primer tercio del XIX y creemos que empezó siendo un cante especialmente concebido en función del baile, derivado de algunos antiguas formas de *jaleo*.»

** Escritor —autor de la obra teatral *El regreso de Eva*— y amigo de Lorca. Es importante la correspondencia lorquiana con él en el año 1928 (véase II. 1231-1237).

*** En la primera edición de Ed. Ulises y, por lo tanto, en ediciones posteriores, este poema se ha publicado sin título. Martínez Nadal ha publicado el facsímil del poema en el que se ve un título entre «La soleá», título de todo el poema, y el poema mismo. Establecemos, pues, como su título correcto el de «Evocación», porque además corresponde exactamente con el sentido poético del poema.

Tierra
vieja
del candil
y la pena.   10
Tierra
de las hondas cisternas.
Tierra
de la muerte sin ojos
y las flechas.   15

(Viento por los caminos.
Brisa en las alamedas.)

---

[10] *pena:* esta es la misma pena que se filtra por los dos libros. Cfr. con
«Romance de la pena negra».

[12] *cisternas:* cisternas, aljibes y pozos casi siempre significan la
muerte en la obra de Lorca. Este sentido funesto se ve claramente en el
«Romance sonámbulo»:

> Sobre el rostro del aljibe,
> se mecía la gitana.
> Verde carne, pelo verde,
> con ojos de fría plata.
> Un carámbano de luna
> la sostiene sobre el agua.

Alcanza su apogeo en «Niña ahogada en el pozo» de *Poeta en Nueva
York*.

PUEBLO *

Sobre el monte pelado
un calvario.
Agua clara
y olivos centenarios.
Por las callejas   5
hombres embozados,
y en las torres
veletas girando.
Eternamente
girando.   10
¡Oh pueblo perdido,
en la Andalucía del llanto!

---

* Fue publicado en el folleto *Antonia Mercé, la Argentina*, con el
título «Pueblo de la soleá».

[1] *monte:* otra referencia al Sacro Monte de Granada.

[12] Lorca emplea a lo largo de su obra ciertos elementos con insis-
tencia casi de refrán, sobre todo al referirse a Andalucía. Algunos de
ellos aparecen en este poema: *olivos, torres, veletas.* Cfr. con estas
frases de su libro primerizo *Impresiones y paisajes* publicado en Granada
en 1918 (la mayoría de los ejemplares que no se vendieron en 1918,
se encuentran en la casa familiar de los Lorca «La Huerta de San Vicen-
te» en las afueras de Granada):

> Por encima del caserío se levantan las notas funerales de los
> cipreses... Junto a ellos están los corazones y las cruces de las
> veletas, que giran pausadamente... (I, 885).

PUÑAL

El puñal
entra en el corazón
como la reja del arado
en el yermo.

      No.   5
No me lo claves.
      No.

El puñal,
como un rayo de sol,
incendia las terribles   10
hondonadas.

      No.
No me lo claves.
      No.

---

[1] Cfr. la nota del verso 10 del poema «El paso de la siguiriya».

[14] Cfr. este poema con «Asesinato» de *Poeta en Nueva York*, especialmente estos versos:

> Un alfiler que bucea
> hasta encontrar las raicillas del grito.

También debe considerarse el final de *Bodas de sangre*:

> Y apenas cabe en la mano,
> pero que penetra frío
> por las carnes asombradas
> y allí se para, en el sitio
> donde tiembla enmarañada
> la oscura raíz del grito.

El puñal es una obsesión a lo largo de la obra de Lorca. Figura en los poemas «Encrucijada» y «Sorpresa» de este libro, igual que en el «Diálogo del Amargo» y en la «Canción de la madre del Amargo». En el *Romancero* aparecen «las navajas de Albacete» en «Reyerta», y los «cuatro puñales» en «Muerte de Antoñito el Camborio». Sobre el significado mítico y obsesivo de puñales y cuchillos en la obra de Lorca, véase el estudio de Álvarez de Miranda, *La metáfora y el mito*, páginas 28-36.

ENCRUCIJADA*

Viento del Este;
un farol
y el puñal
en el corazón.
La calle   5
tiene un temblor
de cuerda
en tensión,
un temblor
de enorme moscardón.   10
Por todas partes
yo
veo el puñal
en el corazón.

---

* Fue publicado con el título «Calle» en *Antonia Mercé, La Argentina*.

3-4 Véase la nota del verso 14 del poema anterior sobre la obsesión con el *puñal*.

6-8 Siempre que tiene ocasión Lorca alude al cante o a algún elemento del cante, como en este caso la guitarra.

14 Este ambiente ya lo había evocado mucho en *Impresiones y Paisajes*, por ejemplo:

> Y las gentes en estos ambientes tan sentidos y miedosos inventan las leyendas de muertos y de fantasmas invernales, y de duendes y de marimantas que salen en las medias noches, cuando no hay luna, vagando por las callejas, que ven las comadres y las prostitutas errantes y que luego lo comentan asustadas y llenas de superstición. Viven en estas encrucijadas el Albaicín miedoso y fantástico, el de los ladridos de perros y de guitarras dolientes, el de las noches oscuras en estas calles de tapias blancas, el Albaicín trágico de la superstición, de las brujas echadoras de cartas y nigrománticas, el de los raros ritos de gitanos... (I, 883).

Este Lorca es más joven, más romántico, más impresionable, pero no cabe duda de que el ambiente es el mismo, sólo que aquí llevado sabiamente a una abstracción poética.

¡AY!

El grito deja en el viento
una sombra de ciprés.

(Dejadme en este campo
llorando.)

Todo se ha roto en el mundo.   5
No queda más que el silencio.

(Dejadme en este campo
llorando.)

El horizonte sin luz
está mordido de hogueras.   10

(Ya os he dicho que me dejéis
en este campo
llorando.)

---

[13] Este poema recuerda una *siguiriya* recogida por «Demófilo» (página 113):

> Ar campito solo
> Me voy a yorá
> Como tengo yena e penas el arma
> Busco soleá.

SORPRESA *

Muerto se quedó en la calle
con un puñal en el pecho.
No lo conocía nadie.
¡Cómo temblaba el farol!
Madre.   5
¡Cómo temblaba el farolito
de la calle!
Era madrugada. Nadie
pudo asomarse a sus ojos
abiertos al duro aire.   10
Que muerto se quedó en la calle
que con un puñal en el pecho
y que no lo conocía nadie.

---

* Según Eduardo Molina Fajardo, Lorca leyó este poema en una
velada del «Centro Artístico» de Granada, el 7 de junio de 1922 y fue
publicado después por *Noticiero granadino*. Véase *El flamenco en
Granada*, pág. 136. En el folleto *Antonia Mercé, la Argentina* tiene
el título de «Copla».

[13] Este poema se basa al parecer en la muerte del gitano de Chauchina,
un pueblo al lado de Fuente Vaqueros, llamado Antoñito el Camborio.
Cfr. la nota al verso 1 de «Prendimiento de Antoñito el Camborio en
el camino de Sevilla». Aquí Lorca ha poetizado esa muerte, pero la
ha combinado con ese extraño anonimato de algún forastero des-
conocido que se encuentra de repente en la calle hecho ya cadáver:

y que no lo conocía nadie.

Viene a ser como el resultado de la obsesión por el puñal. En cuanto
al verdadero gitano, murió así según Couffon, pág. 31: «Vivía de
traficar caballos, y en toda la vega era famoso por ser tan borracho
como hábil jinete. Muchas noches lo veíamos pasar montado en su
caballo, gesticulando, intrépido en su embriaguez, y escapábamos
a toda velocidad. Una mañana lo encontraron muerto en el camino.
Esa noche había bebido más que de costumbre y había caído del caballo.
En su caída su cuchillo que siempre llevaba en la cintura le había
abierto el vientre.»

159

LA SOLEÁ *

Vestida con mantos negros
piensa que el mundo es chiquito
y el corazón es inmenso.

Vestida con mantos negros.

Piensa que el suspiro tierno   5
y el grito, desaparecen
en la corriente del viento.

Vestida con mantos negros.

Se dejó el balcón abierto
y al alba por el balcón   10
desembocó todo el cielo.

¡Ay yayayayay,
que vestida con mantos negros!

---

* En la versión publicada en el folleto *Antonia Mercé, la Argentina*,
tenía los siguientes versos entre las estrofas segunda y tercera:

> Y siente que su deseo
> dura sierpe de retama,
> se le ha enroscado en el cuello.

[1] Este poema es ya la personificación de la *soleá*. Recuerda una
soleá que cita D. E. Pohren en su *Lives and Legends of Flamenco*,
página 97:

> Cuatro soleares de luto,
> cuatro jipíos agoreros...
> cuatro siguiriyas negras,
> iban formando el cortejo...

[9] *el balcón abierto:* recuerda el poema «Despedida» de *Canciones:*

> Si muero,
> dejad el balcón abierto.
>
> El niño come naranjas
> (Desde mi balcón lo veo.)
>
> El segador siega el trigo.
> (Desde mi balcón lo siento.)
>
> ¡Si muero,
> dejad el balcón abierto!

CUEVA *

De la cueva salen
largos sollozos.

(Lo cárdeno
sobre lo rojo.)

El gitano evoca   5
países remotos.

(Torres altas y hombres
misteriosos.)

En la voz entrecortada
van sus ojos.   10

(Lo negro
sobre lo rojo.)

Y la cueva encalada
tiembla en el oro.

(Lo blanco   15
sobre lo rojo.)

---

* «Se trata... de las cuevas del Sacro Monte convertidas en símbolo del centro o del "initium", desde las que el gitano sueña cuanto, sin saberlo, ya trae andado». Cfr. José Ángel Valente, *Las palabras de la tribu,* pág. 120.

ENCUENTRO*

Ni tú ni yo estamos
en disposición
de encontrarnos.
Tú... por lo que ya sabes.
¡Yo la he querido tánto!   5
Sigue esa veredita.
En las manos,
tengo los agujeros
de los clavos.
¿No ves cómo me estoy   10
desangrando?
No mires nunca atrás,
vete despacio
y reza como yo
a San Cayetano,   15
que ni tú ni yo estamos
en disposición
de encontrarnos.

---

«El simple encuentro de dos hombres lleva el signo fatal de la
encrucijada...». Cfr. Gustavo Correa, *La poesía mítica de Federico
García Lorca*, pág. 22.

ALBA*

Campanas de Córdoba
en la madrugada.
Campanas de amanecer
en Granada.
Os sienten todas las muchachas   5
que lloran a la tierna
soleá enlutada.
Las muchachas,
de Andalucía la alta
y la baja.   10
Las niñas de España,
de pie menudo
y temblorosas faldas,
que han llenado de luces
las encrucijadas.   15
¡Oh, campanas de Córdoba
en la madrugada,
y oh, campanas de amanecer
en Granada!

* Cfr. este «Alba» con «La aurora» de *Poeta en Nueva York*, para
apreciar el abismo que hay entre la Andalucía que poetiza y el mundo
moderno de Nueva York visto por Lorca:

La aurora de Nueva York tiene
cuatro columnas de cieno
y un huracán de negras palomas
que chapotean las aguas podridas.

Cfr. las muchachas andaluzas con esa gente extraña que vagabundea
por la metrópoli:

Por los barrios hay gentes que vacilan insomnes
como recién salidas de un naufragio de sangre.

Según Eduardo Molina Fajardo, Lorca leyó este poema en una velada
del «Centro Artístico» de Granada, el 7 de junio de 1922 y fue publicado
después por *Noticiero granadino.* Véase *El flamenco en Granada*,
página 134.
También fue publicado en el folleto *Antonia Mercé, la Argentina*,
con el título «Madrugada».

Poema de la saeta *

A FRANCISCO IGLESIAS **

---

* Todo este «Poema de la saeta» corresponde a la Semana Santa
sevillana que Lorca había presenciado con su hermano, Francisco,
y con Manuel de Falla durante la Semana Santa del año de 1921, como
ha establecido Trinidad Durán Medina, *Federico García Lorca y Sevilla*,
páginas 17-20.

Sobre el origen de la *saeta,* existen muchas teorías. Caballero Bonald
opina que deviene de la *toná*, el cante gitano más antiguo. Para él,
la *saeta* antigua —de la que se han derivado los cantes religiosos actuales
de tanta fama sobre todo en la Semana Santa sevillana— se relacionan
con los antiguos *pregones* sagrados de algunos pueblos sevillanos y de la
serranía gaditana. «Las *saetas* son, sin duda, las *tonás* que han experi-
mentado una más difusa y acelerada evolución con el pasar de los
años; aún conservándose ciertos estilos primitivos, se han llegado a
producir muy artificiosas combinaciones flamencas. El hecho de que
empezaran a cantarse en la Semana Santa, al paso de las procesiones,
no está claro del todo» (pág. 96).

Deben consultarse para una explicación más amplia de esta manifes-
tación religiosa tan *sui generis* Adolfo Salazar, «La saeta» en *Nuestra
música* (Méjico), núm. 21, 1951, págs. 29-41, y Arcadio de Larrea,
«La saeta», *Anuario Musical,* núm. 4, 1949, págs. 105-135. Véase
también Edward F. Stanton, *The Tragic Myth: Lorca and «Cante
jondo»*, Lexington, Kentucky, The University of Kentucky Press,
1977 ó 1978, en prensa, cap. VII. Agradecemos al colega la oportunidad
de citar de su interesante manuscrito. Es de notar que Stanton cree
haber hallado con la ayuda del Prof. Joseph R. Jones, una referencia
a una *saeta* que data de 1678, hallada en un manuscrito precisamente
de Granada. Eduardo Molina Fajardo (págs. 41-42) cree haber en-
contrado referencias específicas de danzas gitanas en Granada desde
1618 y en particular con la fiesta del Corpus en el año 1632.

** Amigo de Lorca y perteneciente al círculo de amigos que se
reunían en casa de los Morla Lynch en Madrid. José Luis Cano en
García Lorca: biografía ilustrada, pág. 71, reproduce un retrato de él,
conocido normalmente como «El capitán Iglesias», por sus grandes
hazañas de aviador (véase Morla Lynch, pág. 787).

ARQUEROS

Los arqueros oscuros
a Sevilla se acercan.

Guadalquivir abierto.

Anchos sombreros grises,
largas capas lentas.   5

¡Ay, Guadalquivir!

Vienen de los remotos
países de la pena.

Guadalquivir abierto.

Y van a un laberinto.   10
Amor, cristal y piedra.

¡Ay, Guadalquivir!

---

[1] *arqueros:* referencia al doble sentido de *saeta.*
[7-8] Estos «remotos países de la pena» son muy típicos de *Poema del Cante Jondo.* En parte creemos que tiene que ver con el origen *remoto,* es decir, lejano en el espacio y remoto en el tiempo de los gitanos. Cfr. con estos versos finales de «Romance de la pena negra»:

> ¡Oh pena de los gitanos!
> Pena limpia y siempre sola.
> ¡Oh pena de cauce oculto
> y madrugada remota!

Cirio, candil,
farol y luciérnaga.

La constelación
de la saeta.

Ventanitas de oro   5
tiemblan,
y en la aurora se mecen
cruces superpuestas.

Cirio, candil,
farol y luciérnaga.   10

---

1 *arqueros*: referencia al doble sentido de *saeta*.
7-8 Estos «remotos países de la pena» son muy típicos de *Poema del Cante Jondo*. En parte creemos que tiene que ver con el origen remoto, es decir, lejano en el espacio y remoto en el tiempo de los gitanos. Cfr. con estos versos finales de «Romance de la pena negra»:

8 Véase el estudio de Edward F. Stanton, *The Tragic Myth: Lorca and «Cante Jondo»*, cap. VII, sobre la dimensión mítica de la cruz y su conexión con la *saeta*. Entre otras cosas cree ver un antiguo rito de *árbol* recordado en estas celebraciones.

SEVILLA

Sevilla es una torre
llena de arqueros finos.

Sevilla para herir.
Córdoba para morir.

Una ciudad que acecha   5
largos ritmos,
y los enrosca
como laberintos.
Como tallos de parra
encendidos.   10

¡Sevilla para herir!

Bajo el arco del cielo,
sobre su llano limpio,
dispara la constante
saeta de su río.   15

¡Córdoba para morir!

[3-4] Antes se comparaban Granada y Sevilla; ahora Sevilla y Córdoba.
No es la única asociación funesta con Córdoba: «Barrio de Córdoba»
trata de la muerte de una niña y «Canción de jinete» de *Canciones*
es ya uno de los poemas más famosos de Lorca:

> Por el llano, por el viento,
> jaca negra, luna roja.
> La muerte me está mirando
> desde las torres de Córdoba.

[15] *saeta de su río*: recuerda la «curva de ballesta» de Antonio
Machado.

Y loca de horizonte,
mezcla en su vino,
lo amargo de Don Juan
y lo perfecto de Dionisio.   20

Sevilla para herir.
¡Siempre Sevilla para herir!

[19-20] Señala con estas alusiones las cualidades sensuales y paganas
de la Semana Santa en Sevilla. Don Juan será una alusión a don Miguel
de Mañara, prototipo del «Don Juan» sevillano.

PROCESIÓN

Por la calleja vienen
extraños unicornios.
¿De qué campo,
de qué bosque mitológico?
Más cerca,   5
ya parecen astrónomos.
Fantásticos Merlines
y el Ecce Homo,
Durandarte encantado,
Orlando furioso.   10

1-7 «...los encapuchados cofrades se convierten, primero en uni-
cornios —recuerdo de la puntiaguda caperuza— y, vistos de cerca,
en astrónomos, émulos del sabio Merlín, según los conocimos en las
láminas de los libros infantiles», ha escrito Ricardo Gullón: «García
Lorca y la poesía», *Ínsula*, núm. 100-101, abril, 1, 1954, pág. 7.

8 Lorca se refiere a un paso que representa esta escena.

9 *Durandarte encantado:* Durandarte es un personaje de versiones
castellanas de la *materia* carolingia francesa. Durandarte era original-
mente el nombre de la espada de Roldán. *Durandarte encantado* es una
referencia al capítulo XXIII de la segunda parte del *Quijote*, el famoso
episodio de la cueva de Montesinos y el encantamiento que allí tiene
lugar.

10 *Orlando furioso:* Lorca juega con el título del poema de Ariosto:
Orlando furioso. Orlando es también un personaje muy aludido en
el *Quijote.* Lorca juega aquí con conceptos de realidad e ilusión para
dar una idea —una descripción— de la magia, del misterio, de la noche
sevillana de Semana Santa. Nótese qué mezcla de gente —con el
Cristo castizo en medio— emplea Lorca para dar ese ambiente tan
peculiar y único que él llamó «el triunfo popular de la muerte espa-
ñola» (I, 1075).

Virgen con miriñaque,
virgen de la Soledad,
abierta como un inmenso
tulipán.
En tu barco de luces   5
vas
por la alta marea
de la ciudad,
entre saetas turbias
y estrellas de cristal.   10
Virgen con miriñaque,
tú vas
por el río de la calle,
¡hasta el mar!

1-7 «... los encapuchados cortados se convierten, primero en uni-
cornios —recuerdo de la puntiaguda caperuza— y, vistos de cerca,
en astrónomos, émulos del sabio Merlín, según los conocimos en las
láminas de los libros infantiles», ha escrito Ricardo Gullón: «García
Lorca y la poesía», *Ínsula*, núm. 100-101, abril, I, 1954, pág. 7.

8 Lorca se refiere a un paso que representa esta escena.

9 *Durandarte encantado*: Durandarte es un personaje de versiones
castellanas de la materia carolingia francesa. Durandarte era original-
mente el nombre de la espada de Roldán. Durandarte encantado es una
referencia al capítulo XXIII de la segunda parte del *Quijote*, el famoso
episodio de la cueva de Montesinos y el encantamiento que allí tiene
lugar.

10 *Orlando furioso*: Lorca juega con el título del poema de Ariosto:
Orlando furioso. Orlando es también un personaje muy aludido en
el *Quijote*. Lorca juega aquí con conceptos de realidad e ilusión para
dar una idea —una descripción— de la magia, del misterio, de la noche.

5 *barco de luces*: el paso de la Virgen con muchas velas encendidas.

14 Sevilla se convierte en un Guadalquivir de celebración popular:
el *paso* del título es el *barco* que navega por el *río* de la *calle*, sobre
la *alta marea* de las calles llenas de gente, hasta el mar.

Cristo moreno
pasa
de lirio de Judea
a clavel de España.
¡Miradlo por dónde viene!   5

De España.
Cielo limpio y oscuro,
tierra tostada,
y cauces donde corre
muy lenta el agua.   10
Cristo moreno,
con las guedejas quemadas,
los pómulos salientes
y las pupilas blancas.

¡Miradlo por dónde va!   15

---

1 Esta Lola debe ser la misma que celebran los hermanos Machado en su La Lola se va a los Puertos. Se cree que «La Lola» fue una cantaora de San Fernando del siglo pasado:

3-4 Nótese lo que señalamos en nuestro estudio —la tendencia de convertirse en andaluces todos los elementos. El Cristo se hace clavel de España y de Sevilla en particular.

5 Este verso viene directamente de varias *saetas*, como, por ejemplo:

    ¡Miradlo por dónde viene,
    el mejor de los nacidos!

Cfr. con la nota al verso 40 de «Preciosa y el aire».
  15 Juega el poeta con su propio uso del verso popular al mismo tiempo que indica el movimiento del paso del Cristo moreno.

BALCÓN

La Lola
canta saetas.
Los toreritos
la rodean,
y el barberillo,   5
desde su puerta,
sigue los ritmos
con la cabeza.
Entre la albahaca
y la hierbabuena,   10
la Lola canta
saetas.
La Lola aquella,
que se miraba
tanto en la alberca.   15

---

[1] Esta Lola debe ser la misma que celebran los hermanos Machado en su *La Lola se va a los Puertos*. Se cree que «La Lola» fue una *cantaora* de San Fernando del siglo pasado:

La Lola se va a los Puertos
y la Isla se queda sola.

El padre de los Machado, A. Machado y Álvarez, «Demófilo», cita esta copla:

A Sebiya ba la Lola,
Consolasión se ba ar Puerto.
La Nena la ejan sola.

para explicar en una nota «La Lola era una cantadora célebre de la Isla» (pág. 32). Sea quien fuese, lo que Lorca poetiza aquí es el lado popular de la Semana Santa. Cfr. con el poema «La Lola».

MADRUGADA

Pero como el amor
los saeteros
están ciegos.

Sobre la noche verde,   5
las saetas
dejan rastros de lirio
caliente.

La quilla de la luna
rompe nubes moradas   10
y las aljabas
se llenan de rocío.

¡Ay, pero como el amor
los saeteros
están ciegos!

---

14 Una vez más Lorca pone énfasis en el elemento amoroso y pagano.
Juntar el dios ciego del amor y los saeteros nos recuerda la alusión a
Don Juan y Dionisio en «Sevilla». Sobresale en Sevilla, para Lorca,
lo hiriente y lo sensual.

Gráfico de la petenera *

A Eugenio Montes **

CAMPANA ***

BORDON

En la torre
amarilla,
dobla una campana.

---

* El cante llamado *petenera* no cabe dentro de lo que normalmente
se considera cante jondo. A lo largo de nuestro estudio hemos evitado
una discusión de términos de flamencología puesto que no es este el
lugar para discutirlos. Pero conviene hacer constar que la *petenera* es
de origen y etimología confusos (para una discusión de estos problemas
véase Ricardo Molina y Antonio Mairena, *Mundo y formas del cante
flamenco,* págs. 316-319). Sin embargo, existen dos razones para su
inclusión aquí. En primer lugar, es un cante que se asocia con una mujer,
casi por excelencia. Así, pues, cabe muy bien dentro del propósito lor-
quiano de personificar a los cantes distintos. Incluso puede haberle
sugerido hasta cierto punto la idea. En segundo lugar, en la época de
Lorca, «La Niña de los Peines» cambió el estilo de este cante e «hizo de
la petenera algo de admirable grandeza, rompiendo el molde primitivo
del cante chico en que fue modelada» (Molina y Mairena, pág. 319).
   Los ocho poemas de *Gráfico de la petenera* fueron publicados en
el folleto *Antonia Mercé, la Argentina.* Los cambios en los títulos
de «Campana», «Las seis cuerdas» y «De profundis» se indican en
dichos poemas.
   ** Eugenio Montes fue amigo también del círculo de Morla Lynch,
Rafael Martínez Nadal, el capitán Iglesias, Salvador Quintero y María
de Maeztu. Morla Lynch (pág. 96) habla de su gran erudición.
   *** Fue publicado con el título «Clamor» en el folleto *Antonia
Mercé, la Argentina.* Una vez más Lorca pone énfasis en el elemento
campana: este poema y el último del «Gráfico» dan como una
entrada musical y un cierre musical. Tanto la *campana* como el *bordón*
del subtítulo prefiguran la muerte de la Petenera.

Sobre el viento
amarillo,   5
se abren las campanadas.

En la torre
amarilla,
cesa la campana.

El viento con el polvo   10
hace proras de plata.

Esos caballos soñolientos
los llevarán,
al laberinto de las cruces
donde tiembla el cantar.
Con siete ayes clavados,
¿dónde irán
los cien jinetes andaluces
del naranjal?

---

1 José Ángel Valente asocia el tema de este poema con el de la
«Canción de jinete» del libro Canciones, (pág. 125). No cabe duda que
estos jinetes son mortales. Constituyen un elemento coral que se puede
apreciar en muchos de estos poemas.

1-8 Los jinetes, como los arqueros que venían de los remotos países
de la pena en «Arqueros», existen más bien en un lugar psíquico que
físico.

9 Esos caballos soñolientos son funestos sobre todo si comparamos
con el sentido de sueño en el «Romance sonámbulo».

11 Ahora las cruces no son meramente cruces, sino un laberinto
de cruces.

CAMINO

Cien jinetes enlutados,
¿dónde irán,
por el cielo yacente
del naranjal?
Ni a Córdoba ni a Sevilla   5
llegarán.
Ni a Granada la que suspira
por el mar.
Esos caballos soñolientos
los llevarán,   10
al laberinto de las cruces
donde tiembla el cantar.
Con siete ayes clavados,
¿dónde irán
los cien jinetes andaluces   15
del naranjal?

1 José Ángel Valente asocia el tema de este poema con el de la «Canción de jinete» del libro *Canciones*, (pág. 125). No cabe duda que estos jinetes son mortales. Constituyen un elemento coral que se puede apreciar en muchos de estos poemas.

1-8 Los *jinetes*, como los arqueros que venían de los remotos países de la pena en «Arqueros», existen más bien en un lugar psíquico que físico.

9 *Esos caballos soñolientos* son funestos sobre todo si comparamos con el sentido de sueño en el «Romance sonámbulo».

11 Ahora las *cruces* no son meramente *cruces*, sino un *laberinto de cruces*.

LAS SEIS CUERDAS *

La guitarra,
hace llorar a los sueños.
El sollozo de las almas
perdidas,
se escapa por su boca   5
redonda.
Y como la tarántula
teje una gran estrella
para cazar suspiros,
que flotan en su negro   10
aljibe de madera.

---

* En la publicación de 1930 recibió el título «La guitarra».

1 Andrew Debicki en *Estudios sobre poesía española contemporá-nea*, Madrid, Gredos, 1968, pág. 207, hace un comentario sagaz so-bre este poema: «...la estilización de la guitarra... sirve para destacar el impacto de la creación artística, para ayudarnos a ver la música de la guitarra no como distracción ni como ejercicio técnico, sino como la actividad vital de expresar valores humanos importantes».

11 Afirma Debicki (pág. 207): «La guitarra expresa significados afectivos que de otra manera quedarían ocultos. Contiene sueños y suspiros, visiones emotivas privadas e intangibles, por medio de su música las convierte en sollozos y en lloro, en emociones expresadas. La imagen del interior de la guitarra como un aljibe y la alusión a las *almas perdidas* subrayan lo informe de los sentimientos todavía no ex presados; la personificación de la guitarra —su hueco es una boca que llora— destaca su papel consciente de dar forma y expresión a estos sentimientos.»

Ese *negro aljibe* es un signo completamente funesto como ya se ha apuntado. Cfr. la nota al verso 12 de «Evocación».

DANZA

DANZA

EN EL HUERTO DE LA PETENERA

En la noche del huerto,
seis gitanas,
vestidas de blanco
bailan.

En la noche del huerto,   5
coronadas,
con rosas de papel
y biznagas.

En la noche del huerto,
sus dientes de nácar,   10
escriben la sombra
quemada.

Y en la noche del huerto,
sus sombras se alargan,
y llegan hasta el cielo   15
moradas.

---

* En la publicación de 1930 recibió el título «La guitarra».

1 Andrew Debicki en Estudios sobre poesía española contemporá-
nea, Madrid, Gredos, 1968, pág. 207, hace un comentario sagaz so-
bre este poema: «...la estilización de la guitarra... sirve para destacar
el impacto de la creación artística, para ayudarnos a ver la música de
la guitarra no como distracción ni como ejercicio técnico, sino como la
actividad vital de expresar valores humanos importantes».

11 Afirma Debicki (pág. 207): «La guitarra expresa significados
afectivos que de otra manera quedarían ocultos. Contiene sueños y
suspiros, visiones emotivas privadas e intangibles, por medio de su
música las convierte en sollozos y en lloro, en emociones expresadas.
La imagen del interior de la guitarra como un aljibe y la alusión a las
almas perdidas subrayan lo informe de los sentimientos todavía no ex-
presados; la personificación de la guitarra —su hueco es una boca que
...»

4 «Las cuerdas de la guitarra... son identificadas a muchachas que
bailan» como ha apuntado Gustavo Correa (pág. 20).

Las cuerdas de la guitarra —símbolo mortífero del poema anterior—
se personifican para ejecutar su pincelado baile, bellísimo, de la muerte.

178

MUERTE DE LA PETENERA *

En la casa blanca muere
la perdición de los hombres.

Cien jacas caracolean.
Sus jinetes están muertos.

Bajo las estremecidas   5
estrellas de los velones,
su falda de moaré tiembla
entre sus muslos de cobre.

Cien jacas caracolean.
Sus jinetes están muertos.   10

---

* Según Molina Fajardo, Lorca leyó este poema en una velada del «Centro Artístico» de Granada, el 7 de junio de 1922. Véase *El flamenco en Granada*, pág. 134.

1-2 Estos versos recuerdan la letra de la *petenera* arquetípica que recopilan Molina y Mairena (pág. 318):

> Quien te puso petenera
> no supo ponerte nombre
> que te debía de haber puesto,
> ¡Soleá tírate al mar!
> que te debía de haber puesto
> la perdición de los hombres.
> Quien te puso petenera
> no supo ponerte nombre.

8 muslos de cobre: cfr. con Soledad Montoya:

> Cobre amarillo, su carne,
> huele a caballo y a sombra

y con los gitanos de «Romance de la luna, luna»:

> Por el olivar venían,
> bronce y sueño, los gitanos.

Largas sombras afiladas
vienen del turbio horizonte,
y el bordón de una guitarra
se rompe.

Cien jacas caracolean.   15
Sus jinetes están muertos.

---

[11] «En "Muerte de la petenera" el ritmo de la "petenera" está
totalmente identificado con una muchacha que muere en medio de
anuncios cósmicos siniestros (largas sombras afiladas)», apunta Correa
(pág. 8).

[13-14] En la primera parte de «Llanto por Ignacio Sánchez Mejías»
que se llama «La cogida y la muerte» leemos:

> Comenzaron los sones del bordón
> *a las cinco de la tarde.*

FALSETA

¡Ay, petenera gitana!
¡Yayay petenera!
Tu entierro no tuvo niñas
buenas.
Niñas que le dan a Cristo muerto   5
sus guedejas,
y llevan blancas mantillas
en las ferias.
Tu entierro fue de gente
siniestra.   10
Gente con el corazón
en la cabeza,
que te siguió llorando
por las callejas.
¡Ay, petenera gitana!   15
¡Yayay penetera!

---

[1] La Petenera era tradicionalmente judía:

> Dónde vas linda judía
> tan compuesta y a deshora.
> —Voy en busca de Rebeco,
> voy en busca de Rebeco,
> que está en la Sinagoga.
> Dónde vas linda judía
> tan compuesta y a deshora.

(Molina y Mairena, pág. 318)

Esta mezcla de lo gitano con lo tradicionalmente judío anticipa la
misma mezcla en «Tamar y Amnón».

DE PROFUNDIS*

Los cien enamorados
duermen para siempre
bajo la tierra seca.
Andalucía tiene
largos caminos rojos.   5
Córdoba, olivos verdes
donde poner cien cruces,
que los recuerden.
Los cien enamorados
duermen para siempre.   10

* En el homenaje a Antonia Mercé tituló este poema «Epitafio».

CLAMOR

En las torres
amarillas,
doblan las campanas.

Sobre los vientos
amarillos,   5
se abren las campanadas.

Por un camino va
la muerte, coronada,
de azahares marchitos.
Canta y canta   10
una canción
en su vihuela blanca,
y canta y canta y canta.

En las torres amarillas,
cesan las campanas.   15

El viento con el polvo
hacen proras de plata.

7-13 Siempre el triunfo de la muerte: aquí aparece *coronada*.

Dos muchachas

A Máximo Quijano *

LA LOLA

Bajo el naranjo lava
pañales de algodón.
Tiene verdes los ojos
y violeta la voz.

¡Ay, amor,   5
bajo el naranjo en flor!

El agua de la acequia
iba llena de sol,
en el olivarito
cantaba un gorrión.   10

¡Ay, amor,
bajo el naranjo en flor!

Luego, cuando la Lola
gaste todo el jabón,
vendrán los torerillos.   15

¡Ay, amor,
bajo el naranjo en flor!

---

* Periodista madrileño, amigo de Lorca.
15 Cfr. con «La Lola» del poema «Balcón». Por los *torerillos* de este
poema y los *toreritos* de aquél, sabemos que es la misma.

AMPARO

Amparo,
¡qué sola estás en tu casa
vestida de blanco!

(Ecuador entre el jazmín
y el nardo.)   5

Oyes los maravillosos
surtidores de tu patio,
y el débil trino amarillo
del canario.

Por la tarde ves temblar   10
los cipreses con los pájaros,
mientras bordas lentamente
letras sobre el cañamazo.

Amparo,
¡qué sola estás en tu casa,   15
vestida de blanco!
Amparo,
¡y qué difícil decirte:
yo te amo!

[8-9] Sobre este *trino amarillo*, véase Carlos Bousoño, *Teoría de la
expresión poética*, Madrid, Gredos, 1966, págs. 89-95. Cfr. además
nuestra nota al verso 62 de «Martirio de Santa Olalla» donde discu-
timos esta figura que Bousoño llama «desplazamiento calificativo».

[12-13] Martínez Nadal cree que esta imagen «prefigura la bordadora
monja gitana del *Romancero*», *Autógrafos*, pág. xvi. Parece que tiene,
sin embargo, un antecedente directo. Según José Mora Guarnido,
existía en la Vega cierta Amparo que prefigura este poema: «Am-
paro sufría el brutal desamparo de un noviazgo inerte, un enamo-
rado indeciso y egoísta que todos los años aplazaba para el siguiente la
boda con vanos pretextos y así la tenía engañada y esperanzada desde
la ya lejana mocedad. En un amorío todavía más desairado y triste
que el de *doña Rosita*, Amparo había perdido su vida y ya no le quedaba
ni el recurso del orgulloso rompimiento.»
Lola y Amparo, dos muchachas. Las dos Andalucías de la mujer:
o *toreritos* o soledad. Prefiguran muchas mujeres lorquianas.

Viñetas flamencas

A MANUEL TORRES, «NIÑO DE JEREZ».
QUE TIENE TRONCO DE FARAÓN *

---

* De Manuel Torre ya hemos hablado —sobre todo de su impor-
tancia simbólica en la estética lorquiana— en nuestro estudio. Ahora
conviene dar unos datos específicos. No se llamó Manuel Torres,
sino Manuel Torre, equivocación, ¿de quién? ¿De Lorca o del editor?
En su autógrafo Lorca escribe Juan Brevas *(Autógrafos*, pág. 59),
pero se corrige en la edición de Ulises. Aquí pone Torres, pero en su
conferencia sobre el duende escribe correctamente Torre. Poco im-
porta: se llamó Manuel Torre, no de apellido sino de apodo, por-
que era muy alto, como su padre que también se llamó Torre. Su nombre
era Manuel Soto Loreto y nació en Jerez en 1878. Fue el mejor *cantaor*
de su época y uno de los grandes de todas las épocas. Dejó —igual
que la «Niña de los Peines»— una profunda huella estilística en el cante.
Hay muchas anécdotas sobre Manuel Torre. Véase D. E. Pohren,
Lives and Legends of Flamenco (págs. 91-97); Molina y Mairena
(págs. 75-76) entre muchos otros.

En cuanto a la dedicatoria, quien lo explica es Rafael Alberti en sus
memorias, *La arboleda perdida*, págs. 265-267. Se trata de una juerga
organizada por Ignacio Sánchez Mejías cuando el viaje del grupo de
la Generación del 27 a Sevilla. Cuenta Alberti:

> Después de unas cuantas rondas de manzanilla, el gitano
> comenzó a cantar, sobrecogiéndonos a todos, agarrándonos
> por la garganta con su voz, sus gestos y las palabras de sus
> coplas. Parecía un bronco animal herido, un terrible pozo
> de angustias.

> Manuel Torres no sabía leer ni escribir; sólo cantar. Pero,
> eso sí, su conciencia de *cantaor* era admirable. Aquella misma
> noche, y con seguridad y sabiduría semejantes a las que un
> Góngora o un Mallarmé hubieran demostrado al hablar de
> su estética, nos confesó a su modo que no se dejaba ir por lo
> corriente, lo demasiado conocido, lo trillado por todos, resu-
> miendo al fin su pensamiento con estas magistrales palabras:

RETRATO DE
SILVERIO FRANCONETTI *

Entre italiano
y flamenco,
¿cómo cantaría
aquel Silverio?

«En el cante jondo —susurró, las manos duras, de madera,
sobre las rodillas— lo que hay que buscar siempre, hasta en-
contrarlo, es el tronco negro de Faraón»; viniendo a coincidir,
aunque de tan extraña manera, con lo que Baudelaire pide
a la muerte capitana de su viaje: *Au fond de l'Inconnu pour
trouver du nouveau!*

¡El tronco negro de Faraón!

Como era natural, de todos los allí presentes fue Federico
el que más celebró, jaleándola hasta el frenesí, la inquietante
expresión empleada por el *cantaor* jerezano. Nadie —pienso
yo ahora— en aquella mágica y mareada noche de Sevilla,
halló términos más aplicables a lo que también García Lorca
buscó y encontró en la Andalucía gitana que hizo llamear en
sus romances y canciones. Cuando en 1931 el poeta de Granada
publica su «Poema del cante jondo», escrito varios años antes,
en aquella parte titulada «Viñetas flamencas», aparece la
siguiente dedicatoria: *A Manuel Torres, «Niño de Jerez»,
que tiene tronco de Faraón.* Las palabras del gran gitano seguían
fijas en su memoria.

Finalmente cabe recordar que Lorca le llamó «el hombre de mayor
cultura en la sangre que he conocido» (I, 1068).

* De Silverio Franconetti y de Juan Breva, Lezama Lima dice,
hablando de Lorca: «De esos grandes maestros de la voz gimiente,
percibe ecos y desdoblamientos de los grandes símbolos de sus hachazos
a la muerte.» Véase José Lezama Lima, «García Lorca: alegría de
siempre contra la casa maldita», La Habana, Consejo Nacional de
Cultura, 1961. Silverio Franconetti (1825-1893), figura extraordinaria
del siglo pasado, fue uno de los *cantores* más grandes de todos los
tiempos. Su padre era italiano de Sevilla; su madre, de Morón de la
Frontera donde creció y aprendió en la fragua de «El Fillo» —*cantaor*
gitano legendario y prototípico, gran conocedor de los cantes de los
Puertos y de Triana— el cante grande. Francisco Ortega Vargas,
«El Fillo», le enseñó a Silverio los cantes más puros que él a su vez había
aprendido de «Tío Luis el de la Juliana» y de «El Planeta», los *cantaores*
más antiguos de los que tenemos noticia. De ese compendio de cantes
y de estilos, Silverio formó su propia manera personal de cantar

La densa miel de Italia   5
con el limón nuestro,
iba en el hondo llanto
del siguiriyero.
Su grito fue terrible.
Los viejos   10
dicen que se erizaban
los cabellos,
y se abría el azogue
de los espejos.
Pasaba por los tonos   15
sin romperlos.
Y fue un creador
y un jardinero.
Un creador de glorietas
para el silencio.   20

Ahora su melodía
duerme con los ecos.
Definitiva y pura.
¡Con los últimos ecos!

---

imprimiendo a los cantes más antiguos su propio sello. *Cantaor* de todos los cantes, dicen que sobresalía en la *siguiriya*. Estableció un «café cantante» en Sevilla —Café Silverio— que llegó a considerarse «cátedra» de cante antes de 1870. Sobre Silverio véase Pohren, *Lives and Legends*, págs. 34-44.

4 Como Silverio no era gitano algunos flamencólogos han querido atribuirle culpa en la «andalucización» y comercialización del cante hacia fines del siglo pasado. Es una cuestión técnica y sin transcendencia para nuestros propósitos. Silverio y Juan Breva del poema próximo no eran efectivamente gitanos aunque el cante de Silverio, no cabe duda, era de procedencia gitana. Lorca poetizó aquí a dos *cantaores payos*, pero dedicó «Viñetas flamencas» al gitano Manuel Torre. Los que se interesen deben consultar Molina y Mairena, páginas 54, 75-76 y 184.

9-14 Demófilo publica esta *siguiriya* en 1881 (pág. 127). Molina y Mairena ya comentaron el hecho, pero sin la fuente ni la copla completa (pág. 76):

JUAN BREVA*

Juan Breva tenía
cuerpo de gigante
y voz de niña.
Nada como su trino.
Era la misma   5
pena cantando
detrás de una sonrisa.
Evoca los limonares
de Málaga la dormida,
y hay en su llanto dejos   10
de sal marina.

> Maresita mía,
> yo no sé por donde
> al espejito donde me miraba
> se le fue el asogue.

En una nota dice Demófilo: «Es muy bonita la metáfora que se emplea en esta conocida copla por la delicada relación tácita que ofrece entre el azogue y la vida. Nosotros traducimos esta metáfora del modo siguiente: —Dejó de existir la persona amada, o dejó de existir su cariño hacia nosotros: se le fue el azogue.»

Lorca obviamente conoció la copla, pero cambia la dimensión poética. Cfr. el efecto poético con estos versos de «La guitarra»:

> Empieza el llanto
> de la guitarra.
> Se rompen las copas
> de la madrugada.

En su conferencia sobre cante, Lorca menciona «el portentoso Silverio Franconetti, que cantó como nadie el cante de los cantes y cuyo grito hacía abrirse el azogue de los espejos» (I, 993).

* Cfr. la primera nota al poema anterior, y también la nota al verso 4. Juan Breva (1835-1915), cuyo nombre era Antonio Ortega, fue el primer *cantaor* famoso de *malagueñas*, cante no propiamente *jondo* sino desarrollado del llamado *fandango grande* de la música folklórica andaluza. Era de tanta fama que cantó en el Palacio Real. Ganó y gastó grandes cantidades de dinero: era el primer «artista» comercial del flamenco. Aunque cantó la *malagueña* con gran pureza, su efecto en el cante puro puede considerarse hasta perjudicial. Natural de Vélez-Málaga, volvió a su tierra natal donde murió en la pobreza. Véase Pohren, *Lives and Legends*, (págs. 50-54).

Como Homero cantó
ciego. Su voz tenía
algo de mar sin luz
y naranja exprimida.   15

Este poema —uno de los más bellos y sugestivos del libro—
ha ocasionado alguna confusión que creemos reside en estos últimos
versos, especialmente en la mención de *largas colas de seda*. Alfredo
de la Guardia parece ser el primero que se equivoca al escribir: «Y luego,
la pintura, el cuadro, como en "Café cantante", donde la *bailaora*
se retuerce en la llama invisible de la danza, poseída por el "duende",
en diálogo mudo con la muerte, que se introduce en su corazón con
estremecimientos fríos y con rubores sangrientos», *García Lorca:
persona y creación*, Buenos Aires, Schapire, 4.ª ed., 1961, pág. 176.
De la Guardia debía haber recordado lo que dijo Lorca en una de sus
últimas entrevistas, «...yo no concibo la poesía como abstracción,
sino como cosa real existente, que ha pasado junto a mí. Todas las
personas de mis poemas han sido» (II, 1013).

Dolores «La Parrala» no fue *bailaora* sino *cantaora* y su diálogo
con la muerte no fue «mudo» sino el grito de una *siguiriya*. Lorca la
recuerda como maestra de la *siguiriya* en su conferencia sobre el cante
(I, 993). Natural del pueblo de Juan Ramón, Moguer (Huelva), según
Fernando de Triana, que actuó con las dos, La Parrala era tan completa
y brillante como «La Niña de los Peines», Véase Pohren, *Lives and
Legends*, págs. 62-63.

En vez de pensar en «la danza de la muerte», los críticos deberían
recordar esta *siguiriya* recogida por Demófilo (pág. 125):

La muerte yamo a voces,
No quiere bení,
Que hasta la muerte tiene, compañera,
Lástima e mí.

LAMENTACIÓN DE LA MUERTE

A MIGUEL BENÍTEZ

CAFÉ CANTANTE*

Lámparas de cristal
y espejos verdes.

Sobre el tablado oscuro,
la Parrala sostiene
una conversación   5
con la muerte.
La llama,
no viene,
y la vuelve a llamar.
Las gentes   10
aspiran los sollozos.
Y en los espejos verdes,
largas colas de seda
se mueven.

pequeño o individual ... el único poema que
tratar de recobrar uno o dos de ellos en 1935 II. 1260-1261).

12 Este estribillo es de significación funesta. Las culebras —alusión
a las culebras, bicho que no se menciona en la Andalucía supersticiosa
por su sentido fatal— son unas «estrellas fugaces» o rayos eléctricos
que lucen en el cielo negro de manera portentosa. Cfr. con lo que dice
Adela en el tercer acto de La casa de Bernarda Alba:

ADELA: ¿Por qué cuando se corre una estrella o luce un re-
lámpago se dice:

Santa Bárbara bendita
que en el cielo estás escrita
con papel y agua bendita?

BERNARDA: Los antiguos sabían muchas cosas que hemos
olvidado.

En un artículo interesante Judith Bull ha mostrado la conexión entre
la muerte del padre de Santa Bárbara (precisamente por un rayo que
Dios le manda, según la leyenda) y los versos que cita Adela. Trae
a colación otra versión también:

Santa Bárbara doncella
líbrame de una centella
y de rayo mal parado.

Para más detalles puede consultarse Allen Josephs «Lorca's Café
Cantante», The Explicator, vol. 35, núm. 1, págs. 28-29.
* Para una discusión interesante sobre la diferencia entre la gene-
ración de 1898 y la de 1927 respecto del flamenco en la que cita otro
poema llamado «Café cantante» —de Pío Baroja nada menos— véase
Molina, Misterios, págs. 47-49.

LAMENTACIÓN DE LA MUERTE

A MIGUEL BENÍTEZ *

Sobre el cielo negro,
culebrinas amarillas.

Vine a este mundo con ojos
y me voy sin ellos.
¡Señor del mayor dolor!   5
Y luego,
un velón y una manta
en el suelo.

---

* Miguel Benítez Inglott. Curiosamente este es el único poema
pequeño o individual que lleva dedicatoria. No es el único poema que
Lorca le dedicó. Véase la interesante correspondencia de Lorca al
tratar de recobrar uno o dos de ellos en 1935 (II, 1260-1261).

1-2 Este estribillo es de significación funesta. Las culebrinas —alusión
a las culebras, bicho que no se menciona en la Andalucía supersticiosa
por su sentido fatal— son unas «estrellas fugaces» o rayos eléctricos
que lucen en el cielo negro de manera portentosa. Cfr. con lo que dice
Adela en el tercer acto de *La casa de Bernarda Alba:*

> ADELA: ¿Por qué cuando se corre una estrella o luce un re-
> lámpago se dice:
>
> > Santa Bárbara bendita
> > que en el cielo estás escrita
> > con papel y agua bendita?
>
> BERNARDA: Los antiguos sabían muchas cosas que hemos
> olvidado.

En un artículo interesante Judith Bull ha mostrado la conexión entre
la muerte del padre de Santa Bárbara (precisamente por un rayo que
Dios le manda, según la leyenda) y los versos que cita Adela. Trae
a colación otra versión también:

> Santa Bárbara doncella
> líbrame de una centella
> y de rayo mal parado.

Cuando consideramos que Martirio acaba de decir refiriéndose a
Adela, «Esta se puso a mirarlas (las estrellas) de modo que se iba a
tronchar el cuello», y que una mentira precisamente de Martirio
—la más celosa— hará que Adela se suicide unos minutos después,
no nos puede caber la menor duda de lo que significan esas *culebrinas*
del poema. Véase «Santa Bárbara and *La casa de Bernarda Alba*»,
Bulletin of Hispanic Studies, vol. XLVII (1970), págs. 117-123.

Quise llegar a donde
llegaron los buenos.   10
¡Y he llegado, Dios mío!...
Pero luego,
un velón y una manta
en el suelo.

Limoncito amarillo,   15
limonero.
Echad los limoncitos
al viento.
¡Ya lo sabéis!... Porque luego,
luego,   20
un velón y una manta
en el suelo.

Sobre el cielo negro,
culebrinas amarillas.

[15-22] Estos versos representan una especie de *Carpe diem* gitano.
Cfr. «Prendimiento de Antoñito el Camborio en el camino de Sevilla»:

> A la mitad del camino
> cortó limones redondos
> y los fue tirando al agua
> hasta que la puso de oro.

[19-20] Lorca poetiza otra vez la presencia de la muerte. Antonio
Lara Pozuelo cree que en este poema «Lorca nos habla de su propia
muerte». Véase su estudio, *El adjetivo en la lírica de Federico García
Lorca,* Barcelona, Ariel, 1973, pág. 31. Quizá sea así, pero creemos
que Lorca emplea la primera persona más bien para dramatizar ese
sentido de muerte trágica que existe en Andalucía y que no está insis-
tiendo en la muerte personal suya. Nos parece retórica más que profecía.

CONJURO

La mano crispada
como una medusa
ciega el ojo doliente
del candil.

As de bastos.   5
Tijeras en cruz.

Sobre el humo blanco
del incienso, tiene
algo de topo y
mariposa indecisa.   10

As de bastos.
Tijeras en cruz.

Aprieta un corazón
invisible, ¿la veis?
Un corazón   15
reflejado en el viento.

As de bastos.
Tijeras en cruz.

5-6 Evidente referencia a la baraja Tarot que se asocia muchas veces con los gitanos y su supuesto poder nigromántico. Más que alusión simbólica, creemos que la alusión responde al afán geometrista de este libro. *Tijeras en cruz* son una vez más la cruz o la encrucijada: cruz que sugiere un poder maléfico y un sino funesto dentro de un ambiente cargado de sentido agorero. De ahí el título: «Conjuro». Cfr. con la nota al verso 14 de «Encrucijada».

MEMENTO

Cuando yo me muera,
enterradme con mi guitarra
bajo la arena.

Cuando yo me muera,
entre los naranjos   5
y la hierbabuena.

Cuando yo me muera,
enterradme si queréis
en una veleta.

¡Cuando yo me muera!   10

---

[10] Este verso —que se repite cuatro veces en un poema de diez versos—
es bastante frecuente en el cante. Demófilo reproduce dos *siguiriyas*
que comienzan así (págs. 190-191):

> Cuando yo me muera
> ¡Qué será de ti!
> Cuando te beas esamparaíta
> Sin calor de mí.

> Cuando yo me muera
> Tendrás que yorá,
> Cuando t'acuerdes lo que t'he querío
> Piedras tirarás.

Y Arcadio Larrea en *El flamenco en su raíz*, pág. 223, escribe lo siguiente:

> Juan Valera confiesa que las playeras le agradaban «a veces»;
> en 1848 escribía un soneto como glosa a la playera que dice:

> Cuando yo me muera
> dejaré encargado
> que con una trenza de tu pelo negro
> me amarren las manos

195

Tres ciudades

A Pilar Zubiaurre

MALAGUEÑA

La muerte
entra y sale
de la taberna.

Pasan caballos negros
y gente siniestra   5
por lo hondos caminos
de la guitarra.

Y hay un olor a sal
y a sangre de hembra,
en los nardos febriles   10
de la marina.

La muerte
entra y sale,
y sale y entra
la muerte   15
de la taberna.

4-7 Debicki hace un comentario agudo sobre este poema: «Varias
veces Lorca describe una canción como si ésta fuera una realidad
concreta. "Malagueña" ofrece un buen ejemplo» (pág. 203). Sabemos
por estos versos que tratamos de un cante, precisamente uno de estos
cantes personificados en mujer que además coincide con el nombre
de una de las tres ciudades. El poema tiene, pues, tres niveles de alusión:
Málaga-ciudad, malagueña-cante hecho mujer-muerte, y la escena de
la taberna que parece «pasar». El tercer nivel —lo que parece pasar—
es lo único que vemos, pero dentro de aquel mundo percibimos los
tres niveles perfectamente.

BARRIO DE CÓRDOBA

TÓPICO NOCTURNO

En la casa se defienden
de las estrellas.
La noche se derrumba.
Dentro, hay una niña muerta
con una rosa encarnada   5
oculta en la cabellera.
Seis ruiseñores la lloran
en la reja.

Las gentes van suspirando
con las guitarras abiertas.   10

7-8 Una vez más, como en el poema anterior, Lorca juega con ni-
veles de realidad. Estos seis ruiseñores —pájaros que aluden a la
muerte— son las seis cuerdas de la guitarra.
9-10 Estos versos confirman precisamente el juego de los versos
anteriores.

BAILE

La Carmen está bailando
por las calles de Sevilla.
Tiene blancos los cabellos
y brillantes las pupilas.

¡Niñas,   5
corred las cortinas!

En su cabeza se enrosca
una serpiente amarilla,
y va soñando en el baile
con galanes de otros días.   10

¡Niñas
corred las cortinas!

Las calles están desiertas
y en los fondos se adivinan,
corazones andaluces   15
buscando viejas espinas.

¡Niñas,
corred las cortinas!

7-8 Referencia a una Medusa muy andaluza, máxime cuando recordamos que la serpiente, como *las culebrinas amarillas* de «Lamentación de la muerte», representa el sino funesto. Cfr. la nota a los versos 1-2 de este poema.

10 Esta Carmen recuerda —o anticipa— en cierto modo a la abuela, María Josefa, de *La Casa de Bernarda Alba*.

Seis caprichos

A REGINO SAINZ DE LA MAZA *

ADIVINANZA DE LA GUITARRA

En la redonda
encrucijada,
seis doncellas
bailan.
Tres de carne   5
y tres de plata.
Los sueños de ayer las buscan,
pero las tiene abrazadas
un Polifemo de oro.
¡La guitarra!   10

---

* Guitarrista y amigo de Lorca y de la familia Dalí. Vino a Cadaqués cuando Lorca estuvo allí de visita con los Dalí en el verano de 1927. «Por las noches —escribe Ana María Dalí— en la terraza, nos ofrece magníficos conciertos», en su *Salvador Dalí, visto por su hermana*, Barcelona, Juventud, 1949, pág. 124.

3 Las seis doncellas recuerdan los seis ruiseñores de «Barrio de Córdoba» y las seis guitarras de «Danza en el huerto de la Petenera». Además son *seis* caprichos.

9 *Polifemo:* hijo de Poseidón y el más famoso de los Cíclopes, era rival de Acis y enamorado de Galatea. Ulises lo cegó. Lorca alude aquí a Polifemo porque tenía un solo ojo en la frente.

CANDIL

¡Oh, qué grave medita
la llama del candil!

Como un faquir indio
mira su entraña de oro
y se eclipsa soñando   5
atmósferas sin viento.

Cigüeña incandescente
pica desde su nido
a las sombras macizas,
y se asoma temblando   10
a los ojos redondos
del gitanillo muerto.

---

³ Orientalismo que alude al supuesto país de origen de los gitanos en el Sind (Pakistán).
¹² Recuerda el niño —también hechizado— del «Romance de la luna, luna» o la niña muerta de «Barrio de Córdoba». Siempre la presencia funesta y muchas veces inexplicada de la muerte.

CRÓTALO

Crótalo.
Crótalo.
Crótalo.
Escarabajo sonoro.

En la araña   5
de la mano
rizas el aire
cálido,
y te ahogas en tu trino
de palo.   10

Crótalo.
Crótalo.
Crótalo.
Escarabajo sonoro.

9-10 Aunque afirma Arcadio de Larrea que los crótalos son de bronce —conocidos en Andalucía desde tiempos romanos por lo menos— y que se siguen usando hoy en Sevilla con el nombre de *chinchines*, no cabe duda que Lorca se refiere a las castañuelas de madera: «trino / de palo». Véase Arcadio de Larrea Palacín, *La canción andaluza*, página 119.

CHUMBERA*

Laoconte salvaje.

¡Qué bien estás
bajo la media luna!

Múltiple pelotari.

¡Qué bien estás   5
amenazando al viento!

Dafne y Atis,
saben de tu dolor.
Inexplicable.

---

* Cacto frecuente en el Sacro Monte y en Andalucía en general.
1 *Laoconte:* (Laocoonte), sacerdote de Apolo, hijo de Priamo y
Hécuba que se opuso a la entrada en Troya del famoso caballo de
madera, sin conseguirlo. Murió, junto con sus dos hijos, ahogado
por dos serpientes enviadas por los dioses. Nótese la similitud del
famoso grupo escultórico de Atenodoro de Rodas con la chumbera.
4 *pelotari:* la forma del cacto —sus múltiples brazos extendidos—
recuerda al jugador de pelota vasca.
7 *Dafne:* hija del río Peneo a quien los dioses convirtieron en laurel
para librarla de Apolo.
Atis: pastor griego amado intensamente por Cibeles. Se mutiló
por haber faltado a la castidad. Su culto, celebrado con grandes fiestas,
instigaba a parecidas mutilaciones.
9 *Inexplicable:* En las dos primeras imágenes del poema Lorca
hace una breve glosa. En la tercera dice *Inexplicable* porque tendría
que extenderse demasiado y por la índole de la comparación. Dafne
sabe del dolor de la chumbera porque al ser tan arisca y no querer
ser tocada por nadie se convirtió en árbol. La chumbera con sus es-
pinas no permite que nadie se le acerque; comparten el dolor de la
soledad. Atis se castró a sí mismo, y Lorca alude a la castración meta-
fórica que sufre la planta cuando se recogen los higos chumbos.

PITA*

Pulpo petrificado.

Pones cinchas cenicientas
al vientre de los montes,
y muelas formidables
a los desfiladeros.   5

Pulpo petrificado.

---

* Planta de hojas radiales grandes, triangulares y terminadas en aguijón, frecuente en el Sacro Monte de Granada.

CRUZ

La cruz.
(Punto final
del camino.)

Se mira en la acequia.
(Puntos suspensivos.)   5

Escena del Teniente Coronel
de la Guardia Civil *

CUARTO DE BANDERAS

TENIENTE CORONEL

Yo soy el teniente coronel de la Guardia Civil.

SARGENTO

Sí.

TENIENTE CORONEL

Y no hay quien me desmienta.

---

* Como se puede apreciar por la fecha al final, 5 de julio de 1925, esta escena y su «Canción del gitano apaleado» no perteneció al grupo original de poemas. Fue añadido después para completar el manuscrito. Según Martínez Nadal, que ayudó a Lorca con la preparación del manuscrito, pasó lo siguiente:

> Puestos a máquina y hecha la selección final, contamos los poemas. Eran cincuenta. «Cincuenta y uno», dijo Federico sacando del bolsillo «Baladilla de los tres ríos»... Le advertí que de todas maneras el libro, tal como había quedado, iba a ser demasiado pequeño...
> . . . .
> —¿Qué te parecería si le añadiéramos dos o tres prosas como la de «El Amargo», que tú conoces?
> Había encontrado la solución que buscaba. De un paquete de manuscritos seleccionó tres prosas: las dos que figuran en «Poema del Cante Jondo» y «Sol y Sombra».
> Luego decidieron quitar «Sol y Sombra» que «pertenecía a un libro de prosas que pensaba hacer sobre el mundo mítico, poético y dramático de la lidia». Véase *Autógrafos*, págs. xiv-xv.

SARGENTO

No.

TENIENTE CORONEL

Tengo tres estrellas y veinte cruces.

SARGENTO

Sí.

TENIENTE CORONEL

Me ha saludado el cardenal arzobispo con sus veinticuatro borlas moradas.

· **SARGENTO**

Sí.

TENIENTE CORONEL

Yo soy el teniente. Yo soy el teniente. Yo soy el teniente coronel de la Guardia Civil.

> *(Romeo y Julieta, celeste, blanco y oro, se abrazan sobre el jardín de tabaco de la caja de puros. El militar acaricia el cañón de un fusil lleno de sombra submarina. Una voz fuera.)*

Luna, luna, luna, luna,
del tiempo de la aceituna.
Carzorla enseña su torre
y Benamejí la oculta.

Luna, luna, luna, luna.
Un gallo canta en la luna.
Señor alcalde, sus niñas
están mirando a la luna.[1]

---

[1] Estos versos de 1925 —época del *Romancero gitano*— parecen tomados directamente de algún poema no incluido en el *Romancero*.

TENIENTE CORONEL
¿Qué pasa?

SARGENTO
¡Un gitano!

> *(La mirada de mulo joven del gitanillo ensombrece y agiganta los ojirris del* Teniente Coronel *de la Guardia Civil.)*

TENIENTE CORONEL
Yo soy el teniente coronel de la Guardia Civil.

GITANO
Sí.

TENIENTE CORONEL
¿Tú quién eres?

GITANO
Un gitano.

TENIENTE CORONEL
¿Y qué es un gitano?

GITANO
Cualquier cosa.

TENIENTE CORONEL
¿Cómo te llamas?

GITANO
Eso.

TENIENTE CORONEL
¿Qué dices?

GITANO

Gitano.

SARGENTO

Me lo encontré y lo he traído.

TENIENTE CORONEL

¿Dónde estabas?

GITANO

En el puente de los ríos.

TENIENTE CORONEL

Pero ¿de qué ríos?

GITANO

De todos los ríos.

TENIENTE CORONEL

¿Y qué hacías allí?

GITANO

Una torre de canela.

TENIENTE CORONEL

¡Sargento!

SARGENTO

A la orden, mi teniente coronel de la Guardia Civil.

GITANO

He inventado unas alas para volar, y vuelo. Azufre
y rosa en mis labios.

TENIENTE CORONEL

¡Ay!

GITANO

Aunque no necesito alas, porque vuelo sin ellas.
Nubes y anillos en mi sangre.

TENIENTE CORONEL

¡Ayy!

GITANO

En enero tengo azahar.

TENIENTE CORONEL *(Retorciéndose)*

¡Ayyyyy!

GITANO

Y naranjas en la nieve.

TENIENTE CORONEL

¡Ayyyyy!, pun, pin, pam. *(Cae muerto)*

> *(El alma de tabaco y café con leche del* Teniente
> Coronel *de la Guardia Civil sale por la ventana.)*

SARGENTO

¡Socorro!

> *(En el patio del cuartel, cuatro guardias civiles
> apalean al gitanillo.)* [1]

---

[1] Esta confrontación simbólica «prepara» la confrontación mítica
de gitanos y guardias del *Romancero*.

CANCIÓN DEL GITANO APALEADO

Veinticuatro bofetadas.
Veinticinco bofetadas;
después, mi madre, a la noche,
me pondrá en papel de plata.

Guardia civil caminera,   5
dadme unos sorbitos de agua.
Agua con peces y barcos.
Agua, agua, agua, agua.

¡Ay, mandor de los civiles
que estás arriba en tu sala!   10
¡No habrá pañuelos de seda
para limpiarme la cara!

5 de julio, 1925.

5-6 Indudable prefiguración de Antoñito el Camborio hasta en sus
versos. Cfr. con estos del «Prendimiento de Antoñito el Camborio»:

Guardia civil caminera
lo llevó codo con codo.

Diálogo del Amargo*

CAMPO

UNA VOZ

>Amargo[1].
>Las adelfas de mi patio.
>Corazón de almendra amarga.
>Amargo.

(Llegan tres jóvenes con anchos sombreros.)

JOVEN 1.º

>Vamos a llegar tarde.

JOVEN 2.º

>La noche se nos echa encima.

JOVEN 1.º

>¿Y ese?

JOVEN 2.º

>Viene detrás.

JOVEN 1.º *(En alta voz)*

>¡Amargo!

---

* Para la historia de este diálogo añadido véase la nota primera de «Escena del Teniente Coronel de la Guardia Civil».

[1] Sobre este «Amargo» y el del «Romance del emplazado» véase la nota al verso 7 del romance.

AMARGO *(Lejos)*
Ya voy.

JOVEN 2.º *(A voces)*
¡Amargo!

AMARGO *(Con calma)*
¡Ya voy!

(*Pausa*)

JOVEN 1.º
¡Qué hermosos olivares!

JOVEN 2.º
Sí.

(*Largo silencio*)

JOVEN 1.º
No me gusta andar de noche.

JOVEN 2.º
Ni a mí tampoco.

JOVEN 1.º
La noche se hizo para dormir.

JOVEN 2.º
Es verdad.

(*Ranas y grillos hacen la glorieta del estío andaluz.
El* Amargo *camina con las manos en la cintura.*)

AMARGO
Ay yayayay.
Yo le pregunté a la muerte.
Ay yayayay.

(El grito de su canto pone un acento circunflejo sobre el corazón de los que le han oído.)

JOVEN 1.º *(Desde muy lejos)*
   ¡Amargo!

JOVEN 2.º *(Casi perdido)*
   ¡Amargooo!

(Silencio)

(El Amargo está solo en medio de la carretera. Entorna sus grandes ojos verdes y se ciñe la chaqueta de pana alrededor del talle. Altas montañas le rodean. Su gran reloj de plata le suena oscuramente en el bolsillo a cada paso.)

(Un Jinete *viene galopando por la carretera.)*

JINETE *(Parando el caballo)*
   ¡Buenas noches!

AMARGO
   A la paz de Dios.

JINETE
   ¿Va usted a Granada?

AMARGO
   A Granada voy.

JINETE
   Pues vamos juntos.

AMARGO
   Eso parece.

JINETE
   ¿Por qué no monta en la grupa?

213

AMARGO

Porque no me duelen los pies.

JINETE

Yo vengo de Málaga.

AMARGO

Bueno.

JINETE

Allí están mis hermanos.

AMARGO *(Displicente)*

¿Cuántos?

JINETE

Son tres. Venden cuchillos. Ese es el negocio.

AMARGO

De salud les sirva.

JINETE

De plata y de oro.

AMARGO

Un cuchillo no tiene que ser más que cuchillo.

JINETE

Se equivoca.

AMARGO

Gracias.

JINETE

Los cuchillos de oro se van solos al corazón. Los de plata cortan el cuello como una brizna de hierba.

AMARGO

¿No sirven para partir el pan?

JINETE

Los hombres parten el pan con las manos.

AMARGO

¡Es verdad!

(El caballo se inquieta)

JINETE

¡Caballo!

AMARGO

Es la noche.

(El camino ondulante salomoniza la sombra del animal.)

JINETE

¿Quieres un cuchillo?

AMARGO

No

JINETE

Mira que te lo regalo.

AMARGO

Pero yo no lo acepto.

JINETE

No tendrás otra ocasión.

AMARGO

¿Quién sabe?

JINETE

Los otros cuchillos no sirven. Los otros cuchillos son blandos y se asustan de la sangre. Los que nosotros vendemos son fríos. ¿Entiendes? Entran buscando el sitio de más calor y allí se paran.

(El Amargo *se calla. Su mano derecha se le enfría como si agarrase un pedazo de oro.)*

JINETE

¡Qué hermoso cuchillo!

AMARGO

¿Vale mucho?

JINETE

Pero ¿no quieres este?

(Saca un cuchillo de oro. La punta brilla como una llama de candil.)

AMARGO

He dicho que no.

JINETE

¡Muchacho, súbete conmigo!

AMARGO

Todavía no estoy cansado.

(El caballo se vuelve a espantar.)

JINETE *(Tirando de las bridas)*
Pero ¡qué caballo este!

AMARGO

Es lo oscuro.

(Pausa)

216

JINETE

Como te iba diciendo, en Málaga están mis tres hermanos. ¡Qué manera de vender cuchillos! En la catedral compraron dos mil para adornar todos los altares y poner una corona a la torre. Muchos barcos escribieron en ellos sus nombres; los pescadores más humildes de la orilla del mar se alumbran de noche con el brillo que despiden sus hojas afiladas.

AMARGO

¡Es una hermosura!

JINETE

¿Quién lo puede negar?

> (*La noche se espesa como un vino de cien años. La serpiente gorda del Sur abre sus ojos en la madrugada, y hay en los durmientes un deseo infinito de arrojarse por el balcón a la magia perversa del perfume y la lejanía.*)

AMARGO

Me parece que hemos perdido el camino.

JINETE (*Parando el caballo*)

¿Sí?

AMARGO

Con la conversación.

JINETE

¿No son aquellas las luces de Granada?

AMARGO

No sé.

JINETE

El mundo es muy grande.

217

AMARGO

Como que está deshabitado.

JINETE

Tú lo estás diciendo.

AMARGO

¡Me da una desesperanza! ¡Ay yayayay!

JINETE

Porque llegas allí. ¿Qué haces?

AMARGO

¿Qué hago?

JINETE

Y si te estás en tu sitio, ¿para qué quieres estar?

AMARGO

¿Para qué?

JINETE

Yo monto este caballo y vendo cuchillos, pero si no lo hiciera, ¿qué pasaría?

AMARGO

¿Qué pasaría?

(Pausa)

JINETE

Estamos llegando a Granada.

AMARGO

¿Es posible?

JINETE

Mira cómo relumbran los miradores.

AMARGO

Sí, ciertamente.

JINETE

Ahora no te negarás a montar conmigo.

AMARGO

Espera un poco.

JINETE

¡Vamos, sube! Sube de prisa. Es necesario llegar antes de que amanezca... Y toma este cuchillo. ¡Te lo regalo!

AMARGO

¡Ay yayayay!

> *(El* Jinete *ayuda al* Amargo. *Los dos emprenden el camino de Granada. La sierra del fondo se cubre de cicutas y de ortigas.)*

CANCIÓN DE LA MADRE DEL AMARGO

Lo llevan puesto en mi sábana
mis adelfas y mi palma.

Día veintisiete de agosto
con un cuchillito de oro.

La cruz. ¡Y vamos andando!   5
Era moreno y amargo.

Vecinas, dadme una jarra
de azófar con limonada.

La cruz. No llorad ninguna.
El Amargo está en la luna.   10

9 de julio, 1925.

---

¹ Este poema nos da el nexo entre el mundo del *Poema del Cante Jondo* y el del *Romancero*. Este poema, «Día veintisiete de agosto», es el entierro del «emplazado» del *Romancero*, muerto «el veinticinco de agosto», esto es, dos días antes. Cfr. la nota al verso 7 del «Romance del Emplazado».

ROMANCERO GITANO
(1924-1927)

1

ROMANCE DE LA LUNA, LUNA *

A CONCHITA GARCÍA LORCA **

---

* La primera versión de este poema aparece en una carta a Melchor Fernández Almagro de 1926 (no especifica mes ni día) y le llama «Romance gitano de la luna luna de los gitanos». Cfr. *Federico García Lorca, cartas, postales, poemas y dibujos*, edición de Antonio Gallego Morell, Editorial Moneda y Crédito, Madrid, 1968, pág. 85.

Fue publicado por primera vez en *El Norte de Castilla*, el 9 de abril de 1926. Cfr. Fernando Allué y Morer, «Federico García Lorca y los "Romances gitanos"», *Revista de Occidente*, núm. 95 (1971), pág. 232.

También se publicó en *Verso y Prosa, Boletín de la joven literatura*, Murcia, núm. 7 (julio de 1927), pág. 2 con el título «Romance de la luna de los gitanos». Cfr. K. M. Sibbald, «Original Contributions to the Literary Magazines in the Years 1917-1937», *García Lorca Review*, vol. II, núms. 1 y 2, (1974).

Según José Mora Guarnido (págs. 209-210) el poema se publicó por primera vez en la revista *Proa* de Buenos Aires y fue dedicado a él, en 1923.

En el autógrafo cuyo facsímil ha publicado Martínez Nadal el poema está fechado «1924, 29 de julio». Cfr. Rafael Martínez Nadal: *Autógrafos* I, pág. 140.

A. Machado y Álvarez, *Colección de cantes flamencos* citada, pág. 126, señaló la existencia de «una multitud de canciones, tanto en Italia como en España que parecen como vagas reminiscencias del culto rendido al satélite de la tierra en épocas muy remotas» al referirse a la copla:

> La ije a la luna
> Del artito sielo
> Que me yebara siquiera por horas
> Con mi compañero.

La luna como tema principal aparece también en otros libros de Lorca, por ejemplo: «La luna y la muerte» en *Libros de Poemas*, «Danza da lua en Santiago» en *Seis Poemas Galegos* y «Recuerdo» en *Poemas Sueltos*. Martínez Nadal ha publicado el facsímil de un autógrafo hasta entonces inédito titulado «Luna negra», Rafael Martínez Nadal: *Federico García Lorca. Autógrafos* I, pág. 91, en el que se asocian la luna y la fragua:

> Y en el suelo de la copla
> hay yunques negros que aguardan
> poner al rojo la luna.

La luna vino a la fragua
con su polisón de nardos.
El niño la mira mira.
El niño la está mirando.
En el aire conmovido   5
mueve la luna sus brazos
y enseña, lúbrica y pura,
sus senos de duro estaño.
Huye luna, luna, luna.
Si vinieran los gitanos,   10
harían con tu corazón
collares y anillos blancos.

También debe citarse aquí una copla del más antiguo siguiriyero
del que conocemos algún cante, el Planeta:

> A la luna le pío,
> la del alto cielo,
> como le pido que saque a mi padre
> de onde está preso.

(Cfr. Molina y Mairena, *op. cit.,* pág. 185.)

También debe recordarse la luna hecha ya una *dramatis persona*
en *Bodas de sangre.* Como apuntamos en nuestro estudio introductorio,
la luna es el elemento más común en toda la poesía lorquiana donde
aparece doscientas dieciocho veces. No es casual que el primer poema
nos presente una antropomorfización de ella. (Cfr. Álvarez de Mi-
randa, *op. cit.*, págs. 36-70.)

** Hermana del autor.

[1] Para un estudio del símbolo de la luna como mujer, ver Susanne
K. Langer, *Philosophy In A New Key,* The New American Library,
1962, pág. 166.

[2] *nardos:* alude a la belleza femenina y a la blancura de la luna.
En el poema «Serenata» de *Canciones* se usa esta figura para señalar
la luz de la luna en una noche de marzo:

> Lolita lava su cuerpo
> con agua salobre y nardos

Niño, déjame que baile.
Cuando vengan los gitanos,
te encontrarán sobre el yunque   15
con los ojillos cerrados.
Huye luna, luna, luna,
que ya siento sus caballos.
Niño, déjame, no pises
mi blancor almidonado.   20

El jinete se acercaba
tocando el tambor del llano.
Dentro de la fragua el niño,
tiene sus ojos cerrados.
Por el olivar venían,   25
bronce y sueño, los gitanos.
Las cabezas levantadas
y los ojos entornados.

---

¹³ *baile:* no es casual este baile de la «bailarina mortal» (I, 1086),
según dijo Lorca, dentro de la fragua. Muchos elementos de este
poema: *fragua, yunque, collares y anillos, estaño, baile, caballos,* entre
otros, aluden específicamente al mundo gitano. Este poema nos da
desde el comienzo esa agitanización del mundo a la que aludimos
en la introducción: ante el baile de la luna hasta el aire se conmueve.
Clebert, *Los gitanos,* Barcelona, Aymá, 1965, pág. 127, discute «la
relación que han establecido los etnólogos y los mitólogos modernos
entre las artes de la herrería, de la música y de la magia. En el capítulo
sobre los gitanos y la fragua, hemos visto cómo Mircea Elíade, por
ejemplo, recoge esta relación», relación que incluye también el caballo,
animal «psychopompio» como apunta Clebert. Sobre la relación
danza-religión-magia, véase Clebert, págs. 148-151.
²⁶ *bronce:* otra alusión metal-gitanos, como el *estaño* de los senos
de la luna del que harían los gitanos «collares y anillos». Es frecuente
esta conexión: cfr. Soledad Montoya:

Cobre amarillo, su carne,
huele a caballo y a sombra.
Yunques ahumados sus pechos...

Cómo canta la zumaya,
¡ay cómo canta en el árbol!   30
Por el cielo va la luna
con un niño de la mano.

Dentro de la fragua lloran,
dando gritos, los gitanos.
El aire la vela, vela.   35
El aire la está velando.

29-30 En la edición del *Primer Romancero gitano* de la Revista de
Occidente, los signos de admiración aparecían así:

Cómo canta la zumaya,
¡ay cómo canta en el árbol!

En el autógrafo publicado por Martínez Nadal (pág. 140), estos
versos aparecen así:

Como canta la zumaya
¡ay como canta en el arbol!

Teniendo en cuenta el valor recitativo de la poesía de Lorca, hemos
respetado la posición de los signos de admiración tal como aparecían
en la edición del *Primer Romancero gitano*, aunque gramaticalmente
sea más correcto abrir el signo de admiración delante de *Cómo*.

31-32 Es preciso recordar aquí lo que ya apuntó el historiador de
religiones arcaicas, Álvarez de Miranda: «...entre todas aquellas
realidades y fenómenos celestes... hay uno que para la mentalidad
arcaica resulta ser el más rico, el más influyente en la tierra y, sobre
todo, en la vida orgánica, el más misterioso y esperanzador, y, en fin,
el más potente"... Es la luna, como comprueban mil veces el etnólogo
y el historiador de las religiones; y si al hombre moderno le cuesta
trabajo percibirlo así, sólo revela cuán lejana está ya la mentalidad
moderna y racional de la arcaica y mágica» (págs. 38-39). Aquí, con
el niño gitano, y en el tercer acto de *Bodas de sangre* es donde más
claramente se ve este aspecto último de la mágica luna poética de
Lorca.

226

2

PRECIOSA Y EL AIRE*

A Dámaso Alonso

Su luna de pergamino
Preciosa tocando viene,
por un anfibio sendero
de cristales y laureles.
El silencio sin estrellas,   5
huyendo del sonsonete,
cae donde el mar bate y canta
su noche llena de peces.
En los picos de la sierra
los carabineros duermen   10
guardando las blancas torres
donde viven los ingleses.
Y los gitanos del agua
levantan por distraerse,
glorietas de caracolas   15
y ramas de pino verde.

*

Su luna de pergamino
Preciosa tocando viene.

---

* Fue publicado por primera vez en la revista de poesía *Litoral*,
Málaga, núm. 1, (nov. 1926), Cfr. Sibbald.

1-2 Díaz-Plaja ha señalado la coincidencia del nombre y la condición
con el personaje de *La gitanilla* de Cervantes. Cfr. Guillermo Díaz-
Plaja: *Federico García Lorca*, Madrid, Espasa-Calpe, Colección Austral,
(3.ª ed.), 1961, pág. 127.

4 Lorca explicó que este poema trata de un «mito de playa tartesa»
(I, 1086).

12 *ingleses:* son los menos gitanos de este mundo mítico que ha creado
el poeta. No es difícil ver en ellos una alusión irónica al mundo moderno
que no comprende en absoluto el miedo atávico de Preciosa: nótese
su asociación con los carabineros, es decir, la Guardia Civil, enemiga
del gitano.

Al verla se ha levantado
el viento, que nunca duerme.   20
San Cristobalón desnudo,
lleno de lenguas celestes,
mira a la niña tocando
una dulce gaita ausente.

Niña, deja que levante   25
tu vestido para verte.
Abre en mis dedos antiguos
la rosa azul de tu vientre.

Preciosa tira el pandero
y corre sin detenerse.   30
El viento-hombrón la persigue
con una espada caliente.

Frunce su rumor el mar.
Los olivos palidecen.
Cantan las flautas de umbría   35
y el liso gong de la nieve.

¡Preciosa, corre, Preciosa,
que te coge el viento verde!
¡Preciosa, corre, Preciosa!
¡Míralo por donde viene!   40

---

21 Para un estudio de los antecedentes populares, religiosos y mito-
lógicos de San Cristobalón, ver Jeremy Forster, «Aspects of Lorca's
St. Christopher», *Bulletin of Hispanic Studies*, XLIII, (1943), págs. 109-
116; Arturo Barea: *Lorca, el poeta y su pueblo*, Buenos Aires, Losada,
1956, pág. 73; y Daniel Devoto, «Notas sobre el elemento tradicional
en la obra de García Lorca», *Filología*, II, Buenos Aires, 1950, pág. 320.
20-24 Sobre el «Levante» español o el «Mistral» francés existen
infinidad de supersticiones y creencias populares. Cirlot en su *Dicciona-
rio de símbolos tradicionales* dice que en Egipto y Grecia se creía que
los vientos poseían poderes maléficos.
40 Esta frase viene directamente de la letra de una saeta tradicional re-
cogida en Pohren, *El arte del flamenco*, Morón de la Frontera (Sevilla),
Sociedad de Estudios Españoles, 1970, pág. 124:

Sátiro de estrellas bajas
con sus lenguas relucientes.

*

Preciosa, llena de miedo,
entra en la casa que tiene
más arriba de los pinos,   45
el cónsul de los ingleses.

Asustados por los gritos
tres carabineros vienen,
sus negras capas ceñidas
y los gorros en las sienes.   50

El inglés da a la gitana
un vaso de tibia leche,
y una copa de ginebra
que Preciosa no se bebe.

Y mientras cuenta, llorando,   55
su aventura a aquella gente,
en las tejas de pizarra
el viento, furioso, muerde.

> Míralo por onde viene
> agobiao por er doló,
> chorreando por la siene
> gota e sangre y suor.

[42] Sobre el viento como fuerza fecundadora en un sentido mítico, consúltese Erich Neumann, *The Great Mother*, Nueva York, Pantheon, 1963, pág. 270. Clebert afirma que los gitanos «tienen un terror casi enfermizo al soplo y al viento. El viento, dicen, es el estornudo del diablo», (pág. 193). Gerald Brenan por su parte, discutiendo creencias populares en *Al Sur de Granada*, Madrid, Siglo XXI, 1974, pág. 128, afirma: «Si se toman en cuenta las creencias de ciertas aldeas de las inmediaciones de Soria, este miedo a la tormenta proviene originalmente de la creencia de que un fuerte viento puede dejar embarazadas a las mujeres.»

229

REYERTA *

A Rafael Méndez

En la mitad del barranco — presipio
las navajas de Albacete, cuchillo
bellas de sangre contraria, — lugar
relucen como los peces.
Una dura luz de naipe   5

---

* Este romance se publicó por primera vez en *L'amic de les Arts*, como cuenta Antonina Rodrigo en *García Lorca en Cataluña*, páginas 206-209.

    El grupo de intelectuales de *L'amic de les Arts*, acogió por vez primera versos castellanos en sus páginas. En ellas estrenó letra impresa el poema de García Lorca *Reyerta de gitanos*, el mismo que, más tarde, envió a Jorge Guillén con el nombre de *Reyerta de mozos*.
. . . .
    El poema sufrirá posteriormente alguna modificación. En la edición definitiva suprimió «de gitanos» y quedó en «Reyerta». El poema presenta también dos variantes más: En la primera estrofa decía: "A la mitad del barranco". La preposición inicial *A* la sustituyó por *En*, y en el antepenúltimo verso: "por el aire de Poniente", lo modificaría así: "por el aire del poniente". También serían alterados el ritmo y la puntuación. La primera versión el poeta la dedicó "A mis amigos de L'amic de les Arts", mientras que en la edición definitiva, lo hizo "A Rafael Méndez"».

Fue publicado en *La Verdad, suplemento literario*, Murcia, núm. 59 (10 de octubre de 1926), pág. 1, con el título «Reyerta de mozos». Cfr. Sibbald.

² Las navajas más famosas de España siguen produciéndose en Albacete.

³ *sangre contraria:* las querellas entre familias gitanas son todo un tópico. *Bodas de sangre*, aunque no es gitana, trata del mismo asunto.

⁵⁻⁸ «Es posible que un juego de cartas sobre el conocido tapete verde sea la base real de estos versos. Los caballeros, en el juego de cartas españolas, están dibujados de perfil.» Antonio Lara Pozuelo: *El adjetivo en la lírica de Federico García Lorca*, pág. 81.

Cfr. con los «naipes helados» de sino funesto en el «Romance del Emplazado».

recorta en el agrio verde,
caballos enfurecidos
y perfiles de jinetes.
En la copa de un olivo
lloran dos viejas mujeres.   10
El toro de la reyerta
se sube por las paredes.
Ángeles negros traían
pañuelos y agua de nieve.
Ángeles con grandes alas   15
de navajas de Albacete.
Juan Antonio el de Montilla
rueda muerto la pendiente,
su cuerpo lleno de lirios
y una granada en las sienes.   20
Ahora monta cruz de fuego,
carretera de la muerte.

*

10 *dos viejas mujeres.* estas mujeres, como los «hombres» que «bajaban la calle / para ver al emplazado» y como las «Tristes mujeres del valle» de «Muerto de amor», o como los ángeles de «Reyerta» o, en ocasiones, elementos de la naturaleza —el aire en «Romance de la luna, luna»—, forman un elemento de coro o de espectador que ve y, a veces, participa en la acción central del poema, participación o simpatía coral que hace crecer el sentido mítico de algunos de los poemas. Nótese la suspensión irreal en la copa de un olivo, suspensión que nos recuerda ciertos cuadros «negros» de Goya.

11-12 Refiriéndose a estos versos, Arturo Barea dice: «...cuando queremos referirnos al estado de ánimo de una persona furiosa, decimos "se subía a las paredes como un gato"», en su «Las raíces del lenguaje poético de Federico García Lorca», *Bulletin of Hispanic Studies*, vol. 22, (1945), pág. 7.

13-16 Esta agitanización de los ángeles —o estos ángeles gitanos— corresponden a la intención mítica de todo el libro. Cfr. con los arcángeles, sobre todo San Gabriel, con la monja gitana o con la agitanización de la Virgen en «Romance de la Guardia Civil»: todo el sentido popular andaluz de la religión se estiliza y cobra dimensiones que no pertenecen al mundo gitano verídico, sino al mundo gitano idealizado, elevado a mito poético.

El juez, con guardia civil,
por los olivares viene.
Sangre resbalada gime   25
muda canción de serpiente.
Señores guardias civiles:
aquí pasó lo de siempre.
Han muerto cuatro romanos
y cinco cartagineses.   30

*

La tarde loca de higueras
y de rumores calientes,
cae desmayada en los muslos
heridos de los jinetes.

25-26 Pedro Laín Entralgo: «Poesía, ciencia y realidad», *Cuadernos Hispanoamericanos*, (1952), pág. 16, afirma: «El mutuo parecido de la sangre resbalante y de la serpiente, cuando una y otra se mueven, comienza a hacer posible en nuestro caso la operación metafórica del poeta.»

27-30 Una vez más la presencia del enemigo del gitano: el orden establecido personificado en los guardias. La referencia a romanos y cartagineses enfatiza, por otra parte, la antigua e inesquivable lucha intestina que ha sufrido Andalucía a lo largo de sus tres o cuatro milenios. Además, tiene una base en la realidad. Eduardo Molina Fajardo nos ha contado cómo en un colegio de Granada, se solía dividir a los alumnos para competencias de tipo escolar en romanos y cartagineses.

31-34 Esta técnica de «antropomorfizar» el elemento natural (la tarde) es quizá la figura más típica y original del *Romancero gitano*, y es la base figurativa de lo que hemos llamado la «agitanización» del universo. Como en la mente primaria, los elementos —luna, viento, tarde— no son concebidos como tales, sino «sentidos» como «personas». De ahí la coincidencia con el mundo primario que ha estudiado Álvarez de Miranda. Aquí en la figura específica vemos hasta qué punto Lorca elaboró técnicamente todo ello. Cfr. con otros ejemplos muy parecidos que suelen ocurrir al final de los poemas:

Y ángeles negros volaban
por el aire del poniente.
Ángeles de largas trenzas
y corazones de aceite.

De «La monja gitana»:

Pero sigue con sus flores,
mientras que de pie en la brisa,
la luz juega el ajedrez
alto de la celosía.

De «Muerto de amor»:

Y el cielo daba portazos
al brusco rumor del bosque,
mientras clamaban las luces
en los altos corredores.

Este tipo de imagen es el logro poético más feliz del libro. Da unidad,
poetiza y mitifica. En literatura inglesa existe lo que se llama la *pathetic
fallacy*, la falacia patética, que es atribuir a la naturaleza las emociones
humanas. Buena medida del abismo que existe entre un Ruskin —que
inventó el término— tan racional y un Lorca mágico.

4

ROMANCE SONÁMBULO

A GLORIA GINER
Y A FERNANDO DE LOS RÍOS *

Verde que te quiero verde.
Verde viento. Verdes ramas.
El barco sobre la mar
y el caballo en la montaña.
Con la sombra en la cintura   5
ella sueña en su baranda,
verde carne, pelo verde,
con ojos de fría plata.
Verde que te quiero verde.

---

* Fernando de los Ríos y su esposa Gloria Giner eran muy amigos de la familia García Lorca. Su hija, Laura, fue amiga de Federico y luego se casó con su hermano Francisco. Sobre la relación entre el poeta y el distinguido profesor y político, consúltese Mora Guarnido, *Federico García Lorca y su mundo*, págs. 148-165.

[1] Guillermo Díaz-Plaja apunta dos precedentes poéticos españoles con esta nota del color verde: la «Rima XII» de Bécquer y el poema «Pajarillo verde» de Juan Ramón Jiménez (págs. 128-129). Por otro lado, debe recordarse que *verde* es el color más frecuente en la poesía de Lorca: *verde* y *verdes* aparecen 98 veces, *(blanco* y *blancos* 78, *azul* y *azules* 70), según Alice M. Pollin en *A Concordance to the Plays and Poems of Federico García Lorca*. Sobre la ambigüedad —precisamente la clave del uso de este color tan polivalente—, véase Francisco García Lorca, «Verde», en Pincus *et. al., Homenaje a Casalduero*, Madrid, Gredos, 1972, págs. 135-139. Recuérdese que sobre este poema precisamente dijo el poeta: «el misterio poético es también misterio para el poeta» (I, 1085), y «siempre tendrá luces cambiantes, aun para el hombre que lo ha comunicado, que soy yo» (I, 1087). Precisamente, lo genial del poema (y del uso en particular de verde) es la imposibilidad de decir que significa una sola cosa. *Verde* significa —igual que luna con la que está íntimamente compenetrado— vida, amor y muerte y todo ello visto con la peculiar sensibilidad poética de García Lorca. *Verde*, pues, contribuye fuertemente a la agitanización de este poema.

[6] «ofeliana gitana» le llama Rafael Martínez Nadal en *El público Amor, teatro y caballos en la obra de Federico García Lorca*, Oxford, The Dolphin Book Company, Ltd., 1970, pág. 146.

Bajo la luna gitana,   10
las cosas la están mirando
y ella no puede mirarlas.

*

Verde que te quiero verde.
Grandes estrellas de escarcha,
vienen con el pez de sombra   15
que abre el camino del alba.
La higuera frota su viento
con la lija de sus ramas,
y el monte, gato garduño,
eriza sus pitas agrias.   20
¿Pero quién vendrá? ¿Y por dónde...?
Ella sigue en su baranda,
verde carne, pelo verde,
soñando en la mar amarga.

*

Compadre, quiero cambiar   25
mi caballo por su casa,
mi montura por su espejo,
mi cuchillo por su manta.

---

[19] *gato garduño*: el crítico granadino, Eduardo Molina Fajardo nos
refirió haber oído esta expresión por la región de Guadix. Se refiere
a un gato parecido al lince pero de aspecto más doméstico. Tiene fama
de saltar tapias y comer gallinas. Según Molina Fajardo también se
emplea para referirse a una mujer poco agradable: «Esta se parece
a un *gato garduño*.»

[21] En el *Primer Romancero gitano* los puntos suspensivos estaban
después del signo de interrogación:

¿Pero quién vendrá? ¿Y por dónde?...

[26] *su*: nótese aquí *su casa* y más abajo *veis* y *dejadme* y hacia el final
del diálogo *dime* y *tu niña*. Aunque este tipo de confusión es frecuente

235

Compadre, vengo sangrando,
desde los puertos de Cabra.   30
Si yo pudiera, mocito,
este trato se cerraba.   — *viejo, enfermo*
Pero yo ya no soy yo.   *hecho polvo*
Ni mi casa es ya mi casa.
Compadre, quiero morir   35
decentemente en mi cama.
De acero, si puede ser,
con las sábanas de holanda.
¿No veis la herida que tengo
desde el pecho a la garganta?   40
Trescientas rosas morenas
lleva tu pechera blanca.
Tu sangre rezuma y huele

---

en Andalucía, creemos que Lorca hizo esto a propósito para acercar
poco a poco a los dos compadres que no son en rigor compadres, sino
padre de la gitana uno y amante o novio de ella el otro. Este es el que sufre
los cambios gramaticales. Primero dice, por respeto al padre, *su casa*.
Luego *veis* y *dejadme*. Después de la misteriosa subida tutea al padre;
dime y *tu* niña, dice. El padre, en cambio, emplea el tuteo desde el
principio. Este acercamiento del joven contrabandista al padre de la
gitana es análogo a estos versos que describen el ambiente como visto
por una lente *zoom:*

La noche se puso íntima
como una pequeña plaza.

[30] *los puertos de Cabra:* zona al sur de la provincia de Córdoba,
en el límite con Granada, famosa por su bandolerismo en el siglo XIX.
José María *el Tempranillo,* uno de los bandoleros más famosos, nació
cerca de ahí en el pueblo de Jauja. El tema del bandolerismo debe de
haber interesado a Lorca bastante. En una carta a Guillén en 1926
menciona «mi Diego Corrientes y otros poemas intensos» (II, 1149).
Cuenta Mora Guarnido que el padre de Lorca y sus hermanos «tenían
un gran caudal de narraciones en sus mentes, y les gustaba irlas des-
lizando... Habían vivido una linda época local... Época de Diego
Corrientes y José María *el Tempranillo...*» (pág. 25). Cfr. también
Camilo José Cela, *Primer viaje andaluz,* Barcelona, Noguer, 1961,
página 144.

[39] *veis:* en la versión del *Primer Romancero gitano* decía *ves.* Segui-
mos la corrección de A. del Hoyo pues está de acuerdo con el *dejadme*
de la línea 47 que se repite en la 49.

alrededor de tu faja. _Seda_
Pero yo ya no soy yo   45
Ni mi casa es ya mi casa.
Dejadme subir al menos
hasta las altas barandas,
¡dejadme subir!, dejadme
hasta las verdes barandas.   50
Barandales de la luna _— estrellas, nubes_
por donde retumba el agua.

— prefiguración
idea del Aljibe

                        *

Ya suben los dos compadres
hacia las altas barandas.

[39-42] El bandolero o contrabandista herido tiene su antecedente
en «Canción de jinete» del libro *Canciones,* o en canciones populares
como esta serrana que recoge Cela en *Primer viaje andaluz* (pág. 141):

> Va la partía
> por la sierra Morena
> va la partía.
>
> Va la partía
> y al capitán le llaman
> José María.
>
> No será preso,
> mientras su jaca torda
> tenga pescuezo.

El tema del perseguido por la guardia civil es muy común en Anda-
lucía. Forma parte de los temas del cante flamenco como estos versos
que reproducimos de la citada *Colección de cantes flamencos* recogidos
por A. Machado y Álvarez, (pág. 140):

> Yo bengo juyendo,
> ¿Aonde me entraré?
> Que me persiguen, mare, los sibiles
> Me quieren prendé.
>
> Ya se m'acabaron
> las y benías,
> y los suspiros que daba por verte,
> compañera mía.

[51-52] Albert Henry ve una semejanza entre estos versos y las siguientes
frases de Don Quijote: «...el temeroso ruido de aquella agua en cuya

237

Dejando un rastro de sangre.   55
Dejando un rastro de lágrimas.
Temblaban en los tejados
farolillos de hojalata.
Mil panderos de cristal,
herían la madrugada.   60

*

Verde que te quiero verde,
verde viento, verdes ramas.
Los dos compadres subieron.
El largo viento, dejaba
en la boca un raro gusto   65
de hiel, de menta y de albahaca.
¡Compadre! ¿Dónde está, dime?
¿Dónde está tu niña amarga?
¡Cuántas veces te esperó!
¡Cuántas veces te esperara,   70
cara fresca, negro pelo,
en esta verde baranda!

*

Sobre el rostro del aljibe,
se mecía la gitana.

---

busca venimos, que parece que se despeña y derrumba desde los altos
montes de la luna» (I, cap. XX), en *Les grands poemes andalous de
Federico García Lorca*, Bélgica, Románica Gandensia, 1958, pág. 244.
    59-60 Decía Lorca: «Si me preguntan ustedes por qué digo yo:

> Mil panderos de cristal
> herían la madrugada,

les diré que los he visto en manos de ángeles y de árboles, pero no sabré
decir más, ni mucho menos explicar su significado. Y está bien que sea
así. El hombre se acerca, por medio de la poesía, con más rapidez
al filo donde el filósofo y el matemático vuelven la espalda en silencio»
(I. 1087).

238

Verde carne, pelo verde,   75
con ojos de fría plata.
Un carámbano de luna
la sostiene sobre el agua.
La noche se puso íntima
como una pequeña plaza.   80
Guardias civiles borrachos
en la puerta golpeaban.
Verde que te quiero verde.
Verde viento. Verdes ramas.
El barco sobre la mar.   85
Y el caballo en la montaña.

---

⁸¹ *Guardias civiles borrachos:* una vez más la presencia de los anti-
héroes y enemigos siniestros de los gitanos. Se convierten a lo largo
del libro en verdaderos antagonistas, haciendo así eco de la realidad
histórica.

⁸⁵⁻⁸⁶ Todo el poema está lleno de la presencia de la muerte. No sola-
mente muere la gitana, sino que es obvio que está muriendo el mozo
también. *Barco* y *caballo* son elementos que tienen que ver con los
contrabandistas, pero es interesante notar también que el caballo se
asocia muchas veces con la muerte en la obra de Lorca, como en la
«Canción del jinete» que hemos citado, o como en «Romance de la
luna, luna». El *barco*, como nota Erich Neumann, es también uno de
los símbolos más antiguos de la muerte. Véase *The Great Mother*,
Nueva York, Pantheon, 1963, pág. 256 para una larga discusión del
tópico. No creemos que en este «Romance sonámbulo», en el que el
soñar equivale a morir, la inclusión de estos dos símbolos nada opacos
sea en absoluto casual. Al contrario, parece que Lorca estuvo cons-
truyendo muy a propósito un mundo simbólicamente mortal para
encajar con el resto de estos poemas que mitifican «la cultura de la
muerte», para emplear la frase de Salinas.

LA MONJA GITANA

A José Moreno Villa *

Silencio de cal y mirto.
Malvas en las hierbas finas.
La monja borda alhelíes
sobre una tela pajiza.
Vuelan en la araña gris,
siete pájaros del prisma.   5

---

* Poeta, pintor y amigo de la Residencia de Estudiantes, y autor de *Vida en claro*, autobiografía que describe bien el ambiente de aquel Madrid. Véanse el dibujo y el retrato que hizo Moreno Villa de Lorca (reproducidos en I, xciii, cxi).

3 Dice Díaz-Plaja que «esa monja gitana se parece un poco a la "monja de la oración" que se pinta en un romance de fina audacia expresiva por Salvador Rueda:

> dotada de transparencia,
> su forma es ágata tibia,
> es un translúcido jaspe,
> es una piedra opalina.
> Idealidades de luna
> entre sus ropas se filtran
> y brilla detrás del coro
> como una lámpara mística».

Díaz-Plaja, pág. 130.

6 *siete pájaros del prisma:* estos siete colores tienen un claro antecedente en el poema «Canción de las siete doncellas (Teoría del arco iris)» del libro *Canciones*.

> Cantan las siete
> doncellas.
>
> (Sobre el cielo un arco
> de ejemplos de ocaso.)
>
> Alma con siete voces
> las siete doncellas.
>
> (En el aire blanco,
> siete largos pájaros.)
>
> Mueren las siete
> doncellas.

240

La iglesia gruñe a lo lejos
como un oso panza arriba.
¡Qué bien borda! ¡Con qué gracia!
Sobre la tela pajiza,   10
ella quisiera bordar
flores de su fantasía.
¡Qué girasol! ¡Qué magnolia
de lentejuelas y cintas!
¡Qué azafranes y qué lunas,   15
en el mantel de la misa!
Cinco toronjas se endulzan
en la cercana cocina.
Las cinco llagas de Cristo
cortadas en Almería.   20
Por los ojos de la monja
galopan dos caballistas.
Un rumor último y sordo
le despega la camisa,

_____

(¿Por qué no han sido nueve?
¿Por qué no han sido veinte?)

El río las trae,
nadie puede verlas.

8 *oso*: aparte del uso de este animal en *Poeta en Nueva York*, donde
aparece varias veces, el oso es poco frecuente en el gran bestiario lor-
quiano. Aparece aquí y en el primer poema de *Libro de poemas*, «Veleta»:

Aire del Norte,
¡oso blanco del viento!

Es difícil, por lo tanto, no pensar en la muy conocida asociación oso-
gitano aunque en Andalucía los gitanos nada tienen que ver con los
que en los circos ambulantes hacen este oficio. No cabe duda que el
oso conlleva asociaciones poéticas de miedo.

16 *mantel de la misa*: este mantel con *lentejuelas, cintas, azafranes*
y *lunas* es un mantel completamente agitanado. Esta agitanización
de elementos católicos nos recuerda las bellas *misas flamencas* que se
celebran en Andalucía, como la que se celebra en la Sierra de Cabra,
en el Santuario de la Virgen de la Sierra durante la Romería Nacional
de Gitanos.

21-28 Compárese lo que Lorca escribió sobre las monjas en *Impresiones
y Paisajes*:

y al mirar nubes y montes   25
en las yertas lejanías,
se quiebra su corazón
de azúcar y yerbaluisa.
¡Oh!, qué llanura empinada
con veinte soles arriba   30
¡Qué ríos puestos de pie
vislumbra su fantasía!
Pero sigue con sus flores,
mientras que de pie, en la brisa,
la luz juega el ajedrez   35
alto de la celosía.

Bien es verdad que casi siempre lo que induce a dichas santas mujeres a encerrarse en esas solemnidades muertas es un conflicto sentimental que ellas no pudieron resistir con sus almas sin fuerza (I, 932).

...Son esencias rotas de amor y maternidad... El convento es como un enorme corazón frío que guardará en su seno a las almas que huyeron de los pecados capitales (I, 933).

242

6

LA CASADA INFIEL*

A Lydia Cabrera
Y A SU NEGRITA**

Y que yo me la llevé al río
creyendo que era mozuela,
pero tenía marido.

---

* Fue publicado por primera vez conjuntamente con «Martirio de Santa Olalla», en la *Revista de Occidente*, vol. XIX, núm. lv (enero 1928), págs. 40-46.

** Folklorista cubana a la que conoció Lorca en España antes de publicarse el *Romancero gitano*. Reside actualmente en Miami. Nos ha referido personalmente cómo ocurrió la dedicatoria: «Yo conocí a Federico en casa de José María Chacón y Calvo... simpatizamos en seguida... Federico andaba con el manuscrito del *Romancero* en el bolsillo... fuimos a (el café) Pombo y estuvimos el día entero... me preguntó, ¿cuál de todos es el que más te gusta? ...cuando salió el libro vi que nos había dedicado el poema.» ¿Y la negrita? Fue, según las palabras de Lydia Cabrera, «mi doncella en la casa de decoración que monté (en Cuba)... perteneció al seno de la familia Cabrera... hacía poemas también... (esta anécdota) hizo gracia a Federico... Federico la conoció después en Cuba cuando su viaje en el 30... era famosa... tenía mucho talento y mucha gracia... ¿Su nombre? —Carmela Bejarano.»

[1-3] Francisco García Lorca menciona un curioso incidente en relación con estos versos: durante una excursión a Sierra Nevada, el mulero que los llevaba cantó una canción con letra igual a estos versos. Algún tiempo después, cuando hablaban de este poema él se lo recordó a Federico, que había olvidado el incidente y que creía, además, que los versos eran originales suyos. Véase su prólogo en *Three Tragedies of Federico García Lorca*, pág. 17. También podría pensarse que el primer verso hace eco de este tango gitano que reproducen Molina y Mairena (pág. 132):

yo me la yebé «al Parmá»
le estuve dando parmitos
jasta que no quiso más.

Es curioso el contraste con los siguientes versos de una copla que canta Mairena:

43

Fue la noche de Santiago
y casi por compromiso.   5
Se apagaron los faroles
y se encendieron los grillos.
En las últimas esquinas
toqué sus pechos dormidos,
y se me abrieron de pronto   10
como ramos de jacintos.
El almidón de su enagua
me sonaba en el oído,
como una pieza de seda
rasgada por diez cuchillos.   15
Sin luz de plata en sus copas
los árboles han crecido,
y un horizonte de perros
ladra muy lejos del río.

*

Pasadas las zarzamoras,   20
los juncos y los espinos,
bajo su mata de pelo
hice un hoyo sobre el limo.

Romerita mi romera,
me la llevé a un romeral
y ni a la ropa de su cuerpo,
yo le quería tocar.

Cfr. Antonio Mairena: *La gran historia del cante gitano andaluz*, Columbia, núm. SCE915.

² *mozuela:* soltera. Manuel Alvar cita esta palabra como un ejemplo del uso de dialectismos por Lorca. «Los dialectismos en la poesía española del siglo XX», *Revista de Filología Española*, (1960), pág. 78.

¹⁻⁸ Por la descripción del ambiente creemos que este poema alude a la fiesta de Santiago en Triana, el barrio gitano de Sevilla: coinciden el río (el Guadalquivir que separa Sevilla de Triana), la noche de Santiago, y los *faroles* y las *esquinas* de un casco urbano. A esta fiesta que sigue celebrándose alude este tango:

Qué bonita está Triana
cuando le ponen al puente
las banderitas gitanas.

Yo me quité la corbata.
Ella se quitó el vestido.   25
Yo el cinturón con revólver.
Ella sus cuatro corpiños.
Ni nardos ni caracolas
tienen el cutis tan fino,
ni los cristales con luna   30
relumbran con ese brillo.
Sus muslos se me escapaban
como peces sorprendidos,
la mitad llenos de lumbre,
la mitad llenos de frío.   35
Aquella noche corrí
el mejor de los caminos,
montado en potra de nácar
sin bridas y sin estribos.
No quiero decir, por hombre,   40
las cosas que ella me dijo.
La luz del entendimiento
me hace ser muy comedido.
Sucia de besos y arena,
yo me la llevé del río.   45
Con el aire se batían
las espadas de los lirios.

34-35 Antonio Lara Pozuelo compara estos versos con

> Tus muslos como la tarde
> van de la luz a la sombra

del poema «Lucía Martínez» de *Canciones*, en su obra *El adjetivo en la lírica de Federico García Lorca*, pág. 44.

40-41 En su lectura del *Romancero* Lorca dijo que el poema es «pura anécdota andaluza. Es popular hasta la desesperación, y como lo considero lo más primario, lo más halagador de sensualidades y lo menos andaluz, no lo leo» (I, 1087). Todo el poema va en contra de lo que el gitano quiere afirmar de sí mismo; nos cuenta todo el episodio del que parece eco esta copla recogida por A. Machado y Álvarez (página 164):

> Por Dios te pío jitano
> Por la salú de tu mare;
> Lo que tú has jecho conmigo
> No se lo igas a naide.

Me porté como quien soy.
Como un gitano legítimo.
La regalé un costurero   50
grande de raso pajizo,
y no quise enamorarme
porque teniendo marido
me dijo que era mozuela
cuando la llevaba al río.   55

48-55 El comportamiento del gitano nos hace pensar en esta copla
de Frijones de Jerez recogida en Molina y Mairena (pág. 105):

Esta gitana está loca;
quiere que la quiera yo.
Que la quiera su marío
que tiene la obligasión.

7

ROMANCE DE LA PENA NEGRA*

A JOSÉ NAVARRO PARDO**
Las piquetas de los gallos
cavan buscando la aurora,
cuando por el monte oscuro
baja Soledad Montoya.
Cobre amarillo, su carne,   5
huele a caballo y a sombra.
Yunques ahumados sus pechos,
gimen canciones redondas.

---

* Este poema fue mencionado por primera vez a Melchor Fernández Almagro en carta de 1926 (sin fecha específica). Lo titulaba «El romance de la pena negra en Jaén». Cfr. Gallego Morell, pág. 86.
En el autógrafo publicado por Martínez Nadal el título es «El romance de la pena negra», y está fechada: «1924-30 de julio»; cfr. Martínez Nadal, *Autógrafos*, págs. 150-155.
** Arabista y profesor de la facultad de Filosofía y Letras de la Universidad de Granada, fue amigo de Lorca y perteneció al grupo que montó la revista *gallo* que dirigió el poeta. Nos ha hablado Eduardo Molina Fajardo de su gran erudición y del respeto que Lorca le tenía. (Sobre el grupo de *gallo* véase I, 1149-1152.)
1-2 La metáfora está montada con el recuerdo de los versos

Apriessa cantan los gallos
e quieren crebar albores

del *Poema de Mío Cid*. Quizá a causa de una lectura equivocada, ya que *albores* es sujeto de *quieren*. *Quieren crebar* es una perífrasis con la significación de «estar a punto de». Sea así o no, la metáfora es impecable.
4 Claude Couffon cita a Soledad Montoya como uno de los personajes que impresionaron a Lorca niño. Véase su *Granada* y *García Lorca*, pág. 31. Feliz casualidad que se llamara Soledad, nombre tan apropiado para esta mujer que es, según Lorca, la «concreción de la pena sin remedio, de la pena negra de la cual no se puede salir más que abriendo con un cuchillo un ojal bien hondo en el costado siniestro» (I, 1087-1088).
5 *cobre*: otra alusión metálica para describir la tez morena de los gitanos.
7 *yunques*: Lorca relaciona otra vez la fragua —de tan estrecha relación gitana— con sus personajes míticos.
8 *canciones*: estos pechos que cantan nos recuerdan «el rumor de

Soledad: ¿por quién preguntas
sin compaña y a estas horas?　　　　　10
Pregunte por quien pregunte,
dime: ¿a tí qué se te importa?
Vengo a buscar lo que busco,
mi alegría y mi persona.
Soledad de mis pesares,　　　　　15
caballo que se desboca,
al fin encuentra la mar
y se lo tragan las olas.
No me recuerdes el mar,

---

tus senos» del poema «Madrigal de verano» de *Libro de poemas*. La
descripción erótica de Estrella la gitana prefigura de muchas maneras
este romance de Soledad Montoya. Es demasiado extenso para repro-
ducir aquí, pero ténganse en cuenta las siguientes correspondencias:
Estrella-Soledad; rumor-canciones; aurora-aurora; carne campesina-
su carne; flores-flores de calabaza; pegaso andaluz-caballo; la alondra-
agua de alondras; cabellera-trenzas; verde olivar-tierras de aceituna;
sexo de azucena-muslos de amapola; tu carne campesina que sabe
a miel y aurora-pena de cauce oculto y madrugada remota, etc.

[9-10] La pregunta a Soledad por el poeta nos recuerda una muy
parecida en esta petenera tan famosa:

> ¿Dónde vas, bella judía,
> tan compuesta y a deshora?

Tiene además cierto antecedente en estos versos de «Balada de un
día de julio» de *Libro de poemas*:

> —¿A quién buscas aquí,
> si a nadie quieres?

> —Busco el cuerpo del conde
> de los Laureles.

> —¿Tú buscas el amor,
> viudita aleve?
> Tú buscas un amor
> que ojalá encuentres.

[14] «La pena de Soledad Montoya es la raíz del pueblo andaluz.
No es angustia porque con pena se puede reír, ni es un dolor que ciega
puesto que jamás produce llanto; es un ansia sin objeto, es un amor
agudo a nada, con una seguridad de que la muerte (preocupación
perenne de Andalucía) está respirando detrás de la puerta» dijo el
autor (I, 1088).

que la pena negra, brota   20
en las tierras de aceituna
bajo el rumor de las hojas.
¡Soledad, qué pena tienes!
¡Qué pena tan lastimosa!
Lloras zumo de limón   25
agrio de espera y de boca.
¡Qué pena tan grande! Corro
mi casa como una loca,
mis dos trenzas por el suelo,
de la cocina a la alcoba.   30
¡Qué pena! Me estoy poniendo
de azabache, carne y ropa.
¡Ay mis camisas de hilo!
¡Ay mis muslos de amapola!
Soledad: lava tu cuerpo   35
con agua de las alondras,
y deja tu corazón
en paz, Soledad Montoya.

*

Por abajo canta el río:
volante de cielo y hojas.   40
Con flores de calabaza,
la nueva luz se corona.

---

[38] Recuérdese que Lorca afirmó que «las figuras sirven a fondos milenarios y... no hay más que un solo personaje grande y oscuro como un cielo de estío, un solo personaje que es la pena que se filtra en el tuétano de los huesos y en la savia de los árboles... pena andaluza que es una lucha de la inteligencia amorosa con el misterio que la rodea y no puede comprender» (I, 1084). Soledad no *experimenta* la pena negra: es la pena negra. Esta mujer que personifica la pena andaluza y que busca su *alegría* y su *persona* sin encontrarlas es, pues, la mitificación del gran tema de la obra lorquiana. Cfr. también la conferencia de Lorca sobre el cante jondo (I, 987).

[41-42] Además de la evidente alusión a la luz del sol, estos versos recuerdan los de la *alboreá*, —canción de boda de los gitanos— que según Mora Guarnido, conocía Lorca perfectamente (págs. 190-191):

¡Oh pena de los gitanos!
Pena limpia y siempre sola.
¡Oh pena de cauce oculto
y madrugada remota!

Dichosa la madre
que tiene pa dar
rosas y jazmines
a la madrugá.
Levanta, padrino honrao,
levanta, padrino honrao,
que ya a la novia
la han coronao...
. . . .
Anda salero,
lo que ha llovío...
La calabaza
se ha florecío...

45-46 Para toda una explicación extensa del sentido de la pena anda-
luza véase el hondo y sugerente estudio de Rafael Cansinos Assens,
La copla andaluza, Madrid, Demófilo, 1976, especialmente págs. 35-37.
Cfr. también la nota de los versos 7-8 de «Arqueros».

8

SAN MIGUEL *

(GRANADA)

A DIEGO BUIGAS DE DALMÁU **

Se ven desde las barandas,
por el monte, monte, monte,
mulos y sombras de mulos
cargados de girasoles.

Sus ojos en las umbrías   5
se empañan de inmensa noche.
En los recodos del aire,
cruje la aurora salobre.

Un cielo de mulos blancos
cierra sus ojos de azogue

---

* Fue publicado por primera vez en *Litoral*, Málaga, núm. 1 (noviembre, 1926), con los poemas «Prendimiento de Antoñito el Camborio» y «Preciosa y el aire», págs. 5-11.

Cuando Lorca mandó este poema a Guillén en 1926, lo encabezaba:

SAN MIGUEL ARCÁNGEL
(Esto es una romería.)

Efectivamente, para el 29 de septiembre hay una romería desde el Albaicín hasta la ermita de San Miguel en lo alto del Sacro Monte. Esta romería y el San Miguel que se encuentra allí son los elementos reales y castizos que se celebran en este poema de tradición popular granadina. Couffon, (págs. 40 y 41) reproduce una fotografía de este San Miguel y también una vista de la ermita desde el barrio del Albaicín.

Antonio Lara Pozuelo comenta que «si en el *Poema del Cante Jondo* se compararon las tres grandes ciudades andaluzas por sus ríos y en *Canciones* se volvieron a comparar por sus jóvenes, en el *Romancero gitano* se tomarán los arcángeles como punto de partida para una nueva comparación», (pág. 96). Además, como dijo Lorca en su lectura del *Romancero gitano*: «En el poema irrumpen de pronto los arcángeles que expresan las tres grandes andalucías» (I, 1088).

** Diplomático y compañero del hermano del poeta, Francisco.

3-4 En la época de Lorca se subía a pie, a caballo o en mulos. La venta de girasoles era tradicional en la feria de San Miguel.

dando a la quieta penumbra
un final de corazones.
Y el agua se pone fría
para que nadie la toque.
Agua loca y descubierta   15
por el monte, monte, monte.

                        *

San Miguel lleno de encajes
en la alcoba de su torre,
enseña sus bellos muslos
ceñidos por los faroles.   20

Arcángel domesticado
en el gesto de las doce,
finge una cólera dulce
de plumas y ruiseñores.
San Miguel canta en los vidrios;   25
efebo de tres mil noches,
fragante de agua colonia
y lejano de las flores.

                        *

---

¹⁵ El río Darro baja entre peñascos y piedras entre la Alhambra
y el Sacro Monte. Además, al entrar en el casco urbano no es *des-
cubierta*, sino cubierta por el llamado «embovedado», una especie
de gran cloaca que lleva el río por debajo de la Calle de los Reyes
Católicos.

¹⁷⁻²⁴ Sobre estos versos comenta Couffon: «La capilla cuenta tres
estatuas que inspiraron a Lorca el famoso tríptico poético del *Roman-
cero gitano*: San Miguel, San Rafael y San Gabriel. San Miguel ocupa
el puesto de honor en una especie de moderno antecoro —hecho en
1884— que domina el altar. Se trata de una estatua barroca bastante
vulgar, obra del escultor Bernardo Francisco de Mora (1675), más
bien desabrida en su actitud tradicional. El santo, con la cabeza ador-
nada de gigantescas plumas, lleva bajo su túnica azul cielo un curioso
faldón de encaje, que seguramente encendió en Lorca la chispa poética»
(pág. 40). Tiene, además, el brazo derecho en alto, inspirando sin duda
el gesto de las doce.

²⁵⁻²⁸ Estos versos expresan una ironía no muy sutil con la que Lorca
se burla del mal gusto afeminado de la estatua.

252

El mar baila por la playa,
un poema de balcones.　　　　　　　　　　30
Las orillas de la luna
pierden juncos, ganan voces.
Vienen manolas comiendo
semillas de girasoles,
los culos grandes y ocultos　　　　　　　35
como planetas de cobre.
Vienen altos caballeros
y damas de triste porte,
morenas por la nostalgia
de un ayer de ruiseñores.　　　　　　　　40
Y el obispo de Manila,
ciego de azafrán y pobre,
dice misa con dos filos
para mujeres y hombres.

*

San Miguel se estaba quieto　　　　　　　45
en la alcoba de su torre,
con las enaguas cuajadas
de espejitos y entredoses.

San Miguel, rey de los globos
y de los números nones,　　　　　　　　　50
en el primer berberisco
de gritos y miradores.

---

36 *planetas de cobre:* otra referencia metálica para distinguir a los
gitanos. Los *planetas* aluden a la superstición y cierto sentido astrológico
de estos gitanos mitificados que participan en esta romería.
33-44 Nótese la mezcla de gente en este poema: *manolas gitanas;
altos caballeros; damas de triste porte, morenas; y el obispo de Manila.*
Todos están precedidos por ese *efebo de tres mil noches,* ese *rey de
los globos,* ese *arcángel domesticado.* Este procedimiento de mezclar
tipos lo realiza muy a propósito el poeta para desrealizar y desdi-
bujar la realidad sobre la que va creando su romance. De ahí que la
descripción de una romería se convierte en poesía mágica y mítica.
Cfr. C. Couffon, pág. 41.

9

SAN RAFAEL *

(CÓRDOBA)

A Juan Izquierdo Croselles **

I

Coches cerrados llegaban
a las orillas de juncos
donde las ondas alisan
romano torso desnudo.
Coches, que el Guadalquivir   5
tiende en su cristal maduro,
entre láminas de flores
y resonancias de nublos.
Los niños tejen y cantan
el desengaño del mundo   10
cerca de los viejos coches
perdidos en el nocturno.

---

* Martínez Nadal ha publicado los facsímiles de dos versiones de la segunda parte de este poema. En la primera versión se ve una larga lista de asonancias que Lorca escribió al margen, pero sólo utilizó algunas de ellas. «Más que voces utilizables, semejan esas asonancias los preliminares rasgueos que templan la guitarra», afirma Martínez Nadal (pág. xxii).

** Oficial de artillería, amigo del poeta. En la guerra civil luchó en la zona republicana y emigró posteriormente a Méjico (Cfr. José Mora Guarnido, pág. 201).

4 Esta Córdoba misteriosa del poema está llena de reminiscencias romanas. Hay en este romance como en muchos un sentido distorsionado del tiempo. Creemos que Lorca busca a propósito este efecto para conseguir una Córdoba mítica, desrealizada y sugerente: El efecto de   e otra, es lo que Lorca ha poetizado en «San Rafael», quizá el poema más enigmático y difícil de todo el libro.

9 niños: tradicionalmente se le considera a San Rafael el protector de los niños. San Rafael no es el patrón oficial de Córdoba como no es la patrona la Virgen de los Dolores. Sin embargo, tanto el uno como la otra forman en la mente popular el centro de la devoción cordobesa.

Pero Córdoba no tiembla
bajo el misterio confuso,
pues si la sombra levanta   15
la arquitectura del humo,
un pie de mármol afirma
su casto fulgor enjuto.
Pétalos de lata débil
recaman los grises puros   20
de la brisa, desplegada
sobre los arcos de triunfo.
Y mientras el puente sopla
diez rumores de Neptuno,
vendedores de tabaco   25
huyen por el roto muro.

II

Un solo pez en el agua
que a las dos Córdobas junta:
Blanda Córdoba de juncos.

---

[22] Hay en Córdoba una serie de estatuas sobre columnas llamadas los triunfos de San Rafael. Uno de ellos está cerca del río en la llamada Puerta del Puente que es además una especie de arco de triunfo.

[23] *puente:* indudablemente, una alusión al famoso puente romano de Córdoba, puente que tiene en medio un imponente San Rafael. Parece que Lorca quiere centrar el poema en ese San Rafael del puente, pero haciendo a la vez un San Rafael *compuesto,* lleno de esencias de todos los Rafaeles de la ciudad.

[27] *pez:* alusión al episodio de Tobías y San Rafael. Ese pez, igual que los niños, se asocia con la imagen de San Rafael, como, por ejemplo, en la estatua de plata de San Rafael que hizo Damián de Castro (se reproduce una foto de la estatua con sus tres niños y su pez en J. Morales Rojas, *Córdoba,* Barcelona, Planeta, 1966, entre las págs. 52-53). No cabe duda que Lorca no solamente sabía esa asociación popular, sino que también conoció el cuadro de San Rafael y Tobías de Fra Filippino Lippi (se reproduce en George Ferguson, *Signs and Symbols in Christian Art,* Nueva York, Oxford, 1959, fig. 15). Lorca, por su parte, al final de su conferencia sobre el duende compara el efecto de musa, de ángel y de duende y dice: «El ángel puede agitar cabellos de Antonello

Córdoba de arquitectura. 30
Niños de cara impasible
en la orilla se desnudan,
aprendices de Tobías
y Merlines de cintura,
para fastidiar al pez 35
en irónica pregunta
si quiere flores de vino
o saltos de media luna.
Pero el pez que dora el agua
y los mármoles enluta, 40
les da lección y equilibrio
de solitaria columna.
El Arcángel aljamiado
de lentejuelas oscuras,
en el mitin de las ondas 45
buscaba rumor y cuna.

*

Un solo pez en el agua.
Dos Córdobas de hermosura.
Córdoba quebrada en chorros.
Celeste Córdoba enjuta. 50

---

de Mesina, túnica de Lippi y violín de Massolino o de Rousseau»
(I, 1079). El que ve el cuadro de Lippi en el que precisamente lo que
se destaca son las *túnicas* de San Rafael y Tobías, no tiene la menor
duda de que Lorca se refiere a ese cuadro.

[33-5] Los niños a la vez son aprendices de Tobías y Merlines de
cintura, es decir, que tienen gracia física que hechiza, lo que en Anda-
lucía se llama *juncalismo* (sobre este concepto de la gracia física, véase
Ansemo González Climent, *Andalucía en los toros...*, págs. 95-103).
Esta mezcla del elemento bíblico y antiguo con la magia y el sentido
gitanoandaluz de gracia es peculiarmente lorquiana.

[36-38] En cuanto a esta irónica pregunta que parece combinar alu-
siones cristianas y otras islámicas, recuérdese lo que dijo el poeta:
«San Rafael, arcángel peregrino que vive en la *Biblia* y en el *Korán*,
quizá más amigo de musulmanes que de cristianos, que pesca en el río
de Córdoba» (I, 1088).

[43] *aljamiado:* evidente referencia al largo capítulo musulmán de
la historia cordobesa.

10

SAN GABRIEL

(SEVILLA)

A D. Agustín Viñuales *

I

Un bello niño de junco,
anchos hombros, fino talle,
piel de nocturna manzana,
boca triste y ojos grandes,
nervio de plata caliente,   5
ronda la desierta calle.
Sus zapatos de charol
rompen las dalias del aire,
con los dos ritmos que cantan
breves lutos celestiales.   10
En la ribera del mar
no hay palma que se le iguale,
ni emperador coronado
ni lucero caminante.
Cuando la cabeza inclina   15
sobre su pecho de jaspe,
la noche busca llanuras
porque quiere arrodillarse.

---

* Catedrático de Economía en la Universidad de Granada y amigo
de Lorca. Sobre él véase la correspondencia con Guillén (II, 1167).
1-6 Otra vez una descripción de tipo juncal, es decir, una descripción
perfecta de un joven gitano. Este arcángel sevillano es quizá el más
gitano de los tres; por lo menos es el más gracioso. Lorca le llamó
«padre de la propaganda» (I, 1088).
11-14 Esta descripción recuerda la de Antoñito el Camborio y también
la de Ignacio Sánchez Mejías.

Las guitarras suenan solas
para San Gabriel Arcángel,   20
domador de palomillas
y enemigo de los sauces.
San Gabriel: El niño llora
en el vientre de su madre.
No olvides que los gitanos   25
te regalaron el traje.

II

Anunciación de los Reyes,
bien lunada y mal vestida,
abre la puerta al lucero
que por la calle venía.   30
El Arcángel San Gabriel,
entre azucena y sonrisa,
biznieto de la Giralda,
se acercaba de visita.
En su chaleco bordado   35
grillos ocultos palpitan.
Las estrellas de la noche
se volvieron campanillas.
San Gabriel: aquí me tienes
con tres clavos de alegría.   40

25-26 Referencia a las costumbres religiosas de tipo popular que se
estilizan sobre todo durante la Semana Santa y las ferias de tipo religioso.
27 Gracioso nombre que alude a la Virgen con el nombre y a los
gitanos con el apellido, tan frecuente entre ellos.
28 *bien lunada:* evidente juego de palabras. Quiere decir con *lunares,*
pero es una alusión evidente a la luna también. Aunque muchas veces
se asocia con la muerte, conviene recordar que la luna se asocia tam-
bién con la fertilidad. Clebert señala, por otra parte, la creencia entre
gitanos del poder fecundador de la luna (págs. 203-204).
azucena: «que planta sus azucenas en la torre de Sevilla», había
dicho el poeta en su lectura del poema (I, 1088). San Gabriel anuncia
a la Virgen cuyo símbolo tradicional de pureza es la azucena: en esta
versión sevillana y graciosa como un villancico gitano, todo se agitaniza.

Tu fulgor abre jazmines
sobre mi cara encendida.
Dios te salve, Anunciación.
Morena de maravilla.
Tendrás un niño más bello   45
que los tallos de la brisa.
¡Ay San Gabriel de mis ojos!
¡Gabrielillo de mi vida!
para sentarte yo sueño
un sillón de clavellinas.
Dios te salve, Anunciación,
bien lunada y mal vestida.
Tu niño tendrá en el pecho
un lunar y tres heridas.
¡Ay San Gabriel que reluces!   55
¡Gabrielillo de mi vida!
En el fondo de mis pechos
ya nace la leche tibia.
Dios te salve, Anunciación,
Madre de cien dinastías.   60
Áridos lucen tus ojos,
paisajes de caballista.

*

El niño canta en el seno
de Anunciación sorprendida.
Tres balas de almendra verde   65
tiemblan en su vocccita.

57-58 Cfr. con los pechos de Soledad Montoya que gimen canciones
redondas.

60-62 El niño como buen gitano será no solamente caballista, sino
fundador de dinastía. En términos de cante y de toreo se habla fre-
cuentemente de dinastías. Esta gitana *bien lunada* y feliz contrasta
con la monja gitana por cuyos ojos galopan también dos caballistas.

63-64 Esta es la única gitana feliz del libro. Cuando la comparamos
con Soledad con su pena negra, con la monja que vive en su fantasía,

Ya San Gabriel en el aire
por una escala subía.
Las estrellas de la noche
se volvieron siemprevivas.

---

con la gitana verde y sostenida sobre el agua por la luna (pero no
bien lunada), con Preciosa perseguida por el viento verde, con Rosa
la de los Camborios «con sus dos pechos cortados», con la martirizada
Santa Olalla y con la violada Tamar de «flor martirizada», vemos que
la única felicidad que experimenta una de estas gitanas míticas es el
goce maternal, concepto que encaja perfectamente con el sentido de
la vida de los gitanos. Lorca agitaniza aquí la Anunciación empleando
el milagro cristiano para explicar la felicidad y el sentido familiar
entrañable de los gitanos. Nótese la afirmación de Clebert de que
para las gitanas «la esterilidad es la peor desgracia que puede afectar
a una mujer» (pág. 203).

11

PRENDIMIENTO
DE ANTOÑITO EL CAMBORIO
EN EL CAMINO DE SEVILLA *

A MARGARITA XIRGU **

Antonio Torres Heredia,
hijo y nieto de Camborios,
con una vara de mimbre
va a Sevilla a ver los toros.

---

* Fue publicado por primera vez en *Litoral,* Málaga, núm. 1 (noviembre, 1926), con los poemas «San Miguel» y «Preciosa y el aire», páginas 5-11.

** La actriz más famosa de su tiempo y muy amiga de Lorca. Entre los dos hicieron época teatral en América y en España.

1 Sobre Antoñito el Camborio véase Couffon, pág. 31. Era un gitano famoso de la Vega granadina que una noche se cayó de un caballo y se mató accidentalmente con su propio cuchillo, hecho que poetiza Lorca en «Sorpresa» de *Poema del Cante Jondo.* En cambio aquí sólo parece haber empleado el nombre de Antoñito que resulta ser menos «impresionante» que aquel chalán ebrio. Este Antoñito ficticio es, según Lorca, «Gitano verdadero, incapaz del mal, como muchos que en estos momentos mueren de hambre por no vender su voz milenaria a los señores que no poseen más que dinero, que es tan poca cosa» (I, 1089). Creemos que esta asociación con el cante es importante puesto que Antoñito —que Lorca también llamó el prototipo del gitano verídico (I, 1093)— viene a ser el gitano más estético del libro: es la personificación de toda esa dimensión estética que tienen ciertos gitanos que tan evidentemente han influido en el cante, en el toreo, y en todo el sentido gitanoandaluz de la vida.

2 *nieto:* sobre el verídico Antonio, nos ha referido doña Carmen Ramos, de Fuentevaqueros, compañera de Lorca en su niñez, que a Antonio le solían llamar «el nieto del Camborio».

3 *mimbre:* frecuente entre gitanos.

Juan de Dios Ramírez Heredia en *Nosotros los gitanos,* Barcelona, Ediciones 29, 1971, págs. 138-139, discute la importancia del mimbre entre los gitanos y cita esta copla al respecto:

Dijo un día Faraón:
Gitanillo tú has de ser
quien sin mimbre haga canastas
y trasquile los borricos
con tijeras de papel.

Moreno de verde luna   5
anda despacio y garboso.
Sus empavonados bucles
le brillan entre los ojos.
A la mitad del camino
cortó limones redondos,   10
y los fue tirando al agua
hasta que la puso de oro.
Y a la mitad del camino,
bajo las ramas de un olmo,
guardia civil caminera   15
lo llevó codo con codo.

*

---

[4] *los toros:* encajan perfectamente con la visión «estetizante» de Antoñito.

Jeremy C. Forster cree que el punto de partida de la primera estrofa está en el «vito» que dice:

Una malagueña fue
a Sevilla a ver los toros
y a la mitá del camino
la cautivaron los moros.

Cfr. su artículo «Posibles puntos de partida para dos poemas de Lorca», *Romance notes,* 11, págs. 498-500.

[5] Díaz-Plaja observa que también era así el de la copla cervantina de *La gitanilla,* (pág. 134):

Por un morenico de color verde
¿quién es la fogosa que no se pierde?

En el poema «Primer Aniversario» de *Canciones* había escrito:

Morena de luna llena
¿Qué quieres de mi deseo?

[9] Chano Lobato, *RCA: Gran Antología Flamenca,* Camden, CAS-198, canta este villancico tradicional:

La Virgen va caminando
caminito de Belén.
Y a la mitad del camino
viene el niño de Belén.

Por supuesto, no creemos que Lorca estuviera pensando en ello, pero la coincidencia muestra hasta qué punto «lo popular» estuvo grabado en su memoria.

El día se va despacio,
la tarde colgada a un hombro,
dando una larga torera
sobre el mar y los arroyos.   20
Las aceitunas aguardan
la noche de Capricornio,
y una corta brisa, ecuestre,
salta los montes de plomo.
Antonio Torres Heredia,   25
hijo y nieto de Camborios,
viene sin vara de mimbre
entre los cinco tricornios.

Antonio, ¿quién eres tú?
Si te llamaras Camborio,   30
hubieras hecho una fuente
de sangre, con cinco chorros.
Ni tú eres hijo de nadie,
ni legítimo Camborio.

17-20 En la revista *Litoral*, en cuyo primer número (noviembre 1926)
apareció este poema, esta estrofa decía así:

> El día se va despacio
> con la tarde sobre un hombro,
> dando una larga de flores
> sobre el mar y los arroyos.

Cfr. Fernando Allué y Morer: «Federico García Lorca y los "Romances
gitanos"», *Revista de Occidente*, núm. 95, (1971), pág. 237.

Para una explicación de esta bella imagen, ver Cristoph Eich, *Federico García Lorca, poeta de la intensidad*, pág. 95 y también Allen
Josephs, «Toreo and Modern Spanish Literature», *South Atlantic
Bulletin*, vol. XXXIX, núm. 2, (mayo 1974), págs. 69-70. Como se
señala en este artículo, Lorca probablemente tenía en mente la larga
cordobesa, que fue perfeccionada por Rafael Molina «Lagartijo»,
uno de los grandes toreros a quienes se refiere en su ensayo sobre el
duende para apuntar «cuatro grandes caminos de la tradición española» (I, 1078). En esta imagen notable, Lorca agitaniza el día
al personificarlo como torero y «toreriza» el crepúsculo al convertir
la tarde en capote. Este es uno de los mejores ejemplos del idealizado
sentido gitanoandaluz del arte que Lorca emplea para conseguir
que el *Romancero* alcance una dimensión mítica.

33-36 Dice Juan López-Morillas (pág. 246) que el hecho de que

¡Se acabaron los gitanos   35
que iban por el monte solos!
Están los viejos cuchillos
tiritando bajo el polvo.

*

A las nueve de la noche
lo llevan al calabozo,   40
mientras los guardias civiles
beben limonada todos.
Y a las nueve de la noche
le cierran el calabozo,
mientras el cielo reluce   45
como la grupa de un potro.

Antoñito el Camborio no haga frente, navaja en mano, a la Guardia
Civil es «interpretado como una traición a la masculinidad radical,
traición que implica, no ya sólo a quien la hace, sino a la raza entera».

35-36 Fernando Allué y Morer, dice que en *Litoral* estos versos
aparecieron así (pág. 238):

Gastas cintillos de plata
y corazón sin enojos...

Debe recordarse también que Lorca se quejó amargamente de los
errores que aparecieron en *Litoral* (II, 1155).

37-38 Referencia a las antiguas querellas entre gitanos —sobre todo
los llamados «canasteros» o bravíos— y la Guardia Civil. Véase Gerald
Brenan, *Al sur de Granada*, págs. 191-192, donde habla de ese odio
ancestral que impulsa a una gitana vieja a arrojarse sobre un guardia
y apuñalarlo.

46 *potro:* igual que *ecuestre* en el verso 23 es una referencia más al
sentido gitano de la naturaleza.

12

MUERTE DE ANTOÑITO
EL CAMBORIO

A JOSÉ ANTONIO RUBIO SACRISTÁN*

Voces de muerte sonaron
cerca del Guadalquivir.
Voces antiguas que cercan
voz de clavel varonil.   5
Les clavó sobre las botas
mordiscos de jabalí.
En la lucha daba saltos
jabonados de delfín.
Bañó con sangre enemiga
su corbata carmesí,   10
pero eran cuatro puñales
y tuvo que sucumbir.
Cuando las estrellas clavan
rejones al agua gris,
cuando los erales sueñan   15
verónicas de alhelí,
voces de muerte sonaron
cerca del Guadalquivir.

*

* Escribe Jorge Guillén: «Hubo romances que fueron escritos de
un golpe. Me contaba José Antonio Rubio, el más goethiano de mis
amigos, compañero de cuarto de Federico en la Residencia de Madrid,
que una noche fría de invierno, Federico se acostó temprano y allí
en la cama, redactó «Muerte de Antoñito el Camborio» tal como vio
la luz (I, lxi). Para más datos sobre la amistad de Lorca y Rubio,
consúltese Daniel Eisenberg, «Cuatro pesquisas lorquianas», *Thesaurus:
Boletín del Instituto Caro y Cuervo*, tomo XXX, 1975, pág. 10.
13-16 Otra bella imagen muy torera que Lorca emplea para describir
este universo mítico que ha compuesto. Además tiene un antecedente
claro en «Paisaje» de *Libro de poemas*:

> Ya es de noche y las estrellas
> clavan puñales al río
> verdoso y frío.

Antonio Torres Heredia,
Camborio de dura crin,   20
moreno de verde luna,
voz de clavel varonil:
¿Quién te ha quitado la vida
cerca del Guadalquivir?
Mis cuatro primos Heredias   25
hijos de Benamejí.
Lo que en otros no envidiaban,
ya lo envidiaban en mí.
Zapatos color corinto,
medallones de marfil,   30
y este cutis amasado
con aceituna y jazmín.
¡Ay Antoñito el Camborio,
digno de una Emperatriz!
Acuérdate de la Virgen   35
porque te vas a morir.

---

[26] *Benamejí:* pueblo de la provincia de Córdoba lindando con la
de Granada sobre el que comenta el gran conocedor de su propia
provincia cordobesa, Juan Vernier Luque: «...el nombre de Benamejí
aparece afilado como una hoja o trémulo como un suspiro. Si la Córdoba
es lejana, el acento agudo del nombre nazarí queda sin eco, como
vacilante encrucijada de tierra de nadie, camino solo sin adónde»,
Historia y Paisaje Provincial, Córdoba, Diputación Provincial, Estudios
Cordobeses, 1966, pág. 105. En Benamejí el oficial del municipio,
don Francisco Quevedo Villalba, empleado en el municipio durante
más de 35 años y que ha vivido toda su vida en Benamejí (nacido en 1905),
nos aseguró que no se ha ubicado nunca por Benamejí ninguna fa-
milia gitana de apellido Heredia. Parece cierto, por tanto, que Lorca
eligió este nombre por la í aguda en que termina.
[29-32] De estos versos dice José Hierro que «...Lorca ha borrado
la frontera entre lo mayor y lo menor en beneficio de la eficacia poética.
Esta atención que le merece lo mínimo es, innegablemente, propio
de la poesía tradicional. En los romances españoles no es infrecuente
ni mucho menos, detenerse la acción narrativa para describir las armas
de un caballero o los vestidos de una dama». Cfr. José Hierro:
«El primer Lorca», *Cuadernos Hispanoamericanos,* Madrid, núm. 75
(1968), pág. 461.

¡Ay Federico García,
llama a la Guardia Civil!
Ya mi talle se ha quebrado
como caña de maíz.   40

                    *

   Tres golpes de sangre tuvo
y se murió de perfil.
Viva moneda que nunca
se volverá a repetir.
Un ángel marchoso pone   45
su cabeza en un cojín.
Otros de rubor cansado,
encendiron un candil.
Y cuando los cuatro primos
llegan a Benamejí,   50
voces de muerte cesaron
cerca del Guadalquivir.

³⁷ «...el único de todo el libro que me llama por mi nombre en el
momento de su muerte», dijo Lorca en su lectura (I, 1089), dándole
un toque unamuniano: Antoñito, como Augusto Pérez, pide ayuda
a su creador.

⁴¹⁻⁴⁴ Manuel Durán cita estos versos como ejemplos que recuerdan
las paradójicas imágenes de Gómez de la Serna en su *Lorca: A Collection
of Critical Essays,* Englewood Cliffs, N. J., Prentice-Hall, Inc., 1962,
página 7.

⁴⁵⁻⁴⁸ Este ángel pertenece a la misma categoría de los arcángeles
agitanados y los ángeles negros de «Reyerta». Constituyen un caso
de mitificación gitana de los elementos cristianos y bíblicos que co-
rresponde a lo que los gitanos han hecho en muchos villancicos.

13

MUERTO DE AMOR

A Margarita Manso*

¿Qué es aquello que reluce
por los altos corredores?
Cierra la puerta, hijo mío,
acaban de dar las once.
En mis ojos, sin querer,   5

---

* Escritora y amiga de Lorca.

1-2 Daniel Devoto cree que estos versos evocan el romance tradicional de Abenámar:

¿Qué castillos son aquellos?
Altos son, y relucían

Cfr. Daniel Devoto: «García Lorca y los romanceros», *Quaderni Ibero-Americani*, vol. III, núm. 19-20 (1965), pág. 251. Quizá, pero Edward F. Stanton cree que son eco de una *saeta*:

¿Qué es aquello que reluce
por cima del Sacromonte?
—Será la Virgen María
que va por agua a los cielos.

Véase su *The Tragic Myth: Lorca and «Cante Jondo»*, cap. II.

2 *altos corredores*: ¿será éste el romance sobre el que escribe Lorca a Fernández Almagro, llamándolo «El romance de los barandales altos»? (I, 1099). Quizá. También podría ser alusión a las «altas barandas» y los

Barandales de la luna
por donde retumba el agua

del «Romance sonámbulo». Ese sentido de «alto» es frecuente en toda la obra de Lorca, sobre todo en expresiones andaluzas como «en todo lo alto», o «por lo alto de la calle». El poeta sabe captar siempre las frases regionales más poéticas, de las que abundan en Andalucía. En este poema y en el «Romance sonámbulo» Lorca desdibuja «lo alto» a propósito. No es un lugar específico, sino un «alto» como el mundo y cielo heroicos y míticos, habitados por héroes y dioses dignos de Homero. En este mundo mítico de Lorca el cielo y la tierra no tienen división. Los dos compadres del «Romance sonámbulo» pueden subir hasta los «Barandales de la luna», y en este poema las cuatro luces funestas de «los altos corredores» están presentes en los ojos del «muerto de amor» aun en la intimidad de su casa.

5-6 Cfr. con los ojos de la monja gitana:

relumbran cuatro faroles.
Será que la gente aquella
estará fregando el cobre.

*

Ajo de agónica plata   10
la luna menguante, pone
cabelleras amarillas
a las amarillas torres.
La noche llama temblando
al cristal de los balcones,
perseguida por los mil   15
perros que no la conocen,
y un olor de vino y ámbar
viene de los corredores.

*

Brisas de caña mojada
y rumor de viejas voces,   20
resonaban por el arco
roto de la media noche.
Bueyes y rosas dormían.
Solo por los corredores

Por los ojos de la monja
galopan dos caballistas.

7-8 La madre, siempre tan «realista», no se da cuenta de la enormidad
del «flechazo» que ya ha recibido su hijo. En toda la obra de Lorca
el amor y la muerte se confunden y entretejen: este poema constituye
la personificación deliberadamente desdibujada y elíptica de uno de
los personajes centrales de la obra de Lorca, el amante-para-la-muerte,
para modificar un poco el concepto de Heidegger. Cfr. este personaje
anónimo con Leonardo en *Bodas de sangre*, con Mariana Pineda y sobre
todo con Perlimplín.
15-16 Espléndida y característica figura personificada de otro ele-
mento natural. Ningún otro poeta que conozcamos ha podido dar
tan consistentes y bellas imágenes de una naturaleza simpatizante
e íntegramente participante a lo largo de toda una obra.
21-22 *arco roto:* cfr. con la última frase de la conferencia sobre el
duende: «Por el arco vacío entra un aire mental que sopla con insis-
tencias sobre las cabezas de los muertos...» (I, 1079).

las cuatro luces clamaban   25
con el furor de San Jorge.
Tristes mujeres del valle
bajaban su sangre de hombre,
tranquila de flor cortada
y amarga de muslo joven.   30
Viejas mujeres del río
lloraban al pie del monte,
un minuto intransitable
de cabelleras y nombres.
Fachadas de cal, ponían   35
cuadrada y blanca la noche.
Serafines y gitanos
tocaban acordeones.
Madre, cuando yo me muera,
que se enteren los señores.   40
Pon telegramas azules
que vayan del Sur al Norte.

25-26 Hay aquí una sinestesia interesante en estas luces que claman, reflejo de los cuatro faroles del verso 6. Estas luces obviamente significan la muerte que presiente el joven. Son tan imponentes que *claman* «con el furor de San Jorge», el patrono de soldados y el que mató con tanto furor al dragón de la leyenda.

27 A partir de este verso el tiempo sufre un cambio en el que, como en una visión, el joven se ve a sí mismo ya muerto. Todo parece pasar, la muerte, la visión de la muerte por el joven, y su entierro, simultáneamente. Este tiempo desdibujado a propósito intensifica la emoción lírica y funesta de esta muerte de amor. Cfr. con «La cogida y la muerte», la primera parte del «Llanto por Ignacio Sánchez Mejías» en la que la cogida y la muerte —aunque hechos que se suceden lógicamente— ocurren en el mismo momento funesto: *a las cinco de la tarde.*

35-36 Cfr. con estos versos del «Romance sonámbulo»:

La noche se puso íntima
como una pequeña plaza.

37-38 Entran también gitanos en la jerarquía celestial. Esta mezcla, como hemos visto, es típica del *Romancero gitano*. Quizá lo más interesante es el hecho de que en este poema los gitanos propiamente dichos entran sólo como elemento coral, cuando en otros poemas son personajes centrales. Este «muerto por amor», en cambio, aunque personificación del amante trágico, no muestra, sino quizá en la fatalidad de su sino, rasgos gitanos.

cuando yo me muera: frase de varias coplas antiguas como estas

Siete gritos, siete sangres,
siete adormideras dobles,
quebraron opacas lunas   45
en los oscuros salones.
Lleno de manos cortadas
y coronitas de flores,
el mar de los juramentos
resonaba, no sé dónde.   50
Y el cielo daba portazos
al brusco rumor del bosque,
mientras clamaban las luces
en los altos corredores.

---

dos siguiriyas del repertorio de Silverio reproducidas por A. Machado
y Álvarez (págs. 190-191):

> Cuando yo me muera
> ¡Qué será de ti!
> Cuando te beas esamparaíta
> Sin calor de mí.

> Cuando yo me muera
> Tendrás que yorá;
> Cuando te acuerdes lo que t'he querío
> Piedras tirarás.

43-44 *siete:* es tradicionalmente el número mágico por excelencia.
Además de ser irreductible correspondía al número antiguo de planetas.
Multiplicado por cuatro equivale al ciclo lunar. Muy empleado en el
Antiguo Testamento, es un número que puede significar extrema
gracia o mala suerte. En este poema no cabe duda cuál de las dos
viene al caso. La combinación del número *siete* y del uso de *dobles*
para significar *grandes* nos hace recordar una siguiriya de Manuel
Torre que canta su hijo Tomás (Ariola, 85 417-N):

> De los siete dolores
> que pasó mi Dios.
> De los grandes dolores
> que pasó mi Dios.
> Los pasaíto la mare mi alma
> de mi corazón.
> De los grandes dolores
> que pasó mi Dios.

44 Las adormideras producen el opio. Adormidera *doble* equivale
a adormidera grande.

14

ROMANCE DEL EMPLAZADO *

Para Emilio Aladrén **

¡Mi soledad sin descanso!
Ojos chicos de mi cuerpo
y grandes de mi caballo,

---

* El título viene del rey Fernando IV, llamado *el Emplazado*.
Parece que en este poema Lorca ha combinado su Amargo del *Poema
del Cante Jondo* con la noción del Emplazado. Camilo José Cela
cuenta en su *Primer viaje andaluz* la historia del Emplazado (páginas
129-130):

> De la peña de Martos abajo fueron tirados, por orden de
> Fernando IV, los dos Carvajales, los hermanos don Pedro
> y don Juan de Carvajal, caballeros calatravos a quienes acusaron
> al rey con la especie —dícese que calumniosa, por sus amigos,
> y que no muy descaminada, por sus enemigos— de haber
> tenido arte y parte en el asesinato de don Juan Alonso de
> Benavides, su valido, muerto en Palencia, a las mismas puertas
> de palacio, por mano nocturna y alevosa.
> Martos lloró a los dos caballeros en la Cruz del Lloro;
> los perpetuó en el lugar que dicen las Tres Cruces, donde
> según es tradición fueron sacados de la jaula en que los traían
> presos y, andando los años, los enterró solemnemente en la
> vieja iglesia de Santa Marta.
> Los Carvajales bien se tomaron anticipada venganza y,
> antes de salir por el aire, emplazaron al rey:

> > ¿Por qué lo haces, el rey?
> > ¿Por qué haces tal mandado?
> > Querellámonos, el rey,
> > para ante Dios soberano,
> > que dentro de treinta días
> > vais con nosotros a plazo.
> > Y ponemos por testigos
> > a San Pedro y a San Pablo.
> > Por escribano ponemos
> > al apóstol Santiago.

A los treinta días justos —nómbresele casualidad— Dios
nuestro Señor llamó a su presencia a Fernando IV, el Emplazado.
** Emilio Aladrén, escultor que hizo un busto de Lorca. Según
Daniel Eisenberg, una fotografía de este busto apareció en la página 106
de la revista *Social*, de La Habana, en abril de 1930. Véase Daniel
Eisenberg (ed.): *Federico García Lorca. Songs*, (traducción de Philip
Cummings), Pittsburg, Duquesne University Press, 1976, pág. 10.

no se cierran por la noche
ni miran al otro lado   5
donde se aleja tranquilo
un sueño de trece barcos.
Sino que limpios y duros
escuderos desvelados,
mis ojos miran un norte   10
de metales y peñascos
donde mi cuerpo sin venas
consulta naipes helados.

*

[7] Josette Blanquat relaciona este verso con la Laguna Estigia de
la mitología griega que no podía ser pasada por la persona muerta
si ésta no llevaba en la boca la moneda que demandaba Caronte.
(«La lune manichéenne dans la mythologie du "Romancero gitano"»,
París, *Revue de Littérature Comparée*, vol. XXXVIII, 1964, pág. 389.)

Es interesante recordar aquí la frase de Lorca: «...estoy haciendo
interpretaciones modernas de figuras de la mitología griega, cosa
nueva en mí y que me distrae muchísimo» (Carta a Melchor Fernández
Almagro, de julio de 1923, II, 1065).

trece barcos: otro que ve su propia muerte como en una visión.
Comentamos ya la conexión de *barcos* con la muerte en «Romance
sonámbulo». *Trece* es por supuesto, el número de mala suerte y traición
por excelencia. Lorca afirma en su lectura que este Amargo —nexo
entre *Poema del Cante Jondo* y el *Romancero gitano*— es una «fuerza
andaluza, centauro de muerte y odio» (I, 1089):

Teniendo yo ocho años y mientras jugaba en mi casa de Fuente
Vaqueros se asomó a la ventana un muchacho que a mí me
pareció un gigante y que me miró con un desprecio y un odio
que nunca olvidaré y escupió dentro al retirarse. A lo lejos
una voz lo llamó: «¡Amargo, ven!»

Desde entonces el Amargo fue creciendo en mí hasta que
pude descifrar por qué me miró de aquella manera, ángel
de la muerte y la desesperanza que guarda las puertas de Anda-
lucía. Esta figura es una obsesión en mi obra poética. Ahora
ya no sé si la vi o se me apareció, si me lo imaginé o ha estado
a punto de ahogarme con sus manos. La primera vez que sale
el Amargo es en el *Poema del Cante Jondo*, que yo escribí
en 1921 (I, 1089).

[15] Cfr. estos versos de «Reyerta»:

Una dura luz de naipe
recorta en el agrio verde

Los densos bueyes del agua
embisten a los muchachos   15
que se bañan en las lunas
de sus cuernos ondulados.
Y los martillos cantaban
sobre los yunques sonámbulos,
el insomnio del jinete   20
y el insomnio del caballo.

                    *

El veinticinco de junio
le dijeron a el Amargo:
Ya puedes cortar si gustas
las adelfas de tu patio.   25

---

[14] Francisco García Lorca refiere la gran impresión que recibió
Federico de niño cuando una criada, al describir el nacimiento de un
manantial, dijo que se había levantado un buey de agua, frase que dio
origen a este verso. Véase su prólogo a *Three Tragedies*, pág. 17.
En su conferencia sobre Góngora, Lorca dijo: «A un cauce profundo
que discurre lento por el campo lo llaman *buey de agua*, para indicar
su volumen, su acometividad y su fuerza; y yo he oído decir a un la-
brador de Granada: "A los mimbres les gusta estar siempre en la
lengua del río". Buey de agua y lengua de río son dos imágenes hechas
por el pueblo y que responden a una manera de ver ya muy de cerca
de don Luis de Góngora.» O una manera de ver ya muy de cerca de
Federico García Lorca.
[18-19] Como en un cante por *martinete*, el martillo marca el compás
de ese romance gitano. Así como en una crisopeya el cante se eleva
a poema mítico sobre el destino de este jinete emplazado que se hace
—debido a la alquimia lorquiana— un centauro. Y en el fondo siempre
el eco, la resonancia de la voz popular, como esta siguiriya del siglo
pasado que cantó el *Viejo de la Isla*:

                    Fragua, yunque y martiyo
                    Rompen los metales,
                    Er juramento que yo a ti te jecho
                    No lo rompe naide.

Recogida esta magnífica copla por A. Álvarez y Machado, pág. 123.

Pinta una cruz en la puerta
y pon tu nombre debajo,
porque cicutas y ortigas
nacerán en tu costado,
y agujas de cal mojada   30
te morderán los zapatos.
Será de noche, en lo oscuro,
por los montes imantados,
donde los bueyes del agua
beben los juncos soñando.   35
Pide luces y campanas.
Aprende a cruzar las manos,
y gusta los aires fríos
de metales y peñascos.
Porque dentro de dos meses   40
yacerás amortajado.

                    *

Espadón de nebulosa
mueve en el aire Santiago.
Grave silencio, de espalda,
manaba el cielo combado.   45

                    *

28-29 Al final del «Diálogo del Amargo» de *Poema del Cante Jondo*
hay una acotación que especifica: (El Jinete *ayuda al* Amargo. *Los
dos emprenden el camino de Granada. La sierra del fondo se cubre de
cicutas y de ortigas.)*
43 *Santiago:* dado el carácter funesto de estos días veinticinco, es
difícil no pensar en una famosa siguiriya del gran *cantaor* del siglo
pasado «Curro Durse», cante que modificó y popularizó Manuel Torre
y que se repite mucho hoy, como en esta versión que canta Manolo
Caracol en su disco *Una historia del cante flamenco*, (vol. 1), Clave
18.1077:

> Santiago y Santa Ana
> Como eran dos días muy señalaítos
> de Santiago, y Santa Ana
> yo le rogué a mi Dios
> que le aliviara las duquelas a la mare mía
> de mi corazón.

El veinticinco de junio
abrió sus ojos Amargo,
y el veinticinco de agosto
se tendió para cerrarlos.
Hombres bajaban la calle   50
para ver al emplazado,
que fijaba sobre el muro
su soledad con descanso.
Y la sábana impecable,
de duro acento romano,   55
daba equilibrio a la muerte
con las rectas de sus paños.

Se trata de lo que fue en tiempos de «Curro Durse» una «triste velada
trianera». Se ha perdido el «suceso» de aquella noche del 25 al 26 de
julio, pero no la asociación fúnebre de Santiago que es lo que nos
interesa señalar aquí.

[42-49] La interpretación de estos versos por Martínez Nadal, es así:

La vía láctea, vista como espadón que blandiera en el cielo
Santiago, aquí casi espada de Damocles, es disfrazada alusión
al 25 de julio, festividad del Santo Patrón, fecha equidistante
del fatídico veinticinco de junio, en que «abre sus ojos Amargo»,
tras el sueño anunciador de su muerte, y del veinticinco de
agosto, en que «se tendió para cerrarlos». (*Autógrafos*, pá-
gina xxiv.)

15

ROMANCE DE LA
GUARDIA CIVIL ESPAÑOLA*

A JUAN GUERRERO,
Cónsul general de la Poesía**

Los caballos negros son.
Las herraduras son negras.
Sobre las capas relucen
manchas de tinta y de cera.
Tienen, por eso no lloran,   5
de plomo las calaveras.

---

* En este romance culmina el antagonismo gitanos-Guardia Civil.
Este tipo de persecución contra los gitanos tiene sus antecedentes his-
tóricos. Ricardo Molina y Antonio Mairena afirman que los cantes más
antiguos «que conocemos no hablan sino de persecuciones, de torturas,
de pesadillas, de muerte». Su trágico universo se funda en hechos his-
tóricos. Los más arcaicos aluden a persecuciones anteriores al siglo XIX,
pero hay un grupo trianero que relata líricamente la persecución local
que hacia 1800 sufrieron los gitanos del barrio de Triana:

Los «geres» por las esquinas
con velones y farol
en voz alta se decían
«mararlo» que es «calorró»

(*Mundo y formas del cante flamenco*, pág. 163.)
** Juan Guerrero Ruiz, editor de *Verso y prosa*, de Murcia. En carta
de Lorca de marzo de 1928, le decía: «Tú siempre el mejor, Cónsul gene-
ral de la Poesía. Todos mis amigos agradecidísimos a ese grito de
Verso y prosa, papel decano y maestro de revistas juveniles a quien
rinden y rendimos pleitesía» (I, 1188).
1-16 Toda esta descripción les da a los guardias verdadero rango
épico aunque en sentido negativo, sobre todo

una vaga astronomía
de pistolas inconcretas

que llevan en la cabeza de plomo, y ese «alma de charol». Los vuelve
con esos toques —en los que su indumentaria y equipo llegan a reem-
plazar rasgos humanos— absolutamente nefastos. Para una buena dis-
cusión de la mecánica poética de estos versos consúltese Carlos Bou-
soño, págs. 582-588.

Con el alma de charol
vienen por la carretera.
Jorobados y nocturnos,
por donde animan ordenan   10
silencios de goma oscura
y miedos de fina arena.
Pasan, si quieren pasar,
y ocultan en la cabeza
una vaga astronomía   15
de pistolas inconcretas.

*

¡Oh ciudad de los gitanos!
En las esquinas banderas.
La luna y la calabaza
con las guindas en conserva.   20
¡Oh ciudad de los gitanos!
¿Quién te vio y no te recuerda?
Ciudad de dolor y almizcle,
con las torres de canela.

---

18 Se trata de una fiesta de Navidad como se verá en seguida. Este
verso lo ha tomado Lorca directamente de los cantes festivos de los
gitanos:

> Que bonito está Triana
> cuando le ponen al puente
> las banderitas gitanas.

(Molina, *Misterios del arte flamenco*, pág. 51.)

Joselero de Morón canta en una «alboreá» el cante tradicional de
la boda gitana, esta letra:

> Y esta noche mando yo
> Mañana mande quienquiera
> Y esta noche vi a poné
> por las esquinas banderas...

(A. Diego, vol. II, Movieplay S-32.712.)

21-24 ¿Se refiere Lorca a un lugar concreto? Existe el famoso barrio
de Santiago, de Jerez (verso 32), barrio importantísimo en la historia
del cante jondo. Sin embargo, creemos que Lorca ha construido su
propia ciudad, mezcla de pena y de sensualidad,

> con las torres de canela.

Cuando llegaba la noche,   25
noche que noche nochera,
los gitanos en sus fraguas
forjaban soles y flechas.
Un caballo malherido,
llamaba a todas las puertas.   30
Gallos de vidrio cantaban
por Jerez de la Frontera.
El viento, vuelve desnudo
la esquina de la sorpresa,
en la noche platinoche   35
noche, que noche nochera.

*

La Virgen y San José,
perdieron sus castañuelas,
y buscan a los gitanos
para ver si las encuentran.   40

25-26 Como se trata de una fiesta gitana de Navidad, el poeta trata
de captar el ritmo de bulerías y villancicos gitanos con su lenguaje
poético.
28 *soles y flechas:* otros elementos de tipo mítico, planetario, astro-
nómico, mágico.
29-30 Es difícil evitar la asociación con el caballo herido de *Guernica*,
de Picasso, otro gran artista español y universal.
37 y ss. Esta agitanización de la Virgen y San José es la nota carac-
terística de una fiesta gitana de Navidad. Como muestra de la letra de
estas coplas graciosas que evoca Lorca en sus versos, reproducimos
estos villancicos que canta Amós Rodríguez en el *Archivo del cante
flamenco* de Vergara:

> La Virgen como es gitana
> a los gitanos camela.
> San José como es *gachó*
> se rebela, se rebela.
>
> El niño Dios se ha perdío
> su Madre lo está buscando
> y está en la orilla del río
> de juerga con los gitanos.

La Virgen viene vestida
con un traje de alcaldesa
de papel de chocolate
con los collares de almendras.
San José mueve los brazos   45
bajo una capa de seda.
Detrás va Pedro Domecq
con tres sultanes de Persia.
La media luna, soñaba
un éxtasis de cigüeña.   50
Estandartes y faroles
invaden las azoteas.
Por los espejos sollozan
bailarinas sin caderas.
Agua y sombra, sombra y agua   55
por Jerez de la Frontera.

                        *

   ¡Oh ciudad de los gitanos!
En las esquinas banderas.
Apaga tus verdes luces
que viene la benemérita.   60

47-48 En esta mitología lorquiana hasta las esencias están presentes.
El vino y el coñac jerezanos de la juerga navideña se personifican en
la figura del magnate vinícola, amigo hasta de los Reyes Magos que
se presentan aquí como sultanes persas. Esta mezcla de la Virgen, los
gitanos, San José, Pedro Domecq y sultanes persas es característica
del retablo del *Romancero gitano* y forma parte de la técnica gitano-
mitificadora.

53-54 Cfr. con estos versos de «Café cantante» de *Poema del Cante
Jondo:*

> Y en los espejos verdes,
> largas colas de seda
> se mueven.

El efecto es muy apreciado, pero en estas alucinantes «bailarinas sin
caderas» se ve una prefiguración de la terrible violencia que está a
punto de estallar dentro de esta ciudad ingenua y mágica.

¡Oh ciudad de los gitanos!
¿Quién te vio y no te recuerda?
Dejadla lejos del mar,
sin peines para sus crenchas.

*

    Avanzan de dos en fondo   65
a la ciudad de la fiesta.
Un rumor de siemprevivas,
invade las cartucheras.
Avanzan de dos en fondo.
Doble nocturno de tela.   70
El cielo, se les antoja,
una vitrina de espuelas.

*

    La ciudad libre de miedo,
multiplicaba sus puertas.
Cuarenta guardias civiles   75
entran a saco por ellas.
Los relojes se pararon,
y el coñac de las botellas
se disfrazó de noviembre
para no infundir sospechas.   80
Un vuelo de gritos largos
se levantó en las veletas.
Los sables cortan las brisas
que los cascos atropellan.
Por las calles de penumbra   85
huyen las gitanas viejas
con los caballos dormidos
y las orzas de monedas.

77-80 Tal es el miedo que infunden las siniestras acciones de los
guardias que hasta estos elementos se paralizan o tratan de ocultarse.

Por las calles empinadas
suben las capas siniestras,   90
dejando detrás fugaces
remolinos de tijeras.

En el portal de Belén
los gitanos se congregan.
San José, lleno de heridas,   95
amortaja a una doncella.
Tercos fusiles agudos
por toda la noche suenan.
La Virgen cura a los niños
con salivilla de estrella.   100
Pero la Guardia Civil
avanza sembrando hogueras,
donde joven y desnuda
la imaginación se quema.
Rosa la de los Camborios,   105
gime sentada en su puerta
con sus dos pechos cortados
puestos en una bandeja.

97-98 Se trata de verdadera invasión y saqueo. Lorca eleva esta escena
hasta convertirla en escena de guerra. Como dijo Fernández Almagro
en su reseña del *Romancero gitano*, pág. 374: «Luchan la navaja y el
mauser, como en el fondo mítico de todos los abolengos pelean dioses
y titanes.» Lorca en carta a Guillén escribió: «Las escenas del saqueo
serán preciosas. A veces, sin que se sepa por qué, se convertirán en
centuriones romanos» (II, 1154). Obvio paralelo de represión.

104 En este poema hasta la imaginación se personifica, aquí como
joven mártir sacrificada por la Guardia Civil. Este verso, hasta ahora
sin comentario por la crítica, nos parece de los más importantes del
libro. Encierra uno de los temas clave en la obra de Lorca: el de la lucha
continuamente perdida entre la imaginación libre y la fuerza del orden.
El verso implica también que la mente no puede contemplar tales
horrores.

105-108 Prefigura esta mártir a la del poema siguiente, «Martirio de
Santa Olalla». Cuando comparamos la tortura y tenemos en cuenta
que «la imaginación» se quema igual que Santa Olalla, y cuando
pensamos que Lorca quiso que los guardias civiles se hiciesen de
repente «centuriones romanos», podemos comprender hasta qué punto
el poeta llevaba a cabo un mundo concebido como concéntrico.

Y otras muchachas corrían
perseguidas por sus trenzas,   110
en un aire donde estallan
rosas de pólvora negra.
Cuando todos los tejados
eran surcos en la tierra,
el alba meció sus hombros   115
en largo perfil de piedra.

                    *

¡Oh ciudad de los gitanos!
La Guardia Civil se aleja
por un túnel de silencio
mientras las llamas te cercan.   120

¡Oh ciudad de los gitanos!
¿Quién te vio y no te recuerda?
Que te busquen en mi frente.
Juego de luna y arena.

111-112 Cfr. con las «trescientas rosas morenas» del contrabandista
herido de «Romance sonámbulo».
113-116 Ante tal masacre de hombres la Naturaleza —en esta imagen
tan típica del Romancero gitano— no puede adoptar otra actitud.
121-124 Estos versos de extraordinaria belleza pueden servir de lema
para el *Romancero gitano* y a toda la obra poética —lo que equivale
a toda la obra— de Lorca.

Tres romances históricos

16

MARTIRIO DE SANTA OLALLA *

A RAFAEL MARTÍNEZ NADAL **

I

PANORAMA DE MÉRIDA

Por la calle brinca y corre
caballo de larga cola,
mientras juegan o dormitan
viejos soldados de Roma.
Medio monte de Minervas   5
abre sus brazos sin hojas.
Agua en vilo redoraba
las aristas de las rocas.
Noche de torsos yacentes
y estrellas de nariz rota,   10
aguarda grietas del alba
para derrumbarse toda.

---

* La primera mención de este poema aparece en carta a Guillén de noviembre de 1926. Lo llama «Romance del martirio de la gitana Santa Olalla de Mérida».

** Muy amigo de Lorca, es, además, uno de sus intérpretes más importantes y prestigiosos.

⁴ Mérida, la Emérita romana, era precisamente una ciudad donde vivieron muchos soldados romanos licenciados. Lorca dijo de este poema «...voy a leer un romance de la Andalucía romana (Mérida es andaluza, como por otra parte lo es Tetuán) donde la forma, la imagen y el ritmo son apretados y puestos como piedras para el tema» (I, 1090). Debemos tener en cuenta que en tiempos romanos Andalucía, la *Baética*, llegaba hasta el río Guadiana en el que se sitúa Mérida. Además, vale la pena notar que al final el *Romancero* empieza una decidida ampliación hacia atrás en el tiempo y hacia fuera en el espacio.

⁵⁻¹² Estos versos recuerdan las estatuas rotas de la Mérida —o cualquier ruina romana— de nuestro tiempo. Además, el verbo *derrumbarse* parece aludir ya al derrumbamiento del Imperio.

⁹⁻¹² Durán cita estos versos como ejemplo de expresiones que nos recuerdan las paradójicas imágenes de Gómez de la Serna. Cfr. Manuel Durán (editor): *Lorca. A Collection of Critical Essays*, pág. 7.

De cuando en cuando sonaban
blasfemias de cresta roja.
Al gemir, la santa niña
quiebra el cristal de las copas.
La rueda afila cuchillos
y garfios de aguda comba.   15
Brama el toro de los yunques,
y Mérida se corona   20
de nardos casi despiertos
y tallos de zarzamora.

II

EL MARTIRIO

Flora desnuda se sube
por escalerillas de agua.
El Cónsul pide bandeja   25
para los senos de Olalla.

17-18 Referencia a los instrumentos de la tortura. Lo que sobresale
en este romance no es el aspecto religioso ortodoxo o hagiográfico
sino la increíble tortura que sufre la niña. Como ha observado Eich,
pág. 105, «Su religiosidad era de naturaleza mágica y mítica, relacio-
nada por tanto, con los elementos mágicos y míticos del catolicismo,
mientras que los elementos racionales, por no hablar ya de los místicos,
le eran ajenos.»

25-30 Si Olalla no es gitana, su martirio queda prefigurado en el
martirio de Rosa la de los Camborios en el poema anterior. En los
dos casos la imagen de los senos puestos en una bandeja viene del
martirio de Santa Ágata. Consúltese George Ferguson, *Signs and
Symbols in Christian Art*, pág. 26. El martirio de Santa Ágata, otra
niña mártir que sufre una horrible tortura, es muy parecido al de
Eulalia. Además está claro que la Olalla de Lorca es una santa basada
en Eulalia, pero bastante distinta de ella también, como ha señalado
Alex Scobie en un interesante artículo «Lorca y Eulalia», *Arcadia*,
volumen 9, págs. 290-298. Scobie hace una valiosa comparación entre los
textos del poema de Prudencio sobre Eulalia —probable fuente de
parte del poema de Lorca— y este romance.

Un chorro de venas verdes
le brota de la garganta.
Su sexo tiembla enredado
como un pájaro en las zarzas.
Por el suelo, ya sin norma,   30
brincan sus manos cortadas
que aún pueden cruzarse en tenue
oración decapitada.
Por los rojos agujeros   35
donde sus pechos estaban
se ven cielos diminutos
y arroyos de leche blanca.
Mil arbolillos de sangre
le cubren toda la espalda
y oponen húmedos troncos   40
al bisturí de las llamas.
Centuriones amarillos
de carne gris, desvelada,
llegan al cielo sonando   45
sus armaduras de plata.
Y mientras vibra confusa
pasión de crines y espadas,
el Cónsul porta en bandeja
senos ahumados de Olalla.   50

---

[32] Alex Scobie (pág. 297), señala cómo esta imagen se repite en muchas obras de Lorca y cita «Muerto de amor», «Discurso al alimón
sobre Rubén Darío» y «Homenaje a Soto de Rojas». Recuerda también
que hay un dibujo, «Manos cortadas», reproducido en las *Obras Completas*. Como afirma Scobie, esta tortura representa un detalle nuevo
que Lorca ha añadido al «catálogo de torturas» que sufre la niña.
Esta segunda parte del poema —cuadro central del tríptico— constituye el apogeo de la violencia en un poema lleno de ensañamiento.
El carácter peculiarmente bello —que Lorca logra a través de las escalofriantes imágenes— de lo violento y sádico, representa uno de los
logros artísticos más notables del *Romancero*.

[49-50] Obvia referencia a Salomé y la cabeza de San Juan Bautista,
que Lorca mezcla aquí con la imagen de los senos en la bandeja. Esta
mezcla de elementos es muy propia del *Romancero gitano*.

III

INFIERNO Y GLORIA

Nieve ondulada reposa.
Olalla pende del árbol.
Su desnudo de carbón
tizna los aires helados.
Noche tirante reluce.   55
Olalla muerta en el árbol.
Tinteros de las ciudades
vuelcan la tinta despacio.
Negros maniquís de sastre
cubren la nieve del campo,   60
en largas filas que gimen
su silencio mutilado.

---

[51] *Nieve:* es a base de la nieve, de lo blanco, como Lorca logra la extraordinaria estilización de este «cuadro». La fecha de Santa Eulalia es el 10 de diciembre, fecha de una posible nevada temprana. En la versión de Prudencio, «Peristephanon 3», hay una nevada, pero no hay esa morbosa insistencia en *lo blanco* que encontramos en este romance.

[59] *maniquís:* aparecía *maniquíes* en el *Primer Romancero gitano*. Arturo del Hoyo estableció *maniquís* y explicó: «Hemos establecido la lección 'maniquís', frente a 'maniquíes', ya que la versificación lo exige y está de acuerdo con el uso, 'maniquíes' se debe, sin duda, a ultracorrección.» Estamos de acuerdo con este cambio introducido por del Hoyo, sobre todo porque en el facsímil del manuscrito del poema, publicado por Martínez Nadal, se ve que el poeta escribió *maniquís*.

[62] *silencio mutilado:* ejemplo excelente de lo que Carlos Bousoño ha llamado el «desplazamiento calificativo», procedimiento poético empleado a menudo por Lorca en el que un elemento se describe empleando atributos de otro elemento, formando así una relación especial —poética— entre los dos elementos, relación que no hubiera existido sin esta transferencia. En *silencio mutilado*, la mutilación de la mártir se emplea para describir el *silencio*, descripción que crea una dinámica unicidad de expresión poética. Véase *Teoría de la expresión poética* de Bousoño para una explicación más exhaustiva (págs. 86-95).

[62] y ss. Esta última parte del poema constituye una «epifanía» poética: Lorca funde los elementos poéticos con los elementos religio-

Nieve partida comienza.
Olalla blanca en el árbol.
Escuadras de níquel juntan
los picos en su costado. 65

* * *

Una Custodia reluce
sobre los cielos quemados,
entre gargantas de arroyo
y ruiseñores en ramos. 70
¡Saltan vidrios de colores!
Olalla blanca en lo blanco.
Angeles y serafines
dicen: Santo, Santo, Santo.

sos para crear una visión trascendente de belleza mítica. El sol no es
sol sino *una custodia*. Los cielos están *quemados* como el cuerpo de
la mártir. La luz se hace *vidrios de colores* como las ventanas de las
iglesias y alrededor de la niña *ángeles* y *serafines* celebran su santidad.
Su desnudo de carbón ya se ha cubierto de nieve y se ha vuelto la pureza
misma:

Olalla blanca en lo blanco.

17

BURLA DE DON PEDRO A CABALLO*

ROMANCE CON LAGUNAS

A JEAN CASSOU **

Por una vereda
venía Don Pedro.

---

* Publicado por primera vez con el título «Romance con lagunas»
en *Mediodía*, núm. 7, Sevilla, 1927, págs. 6-7. Cfr. K. M. Sibbald.
La primera versión de este poema puede verse también en carta a
Joaquín Romero Murube de diciembre de 1927. Cfr. Antonio Gallego
Morell, págs. 145-147. Para un romance apócrifo de «Don Luis a Ca-
ballo» que es una burla de los romances de Lorca, y sobre todo de
esta «Burla de don Pedro a caballo», véase *La Gaceta Literaria*, núm. xi,
1 de junio de 1927, pág. 1. Todavía el *Romancero* no había aparecido,
pero el «Romance apócrifo» indica hasta qué punto los romances de
Lorca eran conocidos, sobre todo entre los amigos de Lorca. ¿Cómo
apareció este «Romance apócrifo»? Lo explica Gerardo Diego en su
«Crónica del centenario de Góngora (1627-1927), I», en *Lola*, núm. 1,
diciembre de 1927, sin págs., al referirse a «la broma un tanto pesada
que le gastamos a Lorca en el mismo número (de la Gaceta Literaria),
contrahaciéndole un *Romance apócrifo* en castigo de no presentarse
a los actos de Madrid, ni enviar siquiera adhesión». Nos ha referido
nuestro colega Kay Sibbald, que ha estudiado este asunto, que este
tipo de broma era bastante frecuente, y que lo que que tiene de raro
todo el asunto es el hecho de publicarlo como si fuera del mismo Lorca.
Acepta la responsabilidad Gerardo Diego, pero no sin haberse enojado
con Giménez-Caballero, quien, al parecer, fue el culpable de publi-
carlo con el nombre de Lorca. Agradecemos a Kay Sibbald la infor-
mación.
** Hispanista francés que tradujo algunos poemas de Lorca. La
información está en la carta de Lorca a Adolfo Salazar que publicó
Rafael Martínez Nadal en *Autógrafos*, pág. xxi.
2 *Don Pedro:* En este romance histórico Lorca vuelve a la larga
tradición de romances populares más que a los romances cultos.
D. M. Glasser, que ha estudiado este romance en «Lorca's "Burla
de don Pedro a caballo"», *Hispania*, vol. XLVII (1964), págs. 295-301,
y quien a su vez se basa en Menéndez Pidal, afirma que Pedro es el
nombre moderno de Don Bueso, caballero cómico del romancero
popular: «era famoso tipo de parodia entre los literatos» (pág. 245).
Esto podría explicar en parte la «burla» de este extraño romance.
No cabe duda que Lorca conoció toda esta tradición a fondo.

¡Ay cómo lloraba
el caballero!
Montado en un ágil   5
caballo sin freno,
venía en la busca
del pan y del beso.
Todas las ventanas
preguntan al viento,   10
por el llanto oscuro
del caballero.

PRIMERA LAGUNA

Bajo el agua
siguen las palabras.
Sobre el agua   15
una luna redonda
se baña,
dando envidia a la otra
¡tan alta!

---

[4] Dice Díaz-Plaja: «Supongo que el 'romance con lagunas' *Burla de don Pedro a caballo* debe mucho a la canción popular *El caballero de Olmedo*. También aquí, como en la coplilla que glosa Lope, lo mataron de noche al caballero. Ese caballero que andaba, precisamente, tras el pan y el beso...», en *Federico García Lorca*, págs. 144-145. Para un estudio comparativo entre este poema y *El caballero de Olmedo* de Lope, consúltese el artículo de Doris Margaret Glasser.

[9-10] Cfr. con los versos de «Muerto de amor»:

> La noche llama temblando
> al cristal de los balcones,
> perseguida por los mil
> perros que no la conocen...

[13-23] Esta primera laguna introduce el motivo del agua en este romance muy incompleto. Obviamente, Lorca juega —burla— con los conceptos. *Laguna* alude al agua, pero también se refiere a los espacios vacíos de este poema. Se burla el poeta hasta de la forma de los romances. Se ha comentado mucho hasta qué punto la cualidad elíptica de los romances antiguos —lo que no se dice, lo que se queda fuera— crea y aumenta sus sugerencias poéticas y su belleza. Lorca se burla de todo ello al dejar fuera a propósito casi todo lo que pasa —casi toda la acción o argumento— en el romance.

290

En la orilla,   20
un niño,
ve las lunas y dice:
¡Noche; toca los platillos!

SIGUE

A una ciudad lejana
ha llegado Don Pedro.   25
Una ciudad de oro
entre un bosque de cedros.
¿Es Belén? Por el aire
yerbaluisa y romero.

<hr/>

[25] José Angel Valente cree que el tema del «caballero solo» viene
de la «Canción del jinete», de *Canciones*. «En el caso de la 'Canción
del jinete', creo que pudo haber sido factor precipitante una narración
de Lord Dunsany titulada 'Cascasona', del volumen *Cuentos de un
soñador*, editado por la *Revista de Occidente* el año 1924, en traducción
de Manuel Ortega y Gasset. Lorca escribe su poema ese mismo año,
poco después de aparecer el libro del escritor irlandés. Juan Ramón
Jiménez señaló la influencia de los irlandeses —concretamente la de
Synge— en Lorca. El propio Juan Ramón Jiménez cita al lado de los
grandes nombres irlandeses (Joyce, Yeats, Synge) el de Lord Dunsany,
lo que tal vez dé algún indicio de la presencia que este escritor —muerto
hace pocos años— pudo tener entonces en el medio peninsular. La
Carcasona mítica de Lord Dunsany —tan mítica como la Córdoba
de Lorca— "con el sol brillando sobre su ciudadela en la cima de una
lejana montaña", es claramente el Palacio del Rey-Pescador hacia el
que se va siempre en una aventura sin término», en *Las palabras de
la tribu*, pág. 124.

[26] En el *Primer Romancero gitano* publicado por *Revista de Occidente*,
apareció este verso así:

Una ciudad lejana

La falta o repetición que trascendió a otras ediciones, como la de
Losada, se debió a que Joaquín Romero Murube copió mal el manus-
crito del poeta cuando fue enviado a la imprenta, según lo explicó
en «Una variante en el *Romancero gitano*», Ínsula, núm. 94, (1953),
página 5.

[28] *¿Es Belén?:* más burla por parte del poeta. Si hasta dentro de
este poema incompleto no se sabe qué ciudad es, ¿cómo podrá averiguar
desde fuera el lector?

Brillan las azoteas   30
y las nubes. Don Pedro
pasa por arcos rotos.
Dos mujeres y un viejo
con velones de plata
le salen al encuentro.   35
Los chopos dicen: No.
Y el ruiseñor: Ya veremos.

SEGUNDA LAGUNA

Bajo el agua
siguen las palabras.
Sobre el peinado del agua   40
un círculo de pájaros y llamas.
Y por los cañaverales,
testigos que conocen lo que falta.
Sueño concreto y sin norte
de madera de guitarra.   45

SIGUE

Por el camino llano
dos mujeres y un viejo
con velones de plata
van al cementerio.
Entre los azafranes   50
han encontrado muerto
el sombrío caballo
de Don Pedro.
Voz secreta de tarde
balaba por el cielo.   55
Unicornio de ausencia
rompe en cristal su cuerno.

56-57 No faltan alusiones mitológicas en este poema, pero sí falta
—a propósito creemos— una lógica poética que los una.

La gran ciudad lejana
está ardiendo
y un hombre va llorando   60
tierras adentro.
Al Norte hay una estrella.
Al Sur un marinero.

ÚLTIMA LAGUNA

Bajo el agua
están las palabras.   65
Limo de voces perdidas.
Sobre la flor enfriada,
está Don Pedro olvidado
¡ay!, jugando con las ranas.

---

[64] y ss. ¿De qué se burla a fin de cuentas este romancillo? Obviamente no se puede contestar, lo que de por sí constituye una especie de contestación. Don Pedro muere y así está burlado: pero lo que sobresale aún más no es su muerte en la que podía haber logrado la fama, sino su olvido, burla definitiva del héroe:

está don Pedro olvidado
¡ay! jugando con las ranas.

La burla final de este anti-romance es que esa burla última del olvido se ha fijado —se ha burlado burlando— en el romance, burla de sí mismo.

18

THAMAR Y AMNÓN*

Para ALFONSO GARCÍA-VALDECASAS**

La luna gira en el cielo
sobre las tierras sin agua
mientras el verano siembra
rumores de tigre y llama.
Por encima de los techos   5
nervios de metal sonaban.

---

* Escribe Guillén: «¿Por qué un tema bíblico en el *Romancero?*
Entre otras causas, porque el poeta, acompañando a don Ramón
y Jimena Menéndez Pidal en su vista al Albaicín, escuchó entre los
romances contados por los gitanos el de Altamares: Tamar» (I, lxiv).
En un capítulo «García Lorca en la encrucijada», Manuel Alvar muestra
cuánto de popular tenía el poema de Lorca. Niega convincentemente
mucha influencia de los grandes del Siglo de Oro —Lope, Tirso,
Calderón— que también trataron el tema bíblico de Samuel, II, (*El
Romancero: tradicionalidad y pervivencia*, Barcelona, Planeta, 1970,
páginas 243-249). Que haya romances cantados entre los gitanos
no debe extrañar. Tienen fama de cantarlos desde tiempos de Estébanez
Calderón. En su artículo «Un baile en Triana» relata cómo el Planeta
canta el romance del Conde Sol, romance que Antonio Maireno sigue
cantando hoy (cfr. Molina y Mairena, págs. 251-253).

** Amigo del poeta, catedrático de Derecho en la Universidad de
Granada y después en Madrid. Hay una foto de Lorca, Falla, Fernando
de los Ríos y él, entre otros, en José Luis Vila-San Juan, *García Lorca,
Asesinado: toda la verdad*, Barcelona, Planeta, 1975, pág. 87.

³ *verano:* como señala Alvar (pág. 246) el verano es uno de los ele-
mentos tradicionales más importantes del romance de Lorca. Este
dijo: «Este poema es gitano-judío, como era Joselito, *el Gallo*, y como
son las gentes que pueblan los montes de Granada y algún pueblo
del interior cordobés» (I, 1090). Ese verano es también así, verano de
Tierra Santa o verano andaluz, verano que trastorna y aniquila con
su calor hiriente. No deja de ser irónico este verano de tanto calor:
«Antonio Rubio Sacristán, que compartía su cuarto, recuerda un
día excepcional en Madrid porque nevaba abundantemente. Federico
estaba hundido en su cama, con las mantas hasta la barbilla, en una
mano el papel y en la otra un lápiz minúsculo y algo roído…"De cuando
en cuando me leía algunos versos, con un ardor capaz de fundir las
nieves de Gredos. Era su poema *Tamar y Amnón*"…» (Marcelle Auclair,
Vida y muerte de García Lorca, México, Era, 1972, pág. 78).

Aire rizado venía
con los balidos de lana.
La tierra se ofrece llena
de heridas cicatrizadas,   10
o estremecida de agudos
cauterios de luces blancas.

*

Thamar estaba soñando
pájaros en su garganta,
al son de panderos fríos   15
y cítaras enlunadas.
Su desnudo en el alero,
agudo norte de palma,
pide copos a su vientre
y granizo a sus espaldas.   20
Thamar estaba cantando
desnuda por la terraza.
Alrededor de sus pies,
cinco palomas heladas,
Amnón, delgado y concreto,   25
en la torre la miraba,
llenas las ingles de espuma
y oscilaciones la barba.
Su desnudo iluminado
se tendía en la terraza,   30

---

[17] *desnudo:* elemento propio de Lorca que añade sensualidad. El
calor es tal que se ha desnudado. Como señala Alvar sagazmente,
(pág. 246). Lorca escribe después, siguiendo la versión tradicional:

ya la camisa le rasga.

No se trata de equivocación del poeta porque ha pasado el tiempo;
sólo se trata de señalar cómo llega Lorca en este romance a un sen-
sualismo quizá sin igual. Como el mismo poeta ha dicho: «de forma
y de intención es mucho más fuerte que los desplantes de *La casada
infiel,* pero tiene en cambio un acento poético más difícil, que lo pone
a salvo de ese terrible ojo de guiña ante los actos inocentes y hermosos
de la Naturaleza» (I, 1090).

con un rumor entre dientes
de flecha recién clavada.
Amnón estaba mirando
la luna redonda y baja,
y vio en la luna los pechos   35
durísimos de su hermana.

*

Amnón a las tres y media
se tendió sobre la cama.
Toda la alcoba sufría
con sus ojos llenos de alas.   40

---

[32] *flecha:* obvia referencia mitológica a la flecha del dios del amor.
Esta alusión es quizá algo irónica puesto que el «enamoramiento» es
incestuoso. Hay historiadores que afirman que la bíblica Tamar se
casó después con el otro hermano, Absalón. El casamiento entre fami-
liares era frecuente en esa época por la costumbre de la herencia
por línea materna. Es decir, que en el relato no es el incesto tanto
como la violación lo que crea un problema inmoral en sentido
nuestro. Sin embargo, para Lorca —como para Faulkner en su *Absalón,
Absalón*— y para sus lectores, no cabe duda que la fascinación del
relato surge precisamente del horror con el que contemplamos el doble
crimen obsesivo de violación e incesto. (Sobre la herencia de línea
materna, consúltese Margaret A. Murray, *The Splendor That Was
Egypt,* Nueva York, Praeger, 1969, págs. 227-228.) Cfr. esta nota con
los versos 61-64.

[33-36] En este mundo bíblico-andaluz la influencia nefasta de la luna
es otra vez muy evidente. El primer verso reza:

La luna gira en el cielo

y en el verso 16 las cítaras están *enlunadas.* Amnón ve en la luna toda
la sexualidad prístina de su hermana:

y vio en la luna los pechos
durísimos de su hermana.

La conexión *pechos, luna, sexualidad,* es inesquivable o de indudable
intención hierática. Una vez más vemos cómo el mundo mítico creado
por Lorca entronca perfectamente con otras «mitologías». Véase
Ángel Álvarez de Miranda, *La metáfora y el mito,* págs. 63-70.

[38] Este hecho corresponde al relato bíblico: *Samuel II, 13.*

[39-40] Todo el ambiente está cargadísimo de sentido: todo tiene su
origen o su orientación hacia el acto que está por consumarse. Si el
«Romance de la Guardia Civil española» representa el apogeo de la
violencia, este romance es el cénit de la sensualidad.

La luz, maciza, sepulta
pueblos en la arena parda,
o descubre transitorio
coral de rosas y dalias.
Linfa de pozo oprimida   45
brota silencio en las jarras.
En el musgo de los troncos
la cobra tendida canta.
Amnón gime por la tela
fresquísima de la cama.   50
Yedra del escalofrío
cubre su carne quemada.
Thamar entró silenciosa
en la alcoba silenciada,
color de vena y Danubio,   55
turbia de huellas lejanas.
Thamar, bórrame los ojos
con tu fija madrugada.
Mis hilos de sangre tejen
volantes sobre tu falda.   60
Déjame tranquila, hermano.

---

44 Otra anticipación de la desfloración.

39-48 Este poema se ha considerado el más difícil del *Romancero*.
Si no el más difícil, sí el más denso, el más macizo. Esta cualidad se
logra por la cantidad de elementos simbólicos aquí metidos: *ojos
llenos de alas, coral de rosas y dalias, linfa de pozo, musgo, troncos*
y esa *cobra tendida* que *canta*, maléfica mezcla de orientalismo y sexo.
Explicar cada uno resultaría tan largo como innecesario. Todo esto
«se entiende», pero difícilmente se explica. No es surrealismo en abso-
luto. En su magnífico ensayo sobre Góngora, Lorca explica mucho
que puede aplicarse a él mismo. Dice, por ejemplo: «Góngora elige
entonces la narración y se cubre de metáforas. Ya es difícil encontrarla.
Está transformada. La narración es como un esqueleto del poema
envuelto en la carne magnífica de las imágenes. Todos los momentos
tienen intensidad y valor plástico...» (I, 1021). Y explicando la mitología
en Góngora dice «y ha llegado a tener un sentimiento teogónico tan
agudo, que transforma en mito todo cuanto toca» (I, 1019).

61-64 En el relato bíblico, Tamar dice: «¡No hermano mío! No me
violentes, porque no se obra así en Israel. No hagas esta insensatez.
¿Dónde iría yo con mi vergüenza? Y tú serías como un impío en

297

Son tus besos en mi espalda
avispas y vientecillos
en doble enjambre de flautas.
Thamar, en tus pechos altos   65
hay dos peces que me llaman,
y en las yemas de tus dedos
rumor de rosa encerrada.

*

Los cien caballos del rey
en el patio relinchaban.   70
Sol en cubos resistía
la delgadez de la parra.

Israel. Habla, pues, al rey, que no se negará a darme a tí» (versícu-
los 12 y 13).

[65] *pechos altos:* la insistencia en los *pechos* no es meramente sen-
sualismo. Como ha afirmado Álvarez de Miranda: «Los pechos
fecundos o que aspiran obsesivamente a la fecundidad son como una
constante en la obra de Lorca. Pero este y otros aspectos del tema de
la fecundidad no son, ni en el poeta ni en las religiones arcaicas, un
motivo de la atracción sexual, sino una expresión de la vida que se
transmite, y por lo tanto, una expresión sacral» (pág. 15). No cabe
duda que esto es así: piénsese en los pechos cortados de Rosa la de los
Camborios o Santa Olalla. Aquí Amnón ve la sensualidad de los pechos
de su hermana, pero al violarla, la ha violado no solamente en sentido
físico, sino también en sentido sacral. Como dice Álvarez de Miranda
«De ahí el horror del poeta a la mutilación de esos órganos de la ma-
ternidad fecunda: Lorca la siente como un horroroso sacrilegio»
(pág. 15). La violación incestuosa, así entendida no responde única-
mente a fondos morales, sino también mágicos. Esta violación es, pues,
arquetípica en todo el sentido de la palabra. Por eso dice en el verso 88
«su flor matirizada».

[67-68] Cfr. con estos versos de «Preciosa y el aire»:

Abre en mis dedos antiguos
la rosa azul de tu vientre.

[71-72] Martínez Nadal dice en *Autógrafos*, (pág. xxvii): «*Sol en cubos*,
que tan variadas interpretaciones ha motivado... en verdad, lo que
pasa es que Lorca ve patios y plazas como cubos, figura geométrica.
Es el momento cubista:

fachadas de cal ponían
cuadrada y blanca la noche

298

Ya la coge del cabello,
ya la camisa le rasga.
Corales tibios dibujan   75
arroyos en rubio mapa.

*

¡Oh, qué gritos se sentían
por encima de las casas!
Qué espesura de puñales
y túnicas desgarradas.   80
Por las escaleras tristes
esclavos suben y bajan.
Émbolos y muslos juegan
bajo las nubes paradas.
Alrededor de Thamar   85
gritan vírgenes gitanas
y otras recogen las gotas
de su flor martirizada.
Paños blancos enrojecen
en las alcobas cerradas.   90

---

dijo en el romance "Muerto de amor". Y con mucha anterioridad,
hablando de la Alhambra en *Impresiones y Paisajes:* "hondonadas
llenas de escombros bajo los cubos de las murallas" o "desde los cubos
de la Alhambra se ve el Albayzin."» Y agrega, al pie de la página:
«Que el origen de la metáfora empleada en Thamar y Amnón sea tan
evidente, en modo alguno impide que *sol en cubos resistia | la delgadez
de la parra* despierte otras asociaciones igualmente válidas. En Alcalá
de Guadaira me dijo un viejo "cantaor": "Clarísimo: el cielo arroja
el sol a cubos."» Por nuestra parte añadiremos que no debe extrañar
ese cubismo o geometrismo. Los pueblos de Granada y los pueblos
bíblicos, igual que los pueblos malagueños de Picasso, presentan un
geometrismo sin par.

73-76 Todo el crimen en cuatro versos: pinceladas hechiceras.

88-90 Alusión a la boda calé. Véase Ricardo Molina en *Misterios
del arte flamenco*, págs. 160-161. Sobre estos versos comenta Manuel
Alvar: «Estos versos no pertenecen al romancero tradicional, pero
sí a la tradición oral... se ha cumplido el crimen. El coro plañe por
la sangre derramada. He aquí que la inclusión del elemento dramático

Rumores de tibia aurora
pámpanos y peces cambian.

*

Violador enfurecido,
Amnón huye con su jaca.
Negros le dirigen flechas   95
en los muros y atalayas.
Y cuando los cuatro cascos
eran cuatro resonancias,
David con unas tijeras
cortó las cuerdas del arpa.   100

---

pertenece también a la tradición oral. Estamos ante una *alboreá*,
el cante gitano de boda. La virginidad de Thamar está proclamada
por ese plano de las "vírgenes gitanas" que plañen por la doncella. Así
también el cante jondo, que avivó una y otra vez el arte de Federico.

> En un verde prado
> tendí mi pañuelo;
> salieron tres rosas
> como tres luceros.»
>   (Págs. 248-249)

Este romance es bíblico-andaluz, bíblico-gitano, «judío-gitano» como
dijo Lorca. Con este toque Lorca nos devuelve al mundo primario
gitanoandaluz y nos damos cuenta de cuán profundamente se parecen.
En el mundo mitológico lorquiano no se pueden separar.

[93] «Después la aborreció Amnón con un odio extremo» *(Samuel*, II,
13:15).

[94] La huida es invención de Lorca.

[99-100] También esta reacción es invención del poeta: «Cuando el
rey David supo este asunto, montó en cólera; pero no quiso contristar
a su hijo Amnón, a quien amaba por ser su primogénito» *(Samuel*, II,
13:21). Absalón por otra parte lo odiaba «por haber violado a su
hermana Tamar» *(Samuel*, II, 13:22). Lo mató poco después.

APÉNDICE

En 1975, Rafael Martínez Nadal publicó el primer tomo de los autógrafos en su poder, facsímiles de ochenta y siete poemas y tres prosas entre los cuales aparecían los textos autógrafos de algunos poemas inéditos pertenecientes al ciclo de *Poema del Cante Jondo*. Estos poemas fueron suprimidos del texto publicado por el propio poeta, es decir, que no forman parte del libro publicado bajo el título de *Poema del Cante Jondo*; sin embargo, sí formaron parte de la composición original de 1921, y como tal ofrecen mucho interés al estudioso de la obra poética de Lorca. Martínez Nadal ha hecho un servicio importante al publicar estos textos. Como él mismo afirma en su introducción: «Gradualmente he llegado al convencimiento de que es aconsejable dar a conocer todos los escritos literarios de Lorca»[1].

Los textos que siguen son nuestra transcripción empleando como base los facsímiles de los autógrafos. No los ofrecemos como parte integral de *Poema del Cante Jondo*, sino como apéndices. Remitimos a los lectores que quieran más pormenores o que quieran ver los facsímiles de los autógrafos —también muy interesantes puesto que muestran como dice Martínez Nadal «el constante destello de ideas y temas, de giros, imágenes y metáforas que luego encontraremos perfeccionados en obras posteriores»[2], es decir, la creación

---

[1] Martínez Nadal, *Autógrafos I*, pág. xi.
[2] *Ibíd.*

poética en acción— al valioso y cuidado tomo de Martínez Nadal.

Nuestra transcripción de los autógrafos respeta la versión original excepto en casos de evidentes errores u omisiones, sobre todo de puntuación. Como en este apéndice no tratamos de establecer texto —lo que sería absurdo tratándose de autógrafos— hemos prescindido de notas sobre variantes o diferencias respecto de la versión publicada por Martínez Nadal y hemos ordenado los poemas para una lectura amena, siguiendo el orden establecido por él. En las transcripciones hemos tenido, a la fuerza, que emplear nuestro juicio crítico, es decir, arbitrario. Cualquier duda que tengan los especialistas pueden resolverla examinando los autógrafos, mientras que el lector sin pretensiones de esta índole podrá disfrutar de una lectura de estos encantadores poemas no publicados en tal formato con anterioridad.

Como es lógico, estos poemas no incluidos en *Poema del Cante Jondo* no están a la altura poética de la versión publicada; por eso su autor no los incluyó. Quizá su relativa calidad poética sea su mayor aliciente. No sólo ofrecen interés porque son inéditos de Lorca, sino porque hacen brillar aún con más magnitud los poemas publicados.

REFLEJO FINAL *

Sobre el barrio de las cuevas
la luna está.

Oh Martirio, Carmen
y Soledad,
las que llevasteis
la petenera a enterrar,
y tenéis junto a la puerta
un limonar.

En vuestros ojos
duerme el puñal
que lleva la siguiriya
por el olivar.

¡Oh Martirio, Carmen
y Soledad!

Día 11 de noviembre de 1921.

---

* Antes de ser suprimido pertenció al grupo que se llamaría en la versión publicada *Poema de la siguiriya gitana.*

VOTO*

¡Corazón
con siete puñales!
¡Ya es tarde!
Vete por el camino
de los ayes.
Vete
a ninguna parte.
Flor de Nunca
por el aire…
por el aire…
¡Ay corazón
con siete puñales!

* Perteneció al grupo que se llamaría *Poema de la soleá*. Martínez
Nadal publica otro poema de este grupo intitulado «Miserere» que
nosotros no publicamos ya que en el texto autógrafo está fuertemente
tachado.

EL HUERTO DE LA PETENERA *

Sobre el estanque
duermen los sauces.
Los cipreses son negros
surtidores de rosales,
y hay campanas doblando
por todas partes.
A este huerto se llega
demasiado tarde,
con los ojos sin luz
y el paso vacilante.
Después de atravesar
un río de sangre.

---

* Como indica el título, perteneció al grupo *Gráfico de la petenera*.

NOCHE *

Pueblo blanco.

Las puertas están
cerradas.

(Un grillo ondula
su cinta sonora.)

El farol
se va con la estrella
y la estrella
se va con el cauce.

Pueblo blanco.
(Gira la veleta
del mundo.)

---

* Antes del título «Noche», el poeta escribió *Sibila*. *Sibila* parece
haber sido el título de todo un grupo poético del que se salvó únicamente
«Chumbera» que fue publicado en la sección llamada *Seis caprichos*.
«Noche» y los tres que siguen, «Noche media», «Ella» y «Fuera»
pertenecen a este grupo.

NOCHE MEDIA

Pueblo ceniza.

Por el aire bogan
los tic de los relojes,
como huellas de dedos
sobre la brisa fría.

Y el grito de los gallos
viene de otro mundo...

ELLA

La sibila
está en la encrucijada.

(El cielo
se acerca.)

Llega una brisa llena
de ruidos ideales.

(¡Oh procesión
de preguntas!)

FUERA

Gritos abandonados
(muelles que saltaron)
tiemblan en el viento.

(¡Andalucía punzante!)

Largas brisas azules
patinan sobre el río
y el paisaje se va
por un bisel inmenso.

CAMPO*

Noche verde.

Lentas
espirales moradas
tiemblan
en la bola de vidrio
del aire.

Y en las cuevas dormitan
las serpientes del ritmo.
Noche verde.

---

* Este poema parece haber sido la primera parte cortada del poema
llamado después «Conjuro».

COPLA *

Aquella copla
tenía
una mariposa negra
y una mariposa roja.

Yo miraba balcones
plateados de la aurora
montado sobre la mula
de mi noria.

Salen estrellas de oro
(Salían estrellas de sombra.)

Decía
aquella copla
la indecisión de mi vida.
Entre las dos mariposas.

---

* Este poema y los siguientes pertenecieron al grupo primitivo,
Poema flamenco, suprimido del texto publicado.

QUEJÍO

¿Eres tú
el que lloras?

En el huerto
de los claveles
te encuentro.

¿Qué quieres?
¿Aquél recuerdo?
¡Ay yayayay!

Aquel recuerdo
lo tiene ella bordado
en su pañuelo.

Cuenta las estrellitas
que hay en el cielo.
¡Yo no puedo hacer por ti
más de lo que he hecho!

¿Eres tú
el que lloras?

SIBILA

Puerta cerrada.

¡Y un rebaño
de corazones
que aguardan!

Dentro se oye llorar
de una manera desgarrada.
Llanto de una calavera
que esperara
un beso de oro.

Puerta cerrada.

(Fuera viento sombrío
y estrellas turbias.)

LUNA NEGRA

En el cielo de la copla
asoma la luna negra
sobre las nubes moradas.

Y en el suelo de la copla
hay yunques negros que aguardan
poner al rojo la luna.

BORDÓN

¡Ay si te veré,
si no te veré!

A mí no me importa nada
más que tu querer.

¿Guardas la risa de entonces
y el corazón aquél?

Colección Letras Hispánicas